Buch
Alberto Villoldo hat über 25 Jahre die schamanistischen Heilungspraktiken der Inka und der Indianer Amazoniens studiert. Er begegnete dort auch dem überaus machtvollen Prozess der Geistreisen.
In diesem Buch zeigt er, wie die Geistreisen bei den schamanistischen Kulturen genutzt werden, um die verlorene Seele zurückzuholen und die ureigene Bestimmung zu finden. Mit Villoldos Anleitung wird die Methode der Schamanen auch westlichen Lesern zugänglich.
Wie wir physisch ein Herz mit vier Kammern haben, besitzt nach schamanistischer Auffassung auch die Seele vier Kammern. In der ersten Kammer tragen wir die Erinnerung an all die Verwundungen, die uns von der Identität mit unserem ganzen Selbst trennen. In der zweiten Kammer liegen die Glaubenssätze und seelischen Einschränkungen, die wir uns auferlegt haben. In der dritten Kammer begegnen wir der psychischen Kraft und dem Urvertrauen, die uns zu unserer Ganzheit zurückführen können. Und in der vierten Kammer wartet die Erinnerung an unsere Seelenaufgabe, die der Sinn unseres Lebens ist.
Die Geistreisen zu unseren inneren Quellen bieten einen Weg zu persönlichem Wachstum, der oft in kurzer Zeit Entwicklungen ermöglicht, die mit Psychotherapie Jahre dauern würden.

Autor
Alberto Villoldo lebt in Los Angeles und ist klassisch ausgebildeter medizinischer Anthropologe. 25 Jahre lang bereiste er die Hochländer der Anden und des Amazonas und studierte die schamanistischen Heilpraktiken. In seinen Seminaren führt er alljährlich Tausende von Medizinern und Laien in die energiemedizinischen Techniken ein. Er ist Autor zahlreicher Bücher.
Weitere Informationen über Alberto Villoldo und seine Arbeit bietet die Internetseite www.thefourwinds.com

Von Alberto Villoldo ist bei Arkana bereits erschienen:
Das geheime Wissen der Schamanen (14216)
Die vier Einsichten (21805)
Mutiges Träumen (21857)
Die Macht der vier Winde (mit Erik Jendresen, 21900)

Alberto Villoldo
Seelenrückholung

Die Vergangenheit
schamanistisch erkunden
Die Zukunft heilen

Aus dem Englischen
von Andrea Panster

GOLDMANN
ARKANA

Die amerikanische Originalausgabe erschien 2005 unter dem Titel »Mending the Past and Healing the Future with Soul Retrieval« bei Hay House, Carlsbad, Kalifornien.

Verlagsgruppe Random House FSC-DEU-0100
Das FSC-zertifizierte Papier *München Super* für dieses Buch
liefert Arctic Paper Mochenwangen GmbH.

4. Auflage
Deutsche Erstausgabe August 2006
© 2006 der deutschsprachigen Ausgabe
Wilhelm Goldmann Verlag, München
in der Verlagsgruppe Random House GmbH
© 2005 Alberto Villoldo
Umschlaggestaltung: Design Team München
Umschlagfoto: corbis/Dewitt Jones
Satz: Greiner & Reichel, Köln
Druck und Bindung: GGP Media GmbH, Pößneck
Redaktion: Gerhard Juckoff
WL · Herstellung: CZ/JL
Printed in Germany
ISBN: 978-3-442-21765-6

www.arkana-verlag.de

Inhalt

Vorwort . . . .
Einleitung 1

Teil I: Vorbereitung auf die Seelenrückholung 21
  1. Die Physik des Schicksals 25
  2. Bestimmung statt Schicksal 39
  3. Landkarten der Seele 60

Teil II: Die Untere Welt 85
  4. Die Kammer der Wunden 87
  5. Die Kammer der Seelenverträge 112
  6. Die Kammer der Gnade 141
  7. Die Kammer der Schätze 158
  8. Krafttiere 176

Teil III: Die Obere Welt 197
  9. Die eigene Bestimmung suchen:
     Liebe, Macht, Geld und Gesundheit 199
  10. Die heiligen Kühe schlachten 219
  11. Die Reise zur eigenen Bestimmung 232
  12. Unser neuer Körper 260

Nachwort 283
Danksagung 285
Anmerkungen 286

*Für meine Mutter Elena Villoldo, die mir den Weg der Liebe wies.
Und für La Loba.*

Vorwort

Dieses Buch ist das Ergebnis meiner mehr als 25-jährigen Forschungstätigkeit und meiner Ausbildung bei den Schamanen Nord-, Süd- und Mittelamerikas. Die Initiationsriten, denen ich mich hoch in den Bergen der Anden und tief im Dschungel des Amazonas unterzog, folgten der uralten Tradition und forderten monatelange Vorbereitungen. Auf meiner Suche nach den Heiltraditionen dieses Kontinents wurde ich von Don Antonio, einem alten Inka, geleitet. Meine Abenteuer mit dem berühmten Heiler habe ich in meinen früheren Büchern *Das geheime Wissen der Schamanen*, *Tanz der vier Winde* und *Island of the Sun* festgehalten.

Bei den in diesem Buch vorgestellten Techniken der Seelenrückholung handelt es sich um eine zeitgenössische Neuinterpretation uralter Heilmethoden, die sowohl in Nord- als auch in Südamerika noch immer Verwendung finden. Wenn die Kinder von Hispano-Amerikanern oder amerikanischen Ureinwohnern irgendwo in den Vereinigten Staaten einen *susto* (also einen Schrecken) erleiden, bringt man sie an einen besonderen Ort, um jenen Teil ihrer Seele zurückzuholen, der verloren ging oder ihnen genommen wurde. Ich habe diese Praktiken übernommen, angepasst und in einen modernen wissenschaftlichen Zusammenhang gestellt.

Die Praxis der Schicksalsfindung ist bei den meisten indigenen Völkern in Vergessenheit geraten. Allerdings hatte ich das große Glück, viele Jahre bei den Laika den Meistersehern der Inkas, zu verbringen, von denen ich dieses Können erwarb. Wir sollten nicht vergessen, dass die in diesem Buch erläuterten Methoden außerordentlich kraft- und wirkungsvoll sind und nur unter Beachtung eines strengen Moralkodex sowie mit äußerster Integrität angewandt werden dürfen. Ein Großteil der langwierigen Ausbildung zum Schamanen entfällt auf die Entwicklung eines ausgeprägten ethischen Gespürs, das auf einer tiefen Ehrfurcht vor allem Leben beruht. Erst wenn dieses Gespür vorhanden ist, kann man die Methoden und Abläufe meistern und andere Menschen heilen. Auch ein westlicher Arzt verbringt mindestens fünf Jahre damit, die Kunst der Medizin zu erlernen.

Ist es klug, die körperliche oder geistige Gesundheit einem Menschen anzuvertrauen, der irgendwann einmal ein Wochenendseminar zum Thema Schamanismus oder Energiemedizin absolviert hat? Das ist die Frage, die sich Abendländer stellen müssen, denn diese Heilkünste kann man nicht in Schnellkursen erlernen. Wenn man dazu berufen ist, diese Heilkünste zu praktizieren, sollte man sich die Zeit nehmen, von Lehrern zu lernen, deren Integrität, Weisheit und technisches Wissen einem hilft, die eigenen spirituellen Talente zu entwickeln.

Meine eigene Hinwendung zum Schamanismus war von dem Wunsch geprägt, ganz zu werden. Indem ich die Wunden meiner Seele heilte, lernte ich, mich und andere zu lieben. Ich ging den Pfad des verwundeten Heilers und lernte, meinen Kummer, meinen Schmerz, meine Wut und

Vorwort

meine Scham in Quellen der Kraft und des Mitgefühls zu verwandeln. Ich leite die »Healing the Light Body School«, in der jeder Schüler den Weg der Selbstheilung beschreitet und die Wunden seiner Seele in Quellen der Kraft und der Weisheit umwandelt. Die Schüler lernen, dass dies eines der größten Geschenke ist, das sie ihren Klienten später einmal machen können: ihnen Gelegenheit zu geben, die in der eigenen Heilung verborgene Kraft und Weisheit zu finden.

Natürlich bin ich nicht der Erste, der über die uralten Heilmethoden des amerikanischen Kontinents schreibt. Die Anthropologin Margaret Mead wies allen, die in ihre Fußstapfen treten, den Weg. Meine Freundin und Kollegin Sandra Ingerman schrieb das bahnbrechende Buch *Auf der Suche nach der verlorenen Seele*. Damit machte sie uns als Erste auf die Kraft und Schönheit dieser alten Heilmethoden aufmerksam und gab uns eine praktische Anleitung zur Selbstheilung an die Hand. Auch andere, etwa Hank Wesselman und John Perkins, schlugen Brücken, die vielen Menschen Zutritt zum geistigen Reich eingeborener Völker gewährten.

Abschließend möchte ich sagen, dass die in diesem Buch beschriebenen Behandlungsmethoden meine eigene Synthese und Interpretation uralter Heilmethoden sind. Ich spreche weder für meine Lehrer noch für die Inka oder die Schamanen der amerikanischen Ureinwohner. Ich hatte zwar das Privileg, von den besten Medizinmännern und -frauen der Inka zu lernen, erhebe aber nicht den Anspruch, eine Sammlung von Inkatraditionen vorzulegen. Die hier beschriebenen Methoden der Seelenrückholung und der Schicksalsfindung sind von mir überarbeitete Ver-

Vorwort

sionen dessen, was ich während meiner Ausbildung zum Schamanen gelernt habe, und ich übernehme dafür die volle Verantwortung.

Alberto Villoldo

Einleitung

In den 80er Jahren verbrachte ich unzählige Stunden im Labor, erforschte den menschlichen Geist und suchte nach eindeutigen Beweisen dafür, dass das Bewusstsein in der grauen Masse in unseren Köpfen schlummert. Die enorme Fähigkeit des Geistes, psychosomatische Krankheiten zu erzeugen, faszinierte mich, und meine Faszination führte mich zuerst zur Psychologie, dann zur medizinischen Anthropologie.

Nach einer Weile erkannte ich, dass ich nicht in den Millionen Synapsen des Gehirns nach wissenschaftlichen Antworten suchen, sondern es vielmehr mit einem anderen Ansatz zur Erforschung des menschlichen Bewusstseins versuchen sollte. Ich ging von folgender These aus: Wenn der menschliche Geist in der Lage ist, psychosomatische *Krankheiten* hervorzubringen, muss er auch in der Lage sein, psychosomatische *Gesundheit* zu erzeugen. Ich machte mich auf die Suche nach Experten, die mir erklären konnten, wie der Mensch seinen Geist schulen muss, um sich selbst zu heilen und seinen Körper zu verändern.

Aus meinem Anthropologiestudium wusste ich, dass es in Südamerika indigene Kulturen gibt, deren Schamanen angeblich sowohl im direkten Kontakt mit dem Patienten als auch aus der Ferne Wunderheilungen vollbringen können. Ich beschloss, mich in ihre Welt zu begeben, sie unter wissenschaftlichen Gesichtspunkten zu betrachten, aber gleichzeitig offen für das zu bleiben, was ich dabei viel-

Einleitung

leicht entdecken würde. Ich kaufte mir ein gutes Jagdmesser und kräftige Wanderstiefel, ließ mein Labor an der San Francisco State University hinter mir und begab mich auf eine Suche, die mich in den Dschungel des Amazonas und schließlich zu Inka-Schamanen führte, die in abgelegenen Dörfern Tausende von Metern hoch in den peruanischen Anden leben.

Ich trat als einer der ersten Anthropologen in eine ausgedehnte Kommunikation mit den Hütern der Weisheit ein, den so genannten *Laika*. Da sie zu den letzten Nachfahren der Inka gehören, haben sie nur sehr wenig Kontakt zu Fremden gehabt, und ihre Lehren sind weder von Missionaren noch von anderen westlichen Einflüssen verfälscht worden. Noch wichtiger aber war es für meine Studien, dass sich die Laika noch immer der Heilmethoden bedienen, die ihre Vorfahren viele tausend Jahre lang bewahrt und in ihren Medizingesellschaften vom Lehrer an den Schüler weitergegeben haben.

Anfangs waren die Schamanen in den Dörfern, die ich besuchte, eher zurückhaltend, wenn es darum ging, mich an ihrem Erbe teilhaben zu lassen – schließlich war ich aus dem Westen und ein Fremder. Doch im Laufe der Zeit gewann ich ihr Vertrauen. Auf meinen ersten Reisen stellte ich fest, dass die Kinder in den Dörfern oft an Zivilisationskrankheiten litten. Bei den Säuglingen griffen unter anderem Verdauungsstörungen um sich. Wenn die kleinen Patienten nicht auf die heimischen Kräuter und Heilmittel ansprachen, brachte ich Medikamente für sie mit. Allmählich betrachteten mich die Dorfbewohner als eine Art Heiler und machten mich deshalb mit *ihren* Heilern bekannt, über die ich wiederum weitere Heiler kennen lernte.

Einleitung

Don Antonio Morales war Professor an der Universität Cuzco und ein echter Inka. Er wurde mein wichtigster Mentor. Mit ihm durchwanderte ich die Hochgebirge der Anden und meditierte an heiligen Stätten und in uralten Tempeln. Ich lernte auch von den Medizinfrauen des Hochlandes, die mich mit den Krafttieren vertraut machten und mir zeigten, wie ich mein Bewusstsein mit dem einer Dschungelkatze und eines Kondors verschmelzen konnte. Ich ließ mich von meiner wissenschaftlichen Ausbildung nicht davon abhalten, mit dem inneren Auge zu erlernen. Ich fand den Weg zur Unteren Welt unserer Vergangenheit und zur Oberen Welt unserer Zukunft, ich lernte die Techniken der Seelenrückholung und der Schicksalsfindung – eben jene Techniken, die ich in diesem Buch vermitteln möchte.

Die verschiedenen Welten

Die Laika gliedern das kollektive Unbewusste der Menschheit in drei Teile: die *Untere, Mittlere und Obere Welt*. Dabei handelt es sich nicht um wirkliche Orte, sondern vielmehr um archetypische und energetische Bereiche. Die bekannte Jung'sche Psychoanalytikerin June Singer schrieb dazu: »Das Wunderbare am kollektiven Unbewussten ist, dass alles, alle Legenden und die gesamte Menschheitsgeschichte mit ihren ungebändigten Dämonen und sanften Heiligen, ihren Mysterien und ihrer Weisheit, dass all das in einem jeden von uns steckt – ein Mikrokosmos im Makrokosmos. Es ist eine größere Herausforderung, diese Welt zu erforschen, als den Weltraum zu erkunden.«

Einleitung

Die Welt, in der wir leben, in der wir arbeiten und unsere Kinder großziehen, ist die Mittlere Welt. Die Obere Welt ist der unsichtbare Bereich unserer wahren Bestimmung und des »Spirits« (des reinen Geistes oder klaren Lichts). Die Untere Welt, in der die gesamte Menschheitsgeschichte gespeichert ist, ist das Reich der Seele.

In der Mittleren Welt erscheint uns die Zeit linear – auf heute folgt stets morgen. Deshalb fällt es uns auch so schwer, uns vorzustellen, dass wir in die Vergangenheit oder Zukunft reisen können. Doch mit der Technik des schamanischen Reisens, die ich in diesem Buch ausführlich erläutern werde, können wir die Obere und die Untere Welt besuchen – und dort befinden sich auch die Zeitschleifen und »Wurmlöcher«, die in die Vergangenheit und die Zukunft führen.

In diesem Buch wirst du lernen, wie man in die Obere Welt reisen kann, um dort seine höchste Bestimmung zu finden und damit dem eigenen Leben Bedeutung und Sinn zu verleihen. Wir werden aber auch in die Untere Welt reisen, in unsere Kindheit und unsere früheren Leben, um die verloren gegangenen Teile unserer Seele zurückzuholen. Diese Seelenanteile begegnen uns in menschlicher Gestalt: in der Gestalt eines verängstigen Siebenjährigen, einer besorgten Mutter oder gar eines grausamen Zuchtmeisters. Wir werden ihre Geschichten hören, ihre Wunden heilen und neue Seelenverträge schließen, die sie von ihrer Last befreien. Dann werden wir die geheilten Seelenteile in die Gegenwart zurückholen. Wir werden verborgene Talente entdecken, die wir im Alltag in der Mittleren Welt einsetzen können, und ein Krafttier mitbringen, das uns wieder Zugang zu unseren natürlichen Instinkten verschafft.

Die vier Kammern der Unteren Welt

Die Untere Welt ist der ursprüngliche Garten Eden, aus dem wir der Legende nach vertrieben wurden. Sie ist ein Paradies auf Erden, in das wir jederzeit zurückkehren können und in dem die verlorenen Teile unserer Seelen noch immer in Unschuld und Gnade leben. Die Untere Welt hat vier Kammern, und jede Kammer enthält Aufzeichnungen von der Geschichte unserer Seele.

1. Die erste Kammer ist die **Kammer der Wunden**, in der wir die Urverletzung finden, die dazu führte, dass ein Teil unserer Seele geflohen ist und wir unsere wahre Bestimmung verloren haben. Hier suchen wir nicht nach dem jüngsten Ausdruck dieser Verletzung, etwa nach dem Ende einer Beziehung oder nach einer persönlichen Krise, sondern nach ihrem *Ursprung*. Unter Umständen handelt es sich dabei um etwas, das uns in der frühen Kindheit widerfahren ist, oder um einen Vorfall, der sich noch im Mutterleib ereignete. Häufig handelt es sich um ein traumatisches Erlebnis aus einem früheren Leben.

Jeder Mensch hat eine Urverletzung, die immer wieder in neuem Gewand erscheint. Sie wird zum Dauerthema im Leben und sorgt dafür, dass sich Muster des Mangels, des Verlusts, der fehlenden Liebe, des Verrats oder des Verlassenwerdens in einer Familie über Generationen hinweg ständig wiederholen.

2. Die zweite Kammer ist die **Kammer der Seelenverträge**, in der wir entdecken, welche Seelenverträge wir geschlossen haben. Oft sind das schreckliche Verpflichtungen,

Einleitung

die wir noch vor unserer Geburt eingegangen sind und an die wir uns gar nicht erinnern können. Diese Verpflichtungen werden meist unter dem Einfluss der Angst und des Drucks der Urverletzung eingegangen, und oft wissen wir nicht einmal, dass derartige Verträge bestehen. In dieser Kammer können wir die Bedingungen eines unglücklich formulierten Vertrages, der uns zu einem Leben immer neuen Leids verdammt, neu aushandeln.

3. Die dritte Kammer ist die **Kammer der Gnade**. Hier befindet sich der geheilte Seelenteil, der bereit ist, mit all seiner Lebenskraft zu uns zurückzukehren. Die Gnade ist es, die uns im Leben vorwärtstreibt, die uns Frieden und Freude schenkt. Es genügt nicht, auf einer schamanischen Reise herauszufinden, welche Krankheit unsere Wunden ausgelöst haben. Wir müssen uns auch auf die Suche nach Schönheit, Harmonie und den einzigartigen Gaben unserer Seele machen.

Manchmal stelle ich bei der Arbeit mit meinen Klienten fest, dass ihre Lebenskraft, die einst ein prasselndes, hell loderndes Feuer war, zu einer kleinen, unscheinbaren Flamme verkümmert ist. Das schwache Flämmchen kann ihre Seele kaum wärmen. (Dieses Bild bietet sich mir oft bei Klienten, die an chronischer Müdigkeit, unter ständigen Ängsten und Depressionen leiden.) Wenn sie den verlorenen Teil ihrer Seele zurückholen, können sie in den natürlichen Zustand der Gnade und der Lebendigkeit zurückkehren und ihre Leidenschaft fürs Leben neu entfachen.

4. Die vierte Kammer der Unteren Welt ist die **Kammer der Schätze**. Meist bergen wir nur die Schätze, die der

Einleitung

Oberfläche am nächsten sind und für ein normales, durchschnittliches Leben ausreichen. Um die in der Tiefe verborgenen Edelsteine, das Silber und das Gold zu finden, müssen wir freilich tiefer schürfen. Die wirklich großen Schätze lassen sich genau wie Diamanten nur mit einiger Anstrengung bergen. Wenn ich eine Seelenrückholung für einen Klienten mache, dem es schwer fällt, sich zu dem Menschen zu entwickeln, der er sein möchte, begebe ich mich in diese Kammer und helfe ihm, ein bislang ungenutztes kreatives oder künstlerisches Talent zu finden. Hier, tief im Unterbewusstsein, kann er die Schätze finden, die ihm helfen, ein vollständigeres Leben zu führen. (Ich bringe auch ein Krafttier mit, das ihm hilft, seine natürlichen Instinkte wiederzuentdecken.)

In jeder dieser Kammern werden wir ein paar Bände aus der »Bibliothek unseres Lebens« lesen und tief verborgene Wunden, Verträge, Segnungen und Talente entdecken.

Reisen in Vergangenheit und Zukunft

Ich werde dir erklären, wie du verlorene Seelenteile zurückholen und die Klarheit und das Leuchten deiner Seele wiederfinden kannst. Wir werden uns *auf Reisen* begeben und lernen, uns in der alles durchdringenden Lichtmatrix zurechtzufinden, welche die Zeit in Vergangenheit, Gegenwart und Zukunft gliedert – das »Reisen« ist ein einzigartiger Bewusstseinszustand, der mithilfe von geführten Meditationen und Atemübungen herbeigeführt werden kann. Wir können in die Vergangenheit reisen, um Ereignisse zu hei-

Einleitung

len, die schon lange zurückliegen, und um für uns und unsere Lieben eine erstrebenswertere Zukunft zu finden.

Die Quantenphysik zeigt, dass Vergangenheit und Zukunft auf eine nichtkausale, aber bedeutungsvolle Weise miteinander verbunden sind. Im Amazonas lernte ich, diese Erkenntnisse aus der Physik auf mein eigenes Leben zu übertragen. Mein Verleger nahm zum Beispiel an, dass das fertige Buch, das du gerade liest, dadurch entstand, dass ich zwölf Kapitel schrieb. Für mich stellte sich der Vorgang ganz anders dar: Ehe ich mit dem Schreiben begann, folgte ich meinen Schicksalslinien und machte die Linie ausfindig, auf der das Buch bereits fertig war. Weil es mir gelungen war, in die Zukunft zu reisen, wusste ich, dass ich beim Schreiben vom fertigen Werk »angezogen« und geführt wurde. Mit anderen Worten, das Manuskript schrieb sich selbst, da es unter der Führung des bereits fertigen, veröffentlichten Buches stand. Das Reisen erlaubte mir, mich aus einer ausschließlich linearen Zeit zu lösen – es half mir, meine wahre Bestimmung zu finden, die größer ist als das von meiner Vergangenheit festgeschriebene Schicksal.

Auf der ganzen Welt verfolgen indigene Kulturen die Schicksalslinien. Für sie ist die Natur ein schwingendes, pulsierendes Energiefeld. Die australischen Ureinwohner etwa glauben, die Welt sei aus den »Traumpfaden« entstanden. Das sind die unsichtbaren Spuren jener Wege, auf denen ihre Vorfahren gewandelt sind und die Welt ins Dasein gesungen haben.

In den 70er Jahren des 19. Jahrhunderts folgten auch die Osage, ein amerikanischer Indianerstamm, ihren Schicksalslinien, um herauszufinden, wohin sie umsiedeln sollten: Ihr Häuptling entschied sich für ein Stück Land im

Einleitung

Osten Oklahomas, nachdem er die erstrebenswerteste Zukunft für sein Volk ausfindig gemacht hatte. Es gibt Geschichten, wonach das Land zu den Menschen gesprochen und ihnen gesagt haben soll, dass es stets für sie sorgen werde. In der Tat machten gewaltige Ölvorkommen auf ihrem Land die Osage während des Ölbooms der 20er Jahre zu dem Volk mit dem größten Pro-Kopf-Einkommen der Welt. Noch heute haben sie Verträge mit einigen der größten Erdölproduzenten der Vereinigten Staaten.

Dieses Buch wird dich lehren, deine Vergangenheit zu klären und im Anschluss daran deine Zukunft zu heilen, indem du dich auf die Suche nach deiner höchsten Bestimmung begibst. Wie die Osage wirst du die Orte finden, an denen du am besten leben kannst, die Arbeit, die für dich den größten Sinn hat, und die Beziehungen, die für dich am erfüllendsten sind.

Die Kunst des Heilens

In den vergangenen zwanzig Jahren habe ich für Hunderte von Klienten Seelenrückholungen gemacht. Dabei wurde mir klar, dass es bereits innerhalb weniger Tage oder Wochen, nicht erst in Monaten oder gar Jahren, zu einer tief greifenden Heilung kommen kann. Dies war die Weisheit, nach der ich gesucht hatte – ein Verständnis des Geistes, das über das Körperliche hinausgeht und in dem der Geist Mittel zur Bewusstwerdung und Urheber der eigenen Gesundheit und Bestimmung ist. Nachdem ich zwanzig Jahre im Amazonasgebiet und in den Anden geforscht hatte, integrierte ich die uralten Heilmethoden in Prozesse, mit de-

Einleitung

ren Hilfe wir unsere Vergangenheit und unsere Zukunft heilen können. In diese Prozesse fließen auch Forschungsergebnisse aus den Bereichen der Anatomie, der Physiologie, der Biologie und der Physik ein. Sie verleihen den uralten Heilmethoden einen sehr zeitgemäßen, wissenschaftlichen Charakter. Jedes Jahr erlernen Hunderte von Schülern meines Instituts – der »Four Winds Society« – diese Techniken, um sich und andere zu heilen.

Doch was heißt das, die Zukunft heilen? Nun, *heilen* ist etwas anderes als *behandeln*. Die Heilung geht zwar oft mit einer Behandlung einher, doch die Behandlung allein führt nur selten zur Heilung. Viele von uns kennen jemanden, der eine Bypass-Operation am Herzen hatte oder einen Tumor entfernen ließ, aber nichts gegen seine schlechten Beziehungen oder zur Änderung seiner Ernährungsgewohnheiten unternahm. Folglich kehrte die Krankheit einige Monate oder Jahre später zurück. Vermutlich kennen wir auch jemanden, der seit Jahren in psychotherapeutischer Behandlung ist, aber immer noch keine gesunde Beziehung eingehen oder die Wut auf seine Eltern überwinden kann. Andererseits kennen wir unter Umständen Menschen, die sagen: »Der Krebs hat mir das Leben gerettet«, weil die Krankheit ihnen die Chance gab, sich völlig neu zu erfinden – von der Ernährung bis hin zu den persönlichen Beziehungen und zum Beruf.

Mit anderen Worten, das Behandeln ist Sache der Medizin, und dabei geht es um die Beseitigung von Symptomen. Beim Heilen findet man dagegen zu einer gesunden Lebensführung, indem man die Ursachen von Leid und Krankheit beseitigt und anschließend eine sinnerfüllte Zukunft für sich entdeckt. Unser Ziel ist es, zu heilen.

Einleitung

Die westliche Medizin behandelt den Körper, die Psychologie behandelt den Geist – beim Heilen widmen wir uns dagegen der Seele und dem Spirit. Die Laika glauben, dass die materielle Welt von der geistigen Welt umhüllt wird, die ihrerseits von der seelischen Welt umgeben ist, die wiederum in den Falten des Spirits geborgen ist. Spirit ist die Quelle, aus der alles andere hervorgeht: reines, klares Licht.

Die Laika sind Seher und können die unsichtbare Welt der Energie und des Spirits wahrnehmen. Deshalb wissen sie, dass das *ganze* Universum aus Licht besteht, dass Licht Materie erschafft und formt. Manchmal ist es sehr stark verdichtet wie in Bäumen oder Steinen. In anderen Fällen ist es fließender, wenn wir etwa Flüsse oder das Sonnenlicht betrachten. Jüngste wissenschaftliche Erkenntnisse bestätigen: Wenn wir uns tief in die Materie hineinbegeben und ihre fundamentalste Ebene betrachten, finden wir nur Schwingung und Licht.

Indem wir direkt mit der Seele und dem Spirit arbeiten, können wir Veränderungen auf allen anderen Ebenen hervorrufen – auch auf körperlicher und geistiger Ebene. Eine Veränderung auf spiritueller Ebene verändert die Welt.

Zu diesem Buch

Mach dir bitte klar, dass man Seelenrückholungen nicht auf die leichte Schulter nehmen sollte. (Ich halte meine Schüler sogar dazu an, andere Menschen erst dann durch Seelenrückholungen zu führen, wenn sie diese Technik im Laufe ihrer Ausbildung selbst gemeistert haben.) Die in

Einleitung

diesem Buch erläuterten Techniken werden dir eine Hilfe sein, der Vorgang kann dich aber zu Beginn stark beunruhigen, da du die tiefen Wunden, die zum Verlust deiner Seele geführt haben, vielleicht vergessen oder verdrängt hast. Allerdings kannst du mithilfe der Seelenrückholung endlich *alle* Anteile deiner Seele zusammenfügen.

Die Methoden in diesem Buch sind sehr leicht anzuwenden. Alle Kapitel beinhalten geführte Meditationen, mit deren Hilfe du das Reisen sofort in dein Leben einbinden kannst. Je mehr du übst, desto mehr wird dein Können wachsen, und desto besser wird es dir gelingen, dich zu heilen und deiner wahren Bestimmung auf die Spur zu kommen. Ich weiß, dass die Übungen nicht ganz einfach sind. Sie sind zum Teil recht lang, zudem muss man sie zuerst lesen, soll dann die Augen schließen und sich an alle Schritte erinnern. Ich schlage deshalb vor, dass du die Übungen auf Band sprichst. Wenn du dann bereit bist, auf Reisen zu gehen, kannst du es einfach abspielen.

Zuerst muss dir klar werden, dass Gehirn und Seele die Zeit unterschiedlich wahrnehmen und auf welche Weise sich die erlittenen Wunden auf die Chakras (Energiezentren) auswirken. Ich werde es im nächsten Kapitel erklären. Fangen wir an.

Teil 1
Vorbereitung auf die Seelenrückholung

1. Die Physik des Schicksals

Ich verließ mein Labor an der Universität, um mich im Amazonas zu verlieren. Seit 300 Millionen Jahren erschafft die Pflanzenwelt hier eine unendliche Vielfalt von Ranken, Farnen und zwanzig Stockwerke hohen Bäumen. Gestern habe ich mir das Bein an einem herabgefallenen Ast verletzt, und schon wächst grüner Schleim über die Wunde. Ich verwandle mich in ein lebendes Biologieexperiment. Morgen werde ich Don Ignacios Dorf erreichen. Er ist ein bekannter Heiler, ein Hatun Laika, ein Meister der Reise über den Tod hinaus. Er wird in der Gegend gefürchtet und geliebt. Es heißt, er könne die Bestimmung eines Menschen aufspüren wie ein anderer einen Hirsch im Wald.

Es gibt nur eine Lebensform auf diesem Planeten, und sie hat Sinn für Humor. Die DNS erforscht sich selbst in Form eines Froschs, eines Tapirs, eines Jaguars, eines Menschen, einer Orchidee, eines Vogels – sogar in Form der rosa Delphine, die 6000 Meilen den Amazonas hinaufgeschwommen und zu Süßwasserfischen geworden sind. Hätten die Schamanen um die Doppelhelix des Lebens gewusst, sie hätten sie gewiss einen Gott genannt.

Tagebucheintrag

Viele indigene Kulturen der Welt glauben, dass der Körper des Menschen genau wie die Körper aller anderen Lebewesen Energiezentren, so genannte *Chakras*, besitzt – kreisende Lichtwirbel, über die Energie aufgenommen, abgegeben und mit der Natur ausgetauscht wird.

Entlang der Wirbelsäule befinden sich sieben Chakras, sie haben die Form von Trichtern. Die großen Trichterköpfe liegen drei bis fünf Zentimeter über der Haut, die dünnen Spitzen sind mit dem Rückenmark verbunden. Über diese Energiezentren nehmen wir die Eindrücke unserer Welt in uns auf. So nehmen wir zum Beispiel Liebe im Herzen wahr, Sexualität, Angst und Gefahr im Bauch und Erkenntnis in der Stirn. Die Chakras bilden den Übergang vom Reich körperlicher Materie in das Reich des Lichts und des Spirits.

Die Energiezentren sind in das leuchtende Energiefeld oder die *Aura* eingebettet (mehr dazu in Kapitel 12). Gesunde Energiezentren vibrieren in einer der sieben Regenbogenfarben und verleihen der Aura ein strahlendes Leuchten.

Seelenverluste werden in den Chakras gespeichert: Jedes Chakra enthält die Erinnerung an alle schmerzlichen Ereignisse, die einen Menschen an sein Karma oder Schicksal binden. Welches Chakra betroffen ist, hängt von der Art der Verletzung ab, und ein geschädigtes Chakra verliert wichtige Kraftreserven. Es verliert lebensnotwendige Energie, wird matt und grau, so dass auch die mit diesem Energiezentrum verbundenen Gefühle an Klarheit verlieren und das Strahlen des leuchtenden Energiefeldes nachlässt.

In den nachfolgenden Kapiteln wirst du lernen, wie du diese lebensnotwendigen Kraftreserven mithilfe der Seelenrückholung zurückgewinnen und die entsprechenden Chakras wieder damit auffüllen kannst. Wenn du dank deiner Reisen die Urverletzung gefunden hast, die zu deinem

Die Physik des Schicksals

Seelenverlust geführt hat, können die Essenz und die Energie des verlorenen Seelenteils dem verletzten Chakra zurückgegeben werden.

Die Chakras

Beschäftigen wir uns nun etwas ausführlicher mit den einzelnen Energiezentren, und beginnen wir mit den unteren Chakras. (In meinem Buch *Das geheime Wissen der Schamanen* habe ich das Chakrasystem ausführlich beschrieben. Ich werde deshalb an dieser Stelle nur eine kurze Zusammenfassung geben.)

Die unteren Chakras
1. Das **Wurzelchakra** am unteren Ende der Wirbelsäule ist das Tor zu Mutter Erde und dem Weiblichen. Wenn es im ersten Zentrum zu einem Seelenverlust kommt, fühlt man sich oft verwaist. Man fängt an, anderen zu misstrauen und Sicherheit in materiellen Dingen zu suchen. Wird dieses Zentrum geheilt, verschwinden alle Mangelgefühle. (Die ersten beiden Chakras enthalten oft auch die Geschichten vergangener Leben.)

2. Das **Kreuzbeinchakra** liegt vier Finger breit unter dem Bauchnabel. Es aktiviert die Nebennieren und ist der Sitz der Leidenschaft, der Sexualität und des frühen Selbstempfindens. Hier hat auch die Kampf-oder-Flucht-Reaktion ihren Ursprung, die den Ausstoß von Adrenalin veranlasst, damit wir Gefahren aufmerksamer und schneller begegnen können. Bei einem Seelenverlust in diesem Chak-

ra ist der Kampf-oder-Flucht-Mechanismus ständig aktiviert.

Meine Klientin Amy lebte fast fünfzig Jahre lang mit den Folgen einer erhöhten Adrenalinproduktion, seit sie als Kind beim Radfahren von einem Wagen überfahren worden war. Sie hatte bei dem Unfall zwar keine Verletzungen davongetragen, wusste aber noch gut, wie sie zu Boden geschleudert wurde, der Wagen plötzlich stehen blieb und sie darunter eingeklemmt war. Ein Teil von Amy blieb jahrelang unter diesem Wagen stecken, wagte sich nicht hervor und konnte weder kämpfen *noch* fliehen.

Die Seelenrückholung gab Amy den verlorenen Teil ihrer Seele zurück, der ihr beibrachte, wieder darauf zu vertrauen, dass die Welt ein sicherer Ort war. Denn wenn man das zweite Chakra heilt, verliert man seine Angst und die Welt ihre Bedrohlichkeit.

3. Das **Solarplexuschakra** hat Einfluss darauf, wie man sich in der Öffentlichkeit gibt. Ein gesundes drittes Energiezentrum sorgt dafür, dass man sich selbst treu bleibt, aber ein Seelenverlust in diesem Chakra kann dazu führen, dass man zu Kummer, Scham oder umgekehrt zu einem aufgeblähten Ego neigt. Man weiß nicht mehr, wer man eigentlich ist. Wird der Seelenverlust in diesem Zentrum geheilt, stabilisieren sich die familiären und persönlichen Beziehungen, und man spürt klar und deutlich, wer man ist.

4. Das **Herzchakra** inmitten der Brust ist für das Geben und Empfangen von Liebe verantwortlich. Ein Seelenverlust führt hier dazu, dass man Verliebtheit mit Liebe ver-

wechselt. Es kann auch zu Selbstverliebtheit kommen. Wird dieses Zentrum geheilt, ist man zu selbstloser Liebe und Vergebung fähig.

Das Herz ist Dreh- und Angelpunkt des Chakrasystems. Wenn ich keine klare Anweisung bekomme, in welches Chakra ein Seelenteil zurückkehren soll, blase ich ihn in das Herzchakra meines Klienten. Seine Heilenergie wird dann von dem Chakra angezogen, das sie am dringendsten braucht.

Die oberen Chakras
Die unteren Chakras sind der Erde, die oberen dem Himmel zugewandt. Die Erdchakras stützen die oberen Chakras wie der Stamm eines Baumes die hohen Äste trägt.

5. Das **Kehlchakra** sitzt in der Kehlgrube und ist unser telepathisches Zentrum, das uns die Fähigkeit verleiht, auch ohne Worte zu kommunizieren. Hier macht sich ein Seelenverlust in Form von Schlafstörungen bemerkbar, als Angst vor dem Äußern der eigenen Meinung oder vor dem Gehörtwerden, als Gewichtsproblem und als Unfähigkeit zu erkennen, ob ein anderer es ehrlich meint. Wenn das fünfte Chakra geschädigt ist, fällt es uns schwer, ehrlich zu uns selbst zu sein. Wird dieses Chakra geheilt, können wir unsere innere Kraft erlangen, unsere innere Stimme wiederfinden und offen und ehrlich kommunizieren.

6. Das **dritte Auge** befindet sich mitten auf der Stirn. Hier erkennen wir, dass wir eins sind mit Gott – mithilfe dieses Chakras können wir das Göttliche in uns zum Ausdruck bringen und es in anderen erkennen. Ein Seelenverlust in

diesem Zentrum führt dazu, dass wir das intellektuelle Denken überbetonen und uns von unseren Gefühlen abspalten. Wird dieser Seelenverlust geheilt, sind wir in der Lage, spirituelle Wahrheit zu erfahren, und haben nicht mehr das Gefühl, von Gott getrennt zu sein.

7. Das **Kronenchakra** ist der höchste Punkt des Kopfes und das Tor zum Himmel, so wie das Wurzelchakra das Tor zur Erde ist. Wenn es hier zu Seelenverlust kommt, empfindet man ein überwältigendes Gefühl von Isolation – nach der Heilung des Seelenverlusts ist man jedoch in der Lage, energetisch durch Raum und Zeit zu reisen und eins mit Himmel und Erde zu werden. (Erst wenn wir alle sieben Chakras geheilt haben, können wir anderen helfen, selbst auf die Reise zu gehen und verlorene Seelenteile zurückzuholen.)

Zwei zusätzliche Chakras

In vielen östlichen Traditionen geht man davon aus, dass sich alle Chakras im Bereich des Körpers befinden. Die Laika dagegen glauben an die Existenz zweier weiterer Chakras, die weit über das Körperliche hinausgehen.

8. Das **Seelenchakra** schwebt über unseren Köpfen wie eine strahlende Sonne – wir kennen es von Bildern, wo es als goldener Heiligenschein über Christus erstrahlt und Buddha wie ein Lichtkreis umgibt. Von der Seele gehen leuchtende Fäden aus, die uns mit Flüssen und Wäldern, unserem Geburtsort und unserem augenblicklichen Wohnort verbinden. Diese Fäden verknüpfen uns auch mit unserer persönlichen Geschichte und unserer Bestimmung.

Die Physik des Schicksals

In späteren Kapiteln werde ich erläutern, wie wir diesen Energiefäden folgen können, die ich als *Zeitlinien* bezeichne, um die Vergangenheit zu heilen und die Zukunft zu beeinflussen.

Die Laika fanden heraus, dass dieses Chakra der Schöpfer des Körpers ist. Wenn ein Mensch stirbt, dehnt sich sein achtes Chakra zu einer leuchtenden Kugel aus und umschließt alle anderen Chakras. Nach einer Zeit der Buße und Läuterung zwischen den Inkarnationen erschafft es einen neuen Körper, wie es das seit vielen Inkarnationen immer wieder getan hat. Das achte Chakra wählt die biologischen Eltern, das Zuhause und die Umstände, in die ein Mensch hineingeboren wird.

Ein Schreiner, der einen Stuhl baut und ihn später im Kamin verbrennt, empfindet das nicht als Verlust, weil er weiß, dass er ganz leicht einen neuen bauen kann. Auch das achte Chakra empfindet den Tod eines Körpers nicht als Verlust – es baut einfach einen neuen. Wenn in diesem Chakra die Erinnerung an einen Seelenverlust gespeichert ist, ist das wie ein Konstruktionsfehler, der mit jedem neuen »Stuhl« (oder Körper) weiter vervielfältigt wird. Das führt dazu, dass man bei dem Versuch, diese Wunde zu heilen, immer wieder Familien, Ereignisse und Beziehungen erschafft, die denen vergangener Leben ähneln.

9. Das **Spiritchakra** befindet sich jenseits des leuchtenden Energiefelds im Zentrum der Schöpfung und entspricht dem Unendlichen. Es ist die Matrix des Universums, das alles durchdringende leuchtende Netz, über das Energie und Informationen von einem Teil des Universums zum anderen gelangen. Die Laika können dieses Netz spüren

Vorbereitung auf die Seelenrückholung

und Einfluss darauf nehmen. Sie bedienen sich des Reisens, um »die Welt ins Dasein zu träumen«, und nehmen dadurch bewusst Anteil an der Evolution des Lebens auf der Erde. Wenn wir unser Bewusstsein im neunten Chakra bündeln, können wir in die Vergangenheit reisen, um alte Traumata zu heilen, und wir können unsere Bestimmung in der Zukunft finden.

Aber wir bekommen erst Zugang zum Seelen- und zum Spiritchakra, wenn wir die Wunden und Seelenverluste in den Chakras eins bis sieben geheilt haben. Dann hören wir auf, uns mit unserer Geschichte gleichzusetzen, und identifizieren uns stattdessen nur noch mit dem Spirit.

Das zeitlose Jetzt

> *Für uns gläubige Physiker hat die Scheidung zwischen Vergangenheit, Gegenwart und Zukunft nur die Bedeutung einer wenn auch hartnäckigen Illusion.*
> Albert Einstein[1]

Für die meisten von uns wird Zeit vom Ticken der Uhren, von Kalendern, von den Erfahrungen der Vergangenheit und den Plänen für die Zukunft bestimmt. Die meisten von uns haben gelernt zu glauben, dass die Zeit »fliegt wie ein Pfeil« – dass sie unwiederbringlich von der Vergangenheit zur Gegenwart hinfließt wie ein Blatt, das ins Wasser fällt und dann flussabwärts treibt. Psychologen suchen in der Kindheit nach den Ursachen für gegenwärtiges Leid, Ärzte sehen sich die Krankengeschichte des Patienten und

Die Physik des Schicksals

seiner Familie an, um die Ursache einer Störung oder Krankheit zu finden. All das scheint vernünftig, sofern man glaubt, das Leben sei lediglich eine Frage von Ursache und Wirkung. Die Wissenschaft bezeichnet das als *Kausalität*, als ein »Gesetz«, wonach die Vergangenheit stets in die Gegenwart hineinreicht und sie prägt.

Für die Laika bewegt sich die Zeit im Zickzack zwischen gestern und morgen: Sie ist wie ein Fluss, der träge ins Meer fließt, aber tief unter seiner Oberfläche befindet sich eine andere Strömung, die zurück zur Quelle und weiter in die Unendlichkeit fließt. Die meisten Menschen geben sich damit zufrieden, im Fluss zu treiben, doch begnadete Individuen lernen, diesen »Zeitströmungen« zu folgen, um vergangene Ereignisse zu korrigieren und die Zukunft zu beeinflussen. Das heißt, wir können in die Zukunft blicken, um Antwort auf eine aktuelle Frage zu erhalten, und die Zukunft wird dann für die Synchronizität und die glücklichen Zufälle sorgen, die diese Lösung herbeiführen. Die Zukunft reicht stets in die Gegenwart hinein und kann sie prägen – wenn wir das zulassen.

Du wirst lernen, auf deinen Reise aus der linearen Zeit herauszutreten, dich von Ursache und Wirkung zu befreien und die Zukunft um Führung zu bitten. Wenn du dich auf Reisen begibst, bleibt die Zeit stehen – dann gibt es nur noch das »zeitlose Jetzt«, die Schöpfungsmatrix – und das Heute entspringt nicht mehr dem Gestern. Auf Reisen entziehst du dich dem Griff der Zeit und erreichst einen Zustand, in dem alles gleichzeitig geschieht.

Unter der Anleitung der Laika lernte ich, ins zeitlose Jetzt zu reisen, um die Art und Weise zu heilen, wie die Vergangenheit in mir lebt. Mit Anleitung und Übung kannst du dein Leben bald ebenso leicht von deiner Bestimmung herleiten wie auf die altbekannte Weise – indem du es aus den Splittern der Vergangenheit zusammensetzt, die du in die Gegenwart herübergerettet hast.

Das Reisen wird es dir ermöglichen, dich von Ursache und Wirkung deines Karmas zu befreien. Du kannst lernen, mit einem Bein im Reich des zeitlosen Spirits und mit dem anderen in der materiellen Welt zu stehen. Dabei wirst du entdecken, dass beide Bereiche einiges gemeinsam haben und die Unterscheidung zwischen Vergangenheit und Zukunft im Grunde eine Illusion ist.

Verschüttete Milch

Unsere angeborene Fähigkeit, wahrzunehmen, dass Zeit sowohl rückwärts als auch vorwärts fließt, ist getrübt, da wir beispielsweise nie erlebt haben, dass verschüttete Milch vom Boden ins Glas zurückgeflossen wäre. Der Grund dafür ist das Prinzip der Entropie, das sich vom zweiten Hauptsatz der Thermodynamik ableitet. Dieser besagt, dass Unordnung und Chaos mit der Zeit immer größer werden (um das zu verstehen, muss man nicht in Harvard studiert haben; es reicht, wenn man Kinder hat). Der Trend zum Chaos wird überall um uns herum deutlich – Häuser werden renovierungsbedürftig, Standuhren müssen aufgezogen werden –, deshalb ist es leicht, vom geordneten Zustand der Milch im Glas zum ungeordneten Zustand der Milch auf dem Boden, von der Vergangenheit zur Zukunft überzugehen, nicht aber umgekehrt. Die Entstehung von Unordnung scheint unvermeidlich, und allem Anschein nach stirbt das Universum eines langen, kalten Todes.

Die Physik des Schicksals

Lebende Systeme trotzen jedoch dem zweiten Hauptsatz der Thermodynamik: Leben strebt nach Ordnung, Schönheit und Komplexität und verabscheut das Chaos. Organellen verbinden sich zu Zellen, die zusammen Gewebe bilden, aus dem Organe entstehen, woraus sich wiederum Menschen, Adler und alle anderen Lebewesen zusammensetzen. Während leblose Dinge im Universum verfallen, baut das Leben immer neue, schöne Blumen, Eichen und Wale zusammen.

Während meiner jahrelangen Ausbildung bei den Laika erfuhr ich, dass uns das Reisen Zugang zu Gehirnregionen verschafft, die uns helfen können, uns vom zweiten Hauptsatz der Thermodynamik zu lösen. Die Physik bezeichnet das als *Nicht-Lokalität*.

Nichtlokalität

Die Quantenphysik hat gezeigt: Wenn man zwei Photonen in unterschiedliche Richtungen schießt und anschließend eines davon durch den Polarisator schickt, wirkt sich das unmittelbar auch auf das andere Photon aus. Das legt den Schluss nahe, dass weder eine zeitliche noch eine räumliche Distanz zwischen ihnen besteht. Das ist Nichtlokalität oder die Fähigkeit, Ereignisse über Raum und Zeit hinweg zu beeinflussen.

Die Nichtlokalität hat zwei Besonderheiten: Man braucht (1) weder Energie noch Kraft, um etwas geschehen zu lassen, sondern lediglich die Absicht oder den Wunsch, und es ist (2) weder ein zeitlicher noch ein räumlicher Abstand vorhanden – das heißt, es wird keine Botschaft von der Gegenwart in die Vergangenheit oder die Zukunft geschickt. Die Fähigkeit, Einfluss auf Ereignisse zu nehmen, nimmt also weder mit der Zeit noch mit der Entfernung ab. Mit anderen Worten: Es gibt kein *Jetzt* im Vergleich zu *damals*. Alles geschieht gleichzeitig.

Der Beweis der Nichtlokalität auf Quantenebene ist ein neuerer wissenschaftlicher Durchbruch, aber die Laika wissen schon lange, wie entfernte Ereignisse zusammenhängen. Die meisten Menschen kommen dem in der Erfahrung des Gebets am nächsten, die uns allen vertraut ist (ob wir nun tatsächlich beten oder nicht). In mehr als zwanzig streng wissenschaftlichen Untersuchungen wurde die Kraft des Gebetes dokumentiert, wenn es darum ging, Menschen aus der Ferne zu heilen. Studien mit Pflanzen kamen zu dem gleichen Ergebnis: Eine Studie ergab, dass Mungbohnen, für die gebetet wird, schneller keimen. Ein solches Ergebnis lässt sich weder psychologisch noch mit dem »Placeboeffekt« erklären – schließlich kann man das Denken einer Bohne nicht täuschen, damit sie schneller wächst oder Krankheiten widersteht.

Wir glauben zwar, dass Gebete Ereignisse in der Ferne verändern und Fernheilungen bewirken können, doch wie sieht es mit unserem Einfluss auf bereits Geschehenes aus? Eine Studie im *British Journal of Medicine* stellte die Ergebnisse eines Experiments zum Thema rückwirkende Gebete vor. Forscher überließen es dem Computer, die zehn Jahre alten Krankenblätter von 5000 Patienten mit Blutvergiftung willkürlich in zwei Gruppen aufzuteilen. Für die eine Gruppe wurde gebetet, für die andere nicht. Anschließend

Die Physik des Schicksals

gingen die Forscher die Akten durch und stellten fest, dass die Patienten, für die gebetet worden war, kürzere Krankenhausaufenthalte und weniger Fieber gehabt hatten, obwohl die Gebete erst zehn Jahre nach ihrer Entlassung gesprochen worden waren. Aufgrund der Nichtlokalität kamen die Patienten in den Genuss der Vorteile der Gebete. Die Zeit des Gebets deckte sich mit der Zeit der Erkrankung, da im zeitlosen Jetzt alles gleichzeitig geschieht.

Die Nichtlokalität erklärt auch, dass wir es bei vielen Ereignissen, die wir für »übersinnlich« halten, eigentlich mit natürlichen Phänomenen zu tun haben. So wurde etwa in dem Roman *Titan – Eine Liebesgeschichte auf hoher See,* der im Jahr 1898 – also 14 Jahre vor dem Untergang der Titanic – veröffentlicht wurde, ein erfundenes Schiff namens *Titan* in allen Einzelheiten beschrieben. Die Ähnlichkeiten zwischen dem echten und dem erfundenen Schiff waren verblüffend: Beide Schiffe hatten zwei Masten, drei Schrauben und galten als unsinkbar. Am beunruhigendsten aber war, dass beide Platz für 3000 Passagiere an Bord hatten, ohne mit genügend Rettungsbooten ausgestattet zu sein, und beide im Monat April eine verhängnisvolle Kollision mit einem Eisberg hatten. Handelt es sich hier um bloßen Zufall, oder war der Autor des Romans in die Zukunft gereist und dort Zeuge eines wahrscheinlichen Schicksals der echten *Titanic* geworden?

Experimente im Bereich der Quantenphysik legen nahe, dass das Universum auf einer Ebene, die auch unser Bewusstsein und unsere Absicht mit einschließt, auf eine Art und Weise verbunden sein könnte, die wir nicht wahrnehmen. Wir können sicher sein, dass das ganze Universum über eine leuchtende Matrix verbunden ist, die weder

Vorbereitung auf die Seelenrückholung

räumliche Entfernungen, noch Vergangenheit oder Zukunft kennt.

Das »Reisen« ist eine uralte Technik. Es ermöglicht die bewusste Interaktion mit einer unsichtbaren Energie, von der wir alle ein Teil sind. Das Reisen lehrte mich, dass ich aufhören kann, mich mit meinem verletzten Selbst und den schmerzlichen Ereignissen meiner Vergangenheit zu identifizieren. Ich fand meine Bestimmung, die ich die ganze Zeit über vor der Nase gehabt hatte, ohne sie zu erkennen.

In den folgenden Kapitel wirst du lernen, wie du alte Wunden heilen und deine Bestimmung finden kannst. Du wirst uralte Karten entdecken, die dir den Weg zu den vier Kammern der Seele weisen. Alte Mythen über die Heldenreise werden dich leiten. Zuerst musst du jedoch lernen, zwischen Bestimmung und Schicksal zu unterscheiden ... was uns zum zweiten Kapitel bringt.

2. Bestimmung statt Schicksal

Mir wurde klar, dass die Wissenschaft letzten Endes nur eine Metapher für die Natur und nicht die Natur selbst ist. Diese Metapher ist an die Stelle der alten Erzählungen über die Götter des Himmels und der Erde getreten. Wir haben aufgehört, den Herrn des Blitzes oder des Windes zu besänftigen – wir können erklären, dass Tiefdruckfronten Gewitter verursachen, doch darüber ist uns das Rätselhafte der Schöpfung und das Staunen darüber verloren gegangen. Wir wissen, was die Bienen zu den Blumen zieht, aber wir vergessen, an den Rosen zu schnuppern oder wie die Lilien auf dem Felde zu sein ...

Heute Morgen bin ich bei Don Ignacio angekommen. Ich folgte einem Weg, der nur einen halben Meter breit ist. Hier ist alles überwuchert, verschlungen und nass. Er lebt in einem Dorf oder vielmehr auf einem großen Familienanwesen am Ufer des Rio Madre de Dios (Mutter-Gottes-Fluss). Ich frage einen Jungen, und er sagt mir, dass das Dorf »El Infierno« heißt – die Hölle. Ich bin von Bäumen groß wie Bürohäuser umgeben. Dies ist das Land der Riesen. Papageien krächzen über mir, der Fluss fließt gemächlich hinter mir ... für mich sieht es aus wie das Paradies. Die Hölle ist dort, woher ich komme, wo der Beton über die Natur gesiegt hat.

El Infierno. »Wegen der Vögel«, erklärte Ignacio mir später. »Die hören nie auf zu kreischen, genau wie die Missionare.«

Tagebucheintrag

Vorbereitung auf die Seelenrückholung

Obwohl die beiden Begriffe meist synonym verwendet werden, besteht ein deutlicher Unterschied zwischen dem *Schicksal* (das in den östlichen Traditionen *Karma* heißt) und der *Bestimmung* (auch *Dharma*). Das Schicksal ist ein Kurs, der von unserer Familie, unserer Geschichte, unseren Genen und unseren emotionalen Wunden bestimmt wird. Wenn wir vom Schicksal einer Nation sprechen, macht sich ein Gefühl von Unvermeidbarkeit breit. Manchmal hören wir von der Begegnung zweier Menschen oder dem Ende einer Beziehung und sagen, es sei »Schicksal« gewesen. Die Heiler vieler indigener Völkern kennen zweierlei Arten von Krankheiten: Krankheiten, die von Gott kommen, und solche, die vom Menschen kommen. Selbst wenn sich die Symptome gleichen, kann der Heiler bei einer Krankheit, die als von Gott gesandt erkannt wird, nichts weiter tun, als den Schmerz zu lindern.

Mit anderen Worten, Schicksal ist eine vorherbestimmte und scheinbar unausweichliche Abfolge von Ereignissen, die uns zustoßen. Es scheint unabwendbar und holt uns bei jeder sich bietenden Gelegenheit ein – etwa wenn wir uns von einem Ehepartner trennen, um dann in die gleiche Beziehung zu einem anderen Menschen zu treten. Auf Lateinisch heißt das Schicksal *fatum*, und davon ist unser Wort »fatal« abgeleitet.

Das Wort Bestimmung dagegen meint den Sinn eines Lebens, die Berufung eines Menschen. Sie lässt sich enthüllen und verwirklichen. Die alten Griechen glaubten, das Schicksal sei ein gesponnener Faden und unwiderruflich, sobald der Faden zu einem Stoff verwoben sei. Die Bestimmung dagegen hielten sie für eine Kraft oder eine Macht, die eingreifen konnte, um den Stoff des Schicksals neu zu weben. Ich glaube, dass sich die eigene Bestimmung auch ohne göttliches Eingreifen erfüllen kann – doch dazu muss man sich vergangener Verletzungen bewusst werden und dem Ruf folgen, dem zu folgen man geboren wurde. Dann kann man den Kurs seines Lebens selbst bestimmen.

Unsere Bestimmung erlaubt es uns, unser Schicksal zu überwinden und uns von negativen emotionalen und genetischen Programmierungen zu befreien. Indem wir nach unserer Bestimmung leben, können wir uns von einer Veranlagung zu Brustkrebs und Herzkrankheit oder von einer emotionalen Vergangenheit befreien, die uns dazu treibt, immer wieder die neueste Version eines ungeeigneten Ehepartners zu heiraten. Unsere Bestimmung erlaubt es uns, unseren Weg im Leben zu wählen, statt durchs Leben zu stolpern. Wenn du deine Bestimmung lebst, kannst du dein Wachstum bewusst beeinflussen.

Das Evolutionsverständnis der Laika weicht von dem der Biologen ab. Die Biologen glauben, die Evolution finde *zwischen* den Generationen statt – sie glauben also, dass unsere Kinder schlauer und gesünder sein könnten als wir, dass es für unsere Generation jedoch zu spät sei, sich zu verändern. Die Wissenschaft glaubt, dass sich Gene nicht verändern lassen und wir zwangsläufig bestimmte Eigenschaften und Anlagen von früheren Generationen übernehmen. Sofern es also eine genetische Veranlagung in der Familie gibt, ist das Schicksal der Kinder besiegelt: Der Brustkrebs, den eine Frau von ihrer Mutter geerbt hat, wartet nur darauf auszubrechen, und das schwache Herz des Vaters wird irgendwann wie ein Teufelchen aus der Schachtel springen. Die Laika aber wissen, dass die Evolution *innerhalb* einzelner Generationen stattfindet. Deshalb kann ein Mensch die Stränge seines genetischen Codes entwirren, um seine DNS neu zu programmieren und sein genetisches Schicksal zu verändern.

Ich glaube, dass wir Einfluss auf unsere Bestimmung haben und die von uns entwickelten gesunden Eigenschaften an unsere Kinder weitergeben können, während wir den genetischen Code Strang um Strang entwirren. Auf unseren Reisen können wir eine Zukunft finden, in der wir anders heilen und anders altern, in der wir nicht an den Leiden unserer Vorfahren erkranken oder die Traumata unserer Kindheit immer wieder neu durchleben. Das Reisen kann uns helfen, neue Körper zu erschaffen, die nicht nur die Information in sich tragen, wer wir früher einmal waren, sondern auch die Information, wer wir in 10 000 Jahren sein werden.

Parzivals Suche

Der Mythos von Parzival und der Suche nach dem heiligen Gral stammt aus dem 12. Jahrhundert und zeigt, wie wir unseren eigenen Gral suchen und finden und damit unser Schicksal durch unsere Bestimmung ersetzen können. Da es sich bei dieser Legende, die in verschiedenen Fassungen überliefert ist, um eine der ältesten und einflussreichsten Erzählungen unserer Geschichte handelt, möchte ich mit ihrer Hilfe die Suche nach der eigenen Bestimmung deutlich machen.

Bestimmung statt Schicksal

Zu Beginn der Geschichte ist Parzival ein wohlbehüteter Junge. Seine Mutter Herzeleide hat bereits ihren Mann und zwei Söhne in der Schlacht verloren. Da sie fürchtet, dass Parzival in deren Fußstapfen treten, Ritter werden und ebenfalls eines schrecklichen Todes sterben wird, zieht sie ihn mitten im Wald und fernab von der Zivilisation groß. Herzeleide lebt, um ihren Sohn vor dem Leben zu schützen.

Eines Morgens stößt Parzival beim Spielen im Wald auf eine Gruppe von Rittern, die glänzende Rüstungen und lange Lanzen tragen – und die Welt des Abenteuers übt einen unwiderstehlichen Reiz auf ihn aus. Er ist von den tapferen Rittern und ihrer prachtvollen Erscheinung so angetan, dass er spontan beschließt, von zu Hause fortzugehen und ebenfalls Ritter zu werden. Seine entsetzte Mutter fleht ihn an, sie nicht zu verlassen, doch Parzival ist fest entschlossen, an den Hof König Artus' zu gehen und sich der legendären Tafelrunde anzuschließen. Unter Tränen gibt die Mutter dem jungen Mann ihren Segen und kleidet ihn in ein einfaches, selbst gemachtes Gewand. Sie sagt ihm, er müsse die Frauen respektieren, dürfe nicht neugierig sein und keine Fragen stellen. Mit diesen Gaben und Warnungen macht sich Parzival auf den Weg, um Ritter zu werden und sein Schicksal zu erfüllen.

Als der Junge in seinem einfachen Gewand an König Artus' Hof eintrifft, bittet er darum, zum Ritter geschlagen zu werden. Unter Gelächter wird er aus der Halle gejagt. Doch Parzival versucht es immer wieder, bis ihm schließlich eine Audienz beim König gewährt wird. Zum Hofstaat gehört auch eine schöne junge Frau, die seit sechs Jahren weder gelächelt noch gelacht hat. Die Legende besagt, dass sie

Vorbereitung auf die Seelenrückholung

erst wieder lachen wird, wenn der edelste Ritter der Welt erscheint. Beim Anblick Parzivals bricht sie in entzücktes Lachen aus und verblüfft damit den ganzen Hof. Wer ist dieser Junge, der tat, was keinem anderen gelang? Ist der törichte und unerfahrene Parzival tatsächlich der Ritter, auf den alle warten?

Der König erklärt Parzival, um ein Mitglied der Tafelrunde zu werden, müsse er gegen den Roten Ritter, den furchterregendsten Krieger im ganzen Königreich, antreten und ihn besiegen. Er sagt dem Jungen auch, dass er Pferd und Rüstung des Roten Ritters behalten könne, sofern er sie im Kampf gewinne. Parzival fordert den gefürchteten Ritter heraus, und trotz mangelnder Erfahrung gelingt es ihm aufgrund eines glücklichen Zufalls, ihn zu töten. Der siegreiche Parzival zieht die Rüstung des Roten Ritters über das selbst genähte Hemd – und König Artus schlägt ihn zum Ritter.

≈

Parzivals nächste Aufgabe ist es, den Heiligen Gral zu finden und an König Artus' Hof zu bringen. Gurnemanz, ein weiser alter Mann, gibt ihm einen wertvollen Rat mit auf den Weg. Eindringlich rät er Parzival, die folgende Frage zu stellen, sollte er je Zutritt zur Gralsburg bekommen und die heilige Reliquie sehen: »Wem dient der Gral?«

Ehe Parzival zu seinen Ritterabenteuern aufbricht, möchte er seine Mutter besuchen, um ihr zu zeigen, was er erreicht hat. An ihrer Türe angekommen, erfährt er, dass sie aus Gram über seinen Abschied gestorben ist. Von Schuldgefühlen geplagt zieht Parzival weiter und begegnet schon bald der wunderschönen Jungfer Blanche Fleur (Weiße

Blume), deren Schloss belagert wird. Sie bittet Parzival inständigst, sie zu retten, und er reitet für sie in die Schlacht. Tapfer besiegt er die Angreifer und gewinnt ihr Königreich zurück. Nach der Schlacht verbringt er eine einzige keusche Nacht mit Blanche Fleur, und am nächsten Morgen setzt er seine Suche nach dem Heiligen Gral fort.

Eines Tages trifft Parzival auf der Suche nach einem Nachtlager auf ein paar Bauern, die ihm erklären, im Umkreis von dreißig Meilen gebe es keine Unterkunft. Bald darauf sieht er einen Mann, der alleine in einem Boot sitzt und im See fischt. Der Fischer lädt Parzival zu sich nach Hause ein, weist ihm den Weg und schickt ihn voraus. Erstaunt stellt der junge Ritter fest, dass der Fischer in der legendären Gralsburg wohnt. Als Parzival die Zugbrücke überquert, findet er sich in einer prachtvollen, traumähnlichen Umgebung wieder. Ein Hofstaat aus über 400 Rittern und Edeldamen umgibt den Fischerkönig, der von Schmerzen geplagt auf seiner Trage liegt. Ihn quält eine unverheilte Wunde in der Seite, die er sich bereits vor geraumer Zeit zugezogen hat. Parzival erkennt, dass der Mann, den er für einen einfachen Fischer gehalten hatte, in Wirklichkeit der Fischerkönig ist.

Im Schloss ist ein großes Festessen im Gange, bei dem der Fischerkönig Parzival ein Schwert überreicht. Im Rahmen der Feierlichkeiten wird auch der Heilige Gral herbeigeholt und herumgereicht. Alle trinken davon und bekommen einen Wunsch gewährt, bis auf Parzival und den Fischerkönig, der erst aus dem Heiligen Gral trinken darf, wenn seine Verletzung geheilt ist. Beim Abendessen erinnert sich Parzival an die Warnung seiner Mutter, keine Fragen zu stellen, und schweigt. Der Hofstaat lässt ihn nicht

Vorbereitung auf die Seelenrückholung

aus den Augen. Lange wartet man schon darauf, dass sich die Prophezeiung erfüllt – denn der Legende nach soll eines Tages ein naiver Jüngling im Schloss erscheinen, die »Gralsfrage« stellen, die Macht des Grals entfesseln und den König heilen.

Doch Parzival bleibt stumm, und am nächsten Morgen ist das Schloss verlassen. Er zieht weiter, das neue Schwert an seiner Seite, während die Gralsburg hinter ihm verschwindet. Im Laufe der Jahre besteht er zahlreiche Abenteuer – er tötet Drachen, besiegt feindliche Ritter, rettet holde Jungfern und erfüllt das Versprechen von Größe, das König Artus in ihm sah. Die Kunde von Parzivals Taten verbreitet sich und kommt auch König Artus zu Ohren, der den Ritter an seinen Hof zurückbeordert. Parzival zu Ehren wird ein großes Fest mitsamt Turnier veranstaltet, und ihm wird von allen Rittern am meisten Wertschätzung und Respekt zuteil. Doch auf dem Höhepunkt der Feierlichkeiten erscheint ein altes Weib. Vor allen Leuten zählt sie Parzivals Sünden, Fehler und Missetaten auf – deren ungeheuerlichste sein Versäumnis ist, die Gralsfrage zu stellen, als er die Gelegenheit dazu hatte.

Zutiefst gedemütigt macht sich Parzival erneut auf die Suche nach der Gralsburg, trifft aber nur auf noch mehr Schlachten und Mühsal. Am Ende seines Lebens begegnet er schließlich einer Gruppe frommer Pilger, die ihn tadeln, weil er am Karfreitag, dem heiligsten Tag des Jahres, seine Rüstung trägt. Sie bringen ihn zu einem alten Einsiedler, der tief im Wald lebt und ihm genau wie die Alte sein Versäumnis vorwirft, die Gralsfrage zu stellen.

Als Parzival die Rüstung und das von der Mutter genähte Gewand ablegt, das er all die Jahre getragen hat, weist ihm der alte Einsiedler den Weg zur Gralsburg. Nun, da sich die Zeit seiner Abenteuer allmählich dem Ende zuneigt, bekommt Parzival noch einmal die Chance, sich bei seiner wichtigsten Aufgabe zu bewähren.

Er findet das Schloss, tritt vor und stellt die magische Frage (»Wem dient der Gral?«). Endlich brechen alle in Jubel aus. Der Heilige Gral wird herumgereicht, auch der Fischerkönig darf daraus trinken und wird endlich geheilt.

Was Parzival uns lehrt

Dieser Mythos erklärt uns, was wir tun müssen, um unser Leben der Kontrolle des Schicksals zu entreißen und unsere wahre Bestimmung zu finden. Zu Beginn der Geschichte lässt Herzeleide ihren Sohn unter Tränen ziehen, doch er trägt das selbst genähte Gewand und nimmt sich ihre Mahnung zu Herzen, keine Fragen zu stellen und die Frauen zu respektieren. Dann stirbt sie, und damit erfüllen sich die schlimmsten Befürchtungen jedes verantwortungsbewussten »braven Buben« – dass seine Mutter stirbt, sobald er sie verlässt und unabhängig wird.

Das selbst genähte Gewand ist der Fluch der Ahnen, die eigentliche Mutterwunde, die Parzivals Entwicklung hemmt. Solange er das Gewand trägt, bleibt er in der Beziehung zu seiner Mutter unreif und abhängig. Da der Junge auf die Mahnung seiner Mutter hört, versäumt er zudem, die Gralsfrage zu stellen. Dadurch verpasst er eine wichtige Gelegenheit, seine Bestimmung zu finden, die sich ihm bereits in seiner Jugend bietet. Er wird ein ganzes Leben

Vorbereitung auf die Seelenrückholung

brauchen, um erneut eine solche Gelegenheit zu bekommen. Auch viele von uns bekommen schon früh im Leben einen Vorgeschmack auf den Gral – goldene Gelegenheiten, die sich etwa in Form des richtigen Ehepartners oder des richtigen Berufs bieten. Doch wir versäumen es zu handeln. Danach vergehen viele Jahre, ehe wir unsere Bestimmung und unsere wahre Berufung wiederentdecken.

Wenn ein Junge in die Pubertät kommt, lernt er in vielen Kulturen der Welt – etwa bei den Hopi, den Kelten und den Yoruba, die südlich der Sahara in Afrika leben – die Erde als seine ewige Mutter anzunehmen und den Himmel als seinen treuen Vater zu betrachten. Er lernt, dass sein Platz draußen in der Welt ist – dass seine biologischen Eltern ihm nicht mehr geben können, was er braucht. In den westlichen Kulturen, die ihre Kinder vor der Welt schützen wollen, gibt es diese Tradition nicht mehr. Initiationsriten wie die jüdische Bar-Mizwa, die Konfirmation oder der 18. Geburtstag sollen von der Reife und der Unabhängigkeit der Kinder zeugen und wurden stattdessen ihres Sinns entleert und in Partys verwandelt, bei denen es nur noch ums Vergnügen und die Geschenke geht.

Viele Menschen nabeln sich niemals ab und verschwenden deshalb viel zu viel Zeit darauf, ihre Mütter für ihre Probleme verantwortlich zu machen oder nach Hause zu ihren Eltern zu laufen, damit diese ihre Angelegenheiten regeln. Wir werden wie Parzival von der lähmenden Bindung an unsere Eltern zurückgehalten, was verhindert, dass wir unsere Wunden heilen – und genau wie er müssen wir die mütterlichen Gewänder ablegen, um unseren Platz in der Welt zu finden.

Bestimmung statt Schicksal

Die Alte und der Daimon

Viele Menschen verschwören sich, um uns an unser Schicksal zu binden. Als Parzival Blanche Fleur begegnet – schon ihr Name ist ein Symbol höchster Reinheit –, wird sie zu seiner Inspirationsquelle und motiviert ihn sein Leben lang, alles Reine zu schützen und für das Gute gegen das Böse zu kämpfen. Dem Rat seiner Mutter folgend, bringt Parzival seine Liebe zu Blanche Fleur niemals körperlich zum Ausdruck. Er gestattet sich nicht, sie zu verführen oder sich von ihr verführen zu lassen. Die einzige gemeinsame Nacht ist bar jeglicher Intimität, und eine zweite gibt es nicht.

Wäre Blanche Fleur eine echte Frau, dann wäre dies die groteske Karikatur einer Beziehung, die auf traurige Weise idealisiert wird. Ist es vorstellbar, dass man sein ganzes Leben der Suche nach einer Frau von absoluter Reinheit widmet? Dass man sich nach einer Frau sehnt, mit der man eine einzige Nacht verbracht hat? Keine Frau aus Fleisch und Blut könnte den Vergleich mit diesem Ideal je bestehen!

Deshalb muss man Blanche Fleur als das verstehen, was C. G. Jung als »Anima«, als weibliches Prinzip bezeichnete. *Anima* ist das lateinische Wort für »Seele«. Wenn man die Ganzheit der Seele zurückgewinnt und sich »ihrer« Führung anvertraut, kann man sich vom Fluch der Ahnen und von ihrem Leben in Krankheit und Leid befreien.

Die Griechen bezeichneten diesen Teil der Seele als *Daimon*, als Schutzgeist oder Schutzengel (Genius). Der Daimon führt uns durchs Leben, solange wir ihn respektieren und ihm treu bleiben. Wenn ein Mann seiner inneren Führung folgt, wird er wachsen und reifen – doch wenn er sie

Vorbereitung auf die Seelenrückholung

verleugnet, wird er versuchen, sie in körperlicher Gestalt zu finden, und statt einer echten Frau sein idealisiertes Bild des Weiblichen heiraten. Vielleicht eilt er auf seiner unbewussten Suche nach der Verkörperung seines weiblichen Prinzips von Frau zu Frau und verlangt von seinen Partnerinnen, seiner Vorstellung davon zu entsprechen, wie eine Frau auszusehen und zu sein hat. Umgekehrt wird es einer Frau, die sich vom Mythos körperlicher Schönheit verführen lässt, niemals gelingen, die Schönheit ihrer inneren Weiblichkeit zu entdecken.

Der Parzivalmythos erinnert uns daran, dass es nicht immer leicht ist, seinem Daimon treu zu bleiben. Deshalb erscheint die Alte am Hof: um den mit Fehlern behafteten Mann unter der Rüstung zu entblößen. Das alte Weib ist der Daimon, der sich in Erinnerung bringt und Aufmerksamkeit fordert. In vielen Mythen, Sagen und Legenden taucht eine solche Figur auf, um die Wahrheit zu verkünden. Für gewöhnlich sagt sie dem Helden, was er nicht hören will, und zeigt ihm die vernachlässigten Teile seiner Seele. Im Leben begegnet uns die Alte in Gestalt unangenehmer »Augenöffner« oder prägender Lebenserfahrungen, etwa als Ende einer wichtigen Beziehung, als Verlust des Arbeitsplatzes, als anhaltende Krankheit, Krise, Scheidung oder als Verlust von etwas, das wir für einen wesentlichen Bestandteil unseres Seins halten.

Im Parzivalmythos soll die Alte unserem Helden klar machen, dass er zwar die korrekte ritterliche Fassade präsentiert, der Mensch dahinter aber krank ist – dass er seine Seele verloren hat. Er hat sich ganz der Jagd nach seinem äußeren Selbst verschrieben und ihr seinen Daimon geopfert. Am Ende ist seine Rüstung ein Gefängnis aus materiellen Errungenschaften, in dem er verloren ist. Er hat weder Liebe noch menschlichen Trost gefunden und bei der einzig sinnvollen Aufgabe versagt: der Suche nach dem Heiligen Gral.

Als die Alte ihn demütigt, als sie seine dunklen Seiten offenbart und seine ruhmreichen Taten ignoriert, ist Parzival am Boden zerstört. Was ihm lieb und teuer ist, wird als Farce entlarvt. Seine tiefe Verzweiflung zwingt ihn, sein Leben unter die Lupe zu nehmen und sich zu fragen: »Was ist der Sinn meines Lebens?« Für Parzival ist das der Wendepunkt, der entscheidende Augenblick, in dem er sich endlich wieder seiner Lebensaufgabe widmen muss.

Doch trotz dieser Erfahrung weiß Parzival nicht, was er anders machen sollte. Er kehrt zu Pferd und Rüstung zurück, aber das Rittertum hat für ihn keinen Sinn mehr. Er weiß, dass er trotz seines Verlangens nach einer sinnvolleren Betätigung zwischen den Mühlsteinen des Schicksals gefangen ist und eine Rolle spielt, die ihm vom Vater übertragen wurde und in das Gewand der Mutter gekleidet ist.

Die Alte ist das Heilig-Weibliche, die Seele in Gestalt einer weisen alten Frau. Nachdem sie sich jahrelang nicht um Parzival gekümmert hat, taucht sie wieder auf, um ihm vor Augen zu führen, dass sein Leben eine freudlose Routine geworden ist, aus der er keinen Ausweg mehr findet. In diesem Zustand treffen ihn die frommen Pilger an und fragen ihn, weshalb er am heiligsten Tag des christlichen Jahres für den Krieg gerüstet ist. Sie führen ihn tief in den Wald, ein weiteres Weiblichkeitssymbol, hinein. Der alte Eremit weist ihm den Weg zur Gralsburg, wo er seine Stimme findet und fragt: »Wem dient der Gral?«

Endlich darf Parzival dem Schicksal entfliehen, wie sein

Vorbereitung auf die Seelenrückholung

Vater und seine Brüder durch das Schwert zu leben und durch das Schwert zu sterben. Endlich darf er ein spirituelles Leben führen. Die Gralsburg ist eine Metapher dafür, dass Parzival seine Bestimmung, die stets auf ihn gewartet hat, erkennt und erfüllt. Er musste nur bereit dafür sein. Als er endlich in sich geht, stellt er fest, dass die Gralsburg und der Heilige Gral immer in Reichweite waren.

Eine der Lektionen, die wir aus dieser Geschichte lernen können, lautet: Selbst wenn wir unser Schicksal für unausweichlich halten, wartet hinter der nächsten Ecke stets die Gralsburg (unsere Bestimmung) auf uns. Im Leben eines jeden Menschen gibt es Zeiten, in denen er sich fragt: »Was ist der Sinn meines Lebens?« Obwohl die Geschichte von Parzival traditionell dazu verwendet wird, die Lebensaufgabe des Mannes zu veranschaulichen, steckt die Frau in demselben Dilemma: »Wann sind all meine Schlachten geschlagen?«, fragt sie. »Wann kann ich mein Schwert niederlegen?«

Nachdem wir den Großteil unseres Lebensweges entlanggestolpert sind, können wir wahre Erfüllung nur dadurch finden – so lehrt uns der Parzivalmythos –, dass wir uns einer Macht anvertrauen, die größer ist als wir selbst, ob das nun Gott, unsere Berufung oder der Heilige Gral in irgendeiner anderen Gestalt ist. In den folgenden Kapiteln werden wir uns auf die Suche danach machen, indem wir den Teil unseres Gehirns nutzen, den ich als »göttliches Gehirn« oder »Gotthirn« bezeichne.

Die vier Gehirnregionen

Die Artuslegenden haben sich deshalb so tief in unsere kollektive Vorstellung gebrannt, weil sie den Lebensweg zeigen, den ein Mensch zurücklegen muss, um seine Bestimmung zu finden. Wir können uns viele Jahre (oder viele Leben) dafür Zeit lassen. Wir können die heiligen Länder und mythischen Landschaften aber auch sehr viel schneller durchmessen, indem wir »reisen«.

Für die Laika finden diese Reisen nicht nur in der Vorstellung statt – für sie sind sie ausgesprochen wirklich. Einem westlichen Menschen fällt es schwer, das zu verstehen, weil er so stark von Regeln und Grundsätzen geprägt ist. Wir unterscheiden zwischen dem, was einer Reihe berechenbarer Regeln (etwa den Gesetzen der Physik) gehorcht, und dem, was sich in der Vorstellung abspielt. Die Laika glauben, dass alles Vorstellung ist. Alles, was wir wahrnehmen, ist eine Projektion unser Innenwelt, und die Welt ist das genaue Spiegelbild unseres Seelenzustandes. Was wir für unsere Fantasie halten, ist für die alten Seher ebenso wirklich und greifbar wie die materielle Welt.

Um Zugang zur Vorstellungswelt zu bekommen, müssen wir uns in einen ganz besonderen Bewusstseinszustand versetzen, der sich stark vom Alltagsbewusstsein unterscheidet – in den Bewusstseinszustand, den Mystiker, Mönche, Heilige und Yogis kultivieren. Es ist der »stille Geist« der Laika und der Buddhas. Dieser Zustand erhöhten Gewahrseins verschafft uns Zugang zu unserem »Gotthirn«.

Unser Gehirn ist zwar nicht in der Lage, Bewusstsein zu schaffen – es ist sehr viel wahrscheinlicher, dass das Gehirn vom Bewusstsein erschaffen wurde, damit es sich selbst

Vorbereitung auf die Seelenrückholung

wahrnehmen kann. Dennoch stellen wir fest, dass bestimmte Gehirnregionen aktiv werden, wenn wir in bestimmte Bewusstseinszustände eintreten. Wenn wir wütend werden, blitzt ein bestimmter Bereich des Gehirns auf, während andere Regionen nur dann aktiv werden, wenn wir uns freuen, verliebt sind oder uns in meditativer Verzückung befinden. Das liegt daran, dass das menschliche Gehirn im Grunde aus vier Gehirnen besteht, die sich in unterschiedlichen Evolutionsphasen entwickelt haben. Jeder dieser Teile steuert einen anderen Aspekt der menschlichen Natur:

1. Das primitive **Stammhirn** ist für die biologischen Körperfunktionen wie die Kontrolle der Atmung, der Körpertemperatur und anderer autonomer Systeme verantwortlich. Dieser Teil des Gehirns sorgt für den Erhalt und Fortbestand des Lebens und misst Zeit als den Abstand zwischen den Mahlzeiten und Sex. Diese Region entwickelte sich vor Jahrmillionen und umfasst Medulla und Cerebellum.

2. Das komplexere und gefühlsbetontere **limbische System** hat in den Bereichen Familie und Kultur das Sagen. Anatomisch gesehen umhüllt es das Stammhirn wie ein Baseballhandschuh. Es bewahrt die Gesellschaftsstruktur, indem es das Wohl des Stammes über das Wohl des Einzelnen stellt. Religion und Gesetz sind Produkte des limbischen Systems. Fünf der Zehn Gebote – die Verbote von Mord, Diebstahl, Ehebruch, Lüge und Neid – zielen darauf ab, die Impulse dieser Gehirnregion zu kontrollieren. Ich bezeichne das limbische System wegen seiner Instinkt-

Bestimmung statt Schicksal

programme – Angst, Nahrung, Kampf und Fortpflanzung – gerne als unser »Affenhirn«.

Wenn wir als Kinder traumatisiert oder verletzt werden, sorgen die Programme des Affenhirns dafür, dass wir materielle Dinge horten, Fremde als Feinde betrachten, Massenvernichtungswaffen bauen, unverhältnismäßig viel essen und trinken, wahllos Sex haben und uns vor dem Ungewissen fürchten. Dies ist der Teil unseres Gehirns, in dem Aberglauben und primitive Religionen zu Hause sind. Er erlebt Zeit als Augenblicke der Sicherheit, der Angst oder der Lust. Das limbische System hat immer dann die Kontrolle, wenn das Schicksal am Werk ist – wenn das brennende Verlangen nach Sicherheit die eigene Bestimmung verdrängt. Im Laufe der Jahrtausende haben die Schamanen entdeckt, dass die Methoden, deren man sich beim Reisen bedient (und die wir in den folgenden Kapiteln erforschen werden), die vier Primärprogramme des limbischen Systems außer Kraft setzen, damit wir frei von Angst, Wut, Mangelgefühlen und Lust leben können.

3. Der **Neocortex** oder das »neue« Gehirn gab vor hunderttausend Jahren nach einem evolutionären Quantensprung sein Debüt, als das menschliche Gehirn seine Größe im Laufe von etwa zehn Generationen verdoppelte. Alle höher entwickelten Säugetiere verfügen über einen Neocortex. Er ist unser »wissenschaftliches Gehirn«. Da dieser Teil des Gehirns die Zeitmessung erfand, wird sein Leben von der Uhr bestimmt.

Der Neocortex ist auch das höchst individualistische Gehirn der Unternehmer und Forscher. Es löste die Industrielle Revolution und den Wettlauf um die Eroberung des

Vorbereitung auf die Seelenrückholung

Weltraums aus, sorgte für die Einführung von Verfassung und Grundrechten. Dieser Teil des Gehirns hält es für seine Bestimmung, sich zu einem individuellen Wesen zu entwickeln und von der Masse abzuheben. In vielen Gesellschaften, die von Militärmachthabern oder Stammeshäuptlingen regiert werden, herrscht völliges Unverständnis für unser Verlangen nach Demokratie, da sie immer noch vom limbischen System beherrscht werden, das die Gesetze des Rudels über die Freiheit des Einzelnen stellt.

4. Der **präfrontale Cortex** oder das **Gotthirn** ist eine Struktur, die wir in ihrer voll entwickelten Form mit Walen und Delphinen gemeinsam haben, obwohl alle höher entwickelten Säugetiere über die entsprechenden biologischen Anlagen verfügen. Er befindet sich über den Augenbrauen in der Stirn. Den Neandertalern fehlte dieser Teil des Gehirns, sie waren deshalb für ihre flache Stirn bekannt.

Computertomographien zeigen, dass der präfrontale Cortex bei mystischen und spirituellen Erfahrungen aktiv ist. Wenn buddhistische Mönche den Zustand des *Satori* oder *Samadhi* erlangen (die Erfahrung machen, dass sie eins sind mit allem Leben), beschränkt sich die nervliche Aktivität beinahe ausschließlich auf diesen Teil des Gehirns. Wie sich herausgestellt hat, bewirkt die Meditation dramatische Veränderungen in der elektrischen Aktivität dieser Gehirnregion. Das Gotthirn geht über das Individuum hinaus, strebt nach Einheit mit allem Leben und gleicht die aggressiven, ängstlichen Impulse des Affenhirns aus. Für diesen Teil des Gehirns ist die Zeit fließend. Sie fließt vorwärts und rückwärts wie im Traum.

Erwachen
Das Affenhirn sorgt für ein erstes Erwachen, wenn man sich der eigenen Sterblichkeit bewusst wird (für gewöhnlich ist das irgendwann zwischen dreißig und fünfzig der Fall). Tiere nehmen den Tod wahr, doch offensichtlich ist ihnen nicht klar, dass auch sie einmal sterben werden. Auch Kinder wissen, dass Haustiere, Freunde oder Verwandte sterben, verstehen aber noch nicht, dass der Tod irgendwann auch zu ihnen kommt und dass er von Dauer ist. Das Affenhirn lebt in ständiger Angst vor dem Tod.

Das zweite große Erwachen kommt, wenn man das unvergängliche, unendliche Selbst – das eigene zeitlose Wesen – erkennt. Dafür kann das Gotthirn sorgen. Es weiß, dass Bewusstsein unsterblich ist, was uns ein angstfreies Leben ermöglicht. Große Wissenschaftler, Künstler, Schamanen und Mystiker nutzten die Fähigkeiten dieses Gehirns, um ihre besten Werke zu schaffen. Nach der Rückkehr von einer solchen Trancereise schrieb der Dichter Samuel Taylor Coleridge die Endfassung des Gedichts »Kubla Khan« nieder. Mozart soll ganze Sinfonien im Kopf gehört und große Mühe gehabt haben, die Noten ebenso schnell niederzuschreiben, wie er sie hörte. Das Gotthirn ist der Teil des Gehirns, der Parzival zur Gralsburg führt und ihm offenbart, wem der Gral dient.

Parzivals Reise und unser eigener Weg

Der Parzivalmythos lehrt uns, dass wir uns nur dadurch heilen können, in dem wir uns in den Dienst einer heiligen Sache stellen. Dies ist Aufgabe des Gotthirns, das über selbstsüchtige Eigeninteressen hinausgeht. Als Parzival die Gralsfrage stellt, begibt er sich in den Dienst des Grals, und der Fischerkönig, die Ritter und Damen des Hofes werden geheilt. Parzivals lebenslange Suche lehrt uns, dass wir zwar manchmal den sehnlichen Wunsch verspüren, über unser Schicksal hinauszugehen, dass wir aber nicht immer wissen, wie wir unsere wahre Bestimmung finden sollen.

Dein Weg zu deiner wahren Bestimmung besteht genau wie Parzivals Suche aus vielen Etappen, die nicht immer angenehm oder einfach sind. Du wirst durch dunkle Gänge geführt und gezwungen, dem alten Weib ins Auge zu sehen und die verletzten Teile deiner Seele wieder zu integrieren. Du wirst die Vergangenheit, beginnend mit deinen früheren Leben bis hin zu deiner frühen Kindheit, erforschen. Du wirst deine verlorene weibliche Seite (den Daimon) zurückholen, indem du die abgespaltenen Teile deiner Seele heilst, und du wirst die Verträge prüfen, die dich an deine Vorfahren oder an deine Gene binden, so wie das selbst genähte Gewand der Mutter Parzival band. Darüber hinaus wirst du lernen, wie du in den Zustand der Gnade zurückfinden kannst, der es dir erlaubt, das Leben in seiner Gesamtheit zu erfahren. Dein Weg unterscheidet sich nicht von Parzivals Lernprozess, der seine Stimme finden musste, um die magische Frage stellen zu können, die das Tor zu seiner wahren Bestimmung aufstieß.

In den späteren Kapiteln wirst du lernen, die einzigartigen Bewusstseinszustände des Gotthirns zu erlangen. Die Methode, die du dir aneignen wirst – das Reisen –, wird von den Laika seit Tausenden von Jahren praktiziert. Diese erfahrenen Heiler folgen dem »pfadlosen Weg«, und auch du wirst deinem ganz eigenen, einzigartigen Weg folgen,

Bestimmung statt Schicksal

um die Grenzen deines Schicksals zu überwinden. Während du lernst, zuerst in die Untere Welt (die Vergangenheit) und dann in die Obere Welt (die Zukunft) zu reisen, werden wir die Sprache der Neurowissenschaftler gegen die Sprache der Laika tauschen. Doch machen wir uns zunächst noch etwas vertrauter mit den Orten, an die wir reisen werden.

3. Landkarten der Seele

Seit Sonnenaufgang braute der alte Mann seinen bewusstseinsverändernden Trank. Eine Stunde nachdem die Sonne hinter dem Blätterdach des Regenwaldes versunken war, hielten wir beide ein volles Glas des bitteren Getränks in der Hand. Es bestand aus Ayahuasca, der legendären Rebe der Toten.

Die Laika im Amazonasgebiet glauben, um in die Untere und die Obere Welt reisen zu können (die wir im Westen als »Unterbewusstsein« und »Überbewusstsein« bezeichnen würden), müsse man aus der Zeit heraustreten. Die Rebe der Toten hilft uns dabei und zeigt uns genau wie die weise Alte all jene Teile, die bereits abgestorben sind. Die unbarmherzige Alte zeigt uns alles, was wir tief in uns verbergen – jede Angst, jedes Urteil. Dann packt der Schamane es bei den Wurzeln, die in jede einzelne unserer Zellen vorgedrungen sind, und reißt es heraus ... sie nennen es, »den Tod herausholen«. In diesem Teil des Regenwaldes gibt es die Überlieferung, dass der Tod, der in uns steckt, seine Macht über uns verliert, wenn er einmal herausgeholt wurde, da uns dann das Leben seinen Stempel aufgedrückt hat. Der Tod stellt seiner Beute innerhalb der Zeit nach. Nach jeder Minute, jeder Sekunde wartet er auf uns. Wenn wir aus der Zeit heraustreten, werden wir für den Tod unsichtbar.

Der Urwald hatte nachts einen anderen Klang. Das gleichmäßige schwüle Sirren des tropischen Tages hatte sich im rhythmischen Gesang von Millionen Insekten aufgelöst. Irgendwo ertönte ein tiefes, dröhnendes Summen, fügte sich nahtlos in den Chor ein, und ich schaute hinaus und sah die Silhouette des alten Mannes vor dem gleißenden Mondlicht auf dem See. Sein leiser Singsang hielt sich an das Metrum des Urwalds. [...] Ich konnte die Worte seines Gesangs nicht verstehen, aber der Refrain war immer der gleiche, während sich die Strophen viermal änderten, während er sich drehte und nacheinander jeder der vier Himmelsrichtungen zuwandte.

»*Heute Nacht werden wir den Tod aus dir herausholen*«, *sagte er.*

Tagebucheintrag

Jahrelang suchten die Psychologen nach der Seele – zuerst im Herzen, dann im Gehirn. Als sie keinen Beweis für ihre Existenz fanden, gaben sie es auf und überließen die Erforschung der Seele den Dichtern und Künstlern.

Seele ist das beste Wort, das wir für jenen wesentlichen Teil von uns haben, der unserem Eintritt in diese Welt voranzugehen scheint und über den Tod hinaus weiterbesteht. Die Laika glauben, dass das achte Chakra die Seele ist. Hier sind die Erinnerungen an alle früheren Inkarnationen gespeichert. Zudem enthält es das gesamte Potenzial all dessen, was wir werden können.

Medizinmänner und -frauen vergleichen diesen Teil von uns mit einem Samen, der bei entsprechender Pflege keimt und wächst. Die Eichel trägt zwar den Bauplan an die große Eiche in sich, doch damit ein Baum daraus werden kann, muss sie zuerst keimen. Ohne diesen Reifeprozess bleibt die Eichel eine harte Nuss ungenutzten Potenzials.

Vorbereitung auf die Seelenrückholung

Desgleichen wird ein Same, den niemand hegt, verdorren oder nicht zu seinem höchsten Ausdruck gelangen.

Die Seelenreise dient der Entwicklung des großen Versprechens, das jeder von uns in sich trägt. Wie mein Mentor einst zu mir sagte: »Wir sind nicht nur hier, um Mais anzubauen. Wir sind hier, um Götter zu erschaffen.« In diesem Buch werden wir unsere Samen auf unseren Reisen zum Keimen bringen, damit sie Wurzeln schlagen und gedeihen können. Wir werden unsere göttliche Natur zum Blühen bringen. Ein vernachlässigter Same trägt bittere Früchte, doch wenn man ihn hegt, bringt er uns und anderen eine üppige Ernte. Nur Samen, die wir hegen, tragen Früchte.

Die Cherokee kennen eine alte Geschichte, in der ein Mann seinem Enkel erzählt: »Zwei Wölfe ringen in mir. Der eine ist wütend und hasserfüllt, der andere großzügig und mitfühlend.« Als der Junge fragt: »Welcher wird gewinnen, Opa?«, erwidert der Alte: »Der, den ich füttere.«

Der Ursprung allen Lebens

Für die Laika ist das, was die Psychologen als Unterbewusstsein bezeichnen, die Untere Welt – die fruchtbare, feuchte, weibliche Erde, in der sich der Same unseres Potenzials auf die Reise zu bewusstem Gewahrsein macht.

In der Mythologie hat das Weibliche meist drei Gesichter – Jungfrau, Mutter und alte Frau –, die allesamt Aspekte eines einzigen Archetyps sind, der Großen Mutter. Metaphorisch gesprochen ist sie tief in der Leben spendenden Welt der Erde zu Hause. Im Grunde ist sie die Verkörpe-

Landkarten der Seele

rung der Erde selbst. Sie ist, was die Inka *Pachamama* nennen: die Mutter, in der wir alle unseren Ursprung haben und zu der wir irgendwann zurückkehren. Selbst die westliche Mythologie lehrt, dass wir aus dem Staub der Erde gemacht sind: »Denn du bist Erde und sollst zu Erde werden.«

Die indigenen Völker Amerikas glauben, dass alles Leben der verborgenen Unteren Welt entspringt. Abgesplitterte Seelenteile kehren in den dunklen Schoß von Mutter Erde zurück und hinterlassen Lücken, die wir mit allem zu füllen versuchen, was den Schmerz stillt. Wie in unserer Metapher von der Erde, die den Samen nährt, ist die Untere Welt ein lebendiger, Leben spendender Ort, an den wir reisen können, um uns zu erholen und zu verjüngen.

Für uns Angehörige der westlichen Zivilisation sieht es freilich etwas anders aus: In der jüdisch-christlichen Tradition und der griechisch-römischen Mythologie ist die Untere Welt ein Ort, an dem wir unsere Toten begraben. Wir bringen die Erde mit der Hölle, mit Feuer und Schwefel in Verbindung. Wir halten sie für einen Ort der Qualen und des Leids und sehen in ihr nicht den Ursprung unseres Lebens. Wenn wir nach unserem Ursprung suchen, sehen wir uns vielmehr Bilder von unseren Vorfahren oder Fotografien von unseren biologischen Verwandten an. Wir westlichen Menschen sind nicht die Kinder der Erde – wir sind die Kinder der Menschen.

Die amerikanischen Ureinwohner bringen Mutter Natur tiefe Verehrung entgegen. Deshalb war es für sie auch so verwirrend, als sie die Missionare zum ersten Mal sagen hörten: »Der Himmel ist oben, und die Hölle ist unten.« Sie konnten nicht verstehen, wie Mutter Erde, der Ursprung allen Lebens, ein verderblicher, schrecklicher Ort sein konnte, an dem Seelen litten und für ihre Sünden mit ewiger Verdammnis bezahlten. Für die amerikanischen Ureinwohner war die Erde ein fruchtbarer Ort der Erneuerung, ein reiches Terrain, das sie bereisen konnten, um Teile des ursprünglichen »Samens« eines Menschen zurückzuholen, die sich infolge von Trauma oder Schmerz abgespalten hatten.

Die Untere Welt ist der Ort, an dem wir die Siebenjährige wiederfinden, die davonlief, weil sie den Schmerz nicht ertragen konnte, der ihr von gemeinen Schultyrannen zugefügt wurde, oder den »Samen unseres Potenzials«, der verloren ging, als wir in einem früheren Leben auf dem Scheiterhaufen verbrannt wurden. Die Untere Welt, der Bauch der Großen Mutter, ist der Bereich, in dem die Splitter unserer Seele Schutz finden, bis wir sie gefahrlos in die Mittlere Welt unseres Alltagsbewusstseins zurückholen können.

In der Dunkelheit der Unteren Welt verbergen wir, was wir nicht sehen wollen. Bei meinen Klienten begegnen mir zum Beispiel häufig Fälle von Kindesmissbrauch. Die Psychologie untersucht, auf welche Weise Erfahrungen unterdrückt wurden und wo sie im Unterbewusstsein vergraben liegen. Anschließend versuchen wir, sie mithilfe der Psychotherapie ans Licht zu holen und zu verstehen. Doch C. G. Jung räumte selbst ein, wie begrenzt unser Verständnis der Psyche ist, als er sagte: »Die Archetypen sind die großen entscheidenden Mächte, sie bringen die echten Ereignisse hervor, und nicht unser persönlicher Verstand und praktischer Intellekt ... Es sind ohne Zweifel die archetypischen Bilder, die das Schicksal des Menschen bestimmen.«[2]

Wenn ein Kind missbraucht oder traumatisiert wird,

spaltet sich ein Teil seiner Seele ab und kehrt ins archetypische Reich der Großen Mutter zurück. Dort sucht es den Schutz, den ihm seine biologische Mutter nicht geben konnte. In Wirklichkeit handelt es sich bei diesem Seelenteil um einen Teil der Lebensenergie, der diesem Menschen nun nicht mehr für sein Wachstum zur Verfügung steht.

Wenn ich einem solchen Menschen begegne, entdecke ich unter Umständen, dass er in sehr jungen Jahren in bestimmten Bereichen seiner Entwicklung stecken geblieben ist. So fällt etwa ein 40-Jähriger im Streit mit seiner Frau in die Verhaltensweisen und die Gefühlswelt eines 12-Jährigen zurück. In solchen Fällen stellt sich unweigerlich heraus, dass die Urverletzung in diesem Alter stattfand und seither das Wachstum dieses Menschen hemmt. Ich hole den verlorenen Seelenteil zurück und mache den Menschen mit einem Aspekt seiner selbst bekannt, mit dessen Hilfe er mit seiner Heilung und seiner Entwicklung beginnen kann. Dazu ist es nötig, dass mein Klient sich an ein Ereignis aus seiner Vergangenheit erinnert – meist handelt es sich dabei um etwas, das er vergessen hat. Wenn er diesen Vorfall »sieht«, etwa wie er in einem früheren Leben starb oder litt oder ihm in diesem Leben ein Trauma zugefügt wurde, setzt ein gewaltiger Heilungsprozess ein.

Der Forscher und Autor Brian Weiss, der sich mit früheren Leben beschäftigt, dokumentierte mehrere hundert Fälle, in denen seine Patienten von körperlichen und emotionalen Symptomen befreit wurden, als sie bei einer Rückführung Zeuge der Ereignisse eines früheren Lebens wurden. Ich habe festgestellt, dass dies zwar eine außerordentlich transformierende Erfahrung sein kann, aber nur den ersten Teil des Prozesses darstellt. Anschließend muss

Vorbereitung auf die Seelenrückholung

man den verlorenen Seelenteil zurückholen, die Seelenverträge zerreißen oder neu schreiben, die dem Menschen nicht mehr von Nutzen sind, und zu guter Letzt seine wahre Bestimmung aufspüren und in die Gegenwart einbauen.

Ich habe sowohl eine traditionelle psychologische Ausbildung absolviert als auch die Traditionen der Laika erlernt. Dabei stellte ich fest, dass eine einzige Seelenrückholung heilen kann, wozu die Psychotherapie Jahre benötigt. Der Grund dafür ist folgender: Um unsere Unschuld zurückzugewinnen und unser Vertrauen ins Leben wiederherzustellen, müssen wir überholte Seelenverträge neu aushandeln und einschränkende Überzeugungen loslassen. Das ist genau das, was bei einer Seelenrückholung geschieht. Darüber hinaus unterscheidet sich die Sprache der Seele sehr stark von der einer Therapie oder Beratung. Sie ist reich an Bildern, Mythen, Archetypen und Rätseln – voller Poesie und Magie spricht sie Intuition und Liebe an. Die Begriffe *Verlassenwerden, Angst, Unsicherheit* und *Kindheitstrauma* gehören zum Wortschatz des Verstandes. Wenn wir nur diese Worte haben, um unsere Kindheit zu beschreiben, ist das meiner Ansicht nach ein sicheres Zeichen dafür, dass wir an einem Seelenverlust leiden und dass uns der Wortschatz der Seele verloren gegangen ist.

In der »Four Winds Society« werden meine Schülerinnen und Schüler professionell darauf vorbereitet, die schwierige Kunst der Seelenrückholung für andere Menschen durchzuführen. Meine Schülerin Claire etwa konnte in den letzten Lebenstagen ihrer Mutter Anne mit ihren Reisen die Heilung ihrer Familie unterstützen. Anne war mit einem

Landkarten der Seele

Blutgerinnsel ins Krankenhaus eingeliefert worden (eine Komplikation, die während der Chemotherapie aufgetreten war). Ihre Nieren hatten versagt, und sie hatte einen toxischen Schock erlitten. Hier ist Claires Bericht:

Meine Mutter fühlte sich schlecht und hatte sich emotional von ihren Kindern und sogar von ihren Enkeln zurückgezogen. Sie war gereizt, krank und müde und wollte niemanden sehen. Ich wusste, dass ihr Zustand kritisch war und dass sie große Angst vor dem Tod hatte. Ich trat meine Reise in der Hoffnung an, den fehlenden Teil ihrer Seele zu finden, der ihr Hoffnung und den Willen geben würde, für ihre Gesundheit zu kämpfen. Auf meiner Reise begegnete mir ein wunderschönes weißes Lichtwesen – mein Herz war von seiner Liebe und Schönheit erfüllt. Ich brachte dieses Wesen mit zurück und blies es in das Herzchakra meiner Mutter (während sie schlief).

Nach etwa fünfzehn Minuten öffnete Mutter plötzlich die Augen und sah mich so voller Liebe an, dass mir die Tränen in die Augen stiegen, und ich glaubte, mein Herz müsse stehen bleiben. Sie leuchtete! Die Energie, die ihr ganzes Sein erstrahlen ließ, war atemberaubend. Mein Bruder ließ den Telefonhörer fallen, unterbrach das Gespräch, das er gerade führte, und sagte, sie sehe wunderschön aus. Sekunden vergingen, in denen wir sie erstaunt ansahen. Dann schloss sie sanft die Augen und schlief wieder ein. Ich hatte das Gefühl, das Richtige getan zu haben, egal wie sich ihr Gesundheitszustand in Zukunft entwickeln würde.

Später kam der Arzt, um uns mitzuteilen, dass sie nichts mehr für meine Mutter tun konnten. Das Dialysegerät wurde abgeschaltet. Ich nahm die Worte des Arztes recht gefasst auf und dankte ihm für alles, was er für meine Mutter getan hatte.

Alle Kinder, Enkel, Nichten, Neffen und Geschwister kamen meine Mutter besuchen. Wenn einer von ihnen das Zimmer betrat, wachte sie auf, warf ihm einen liebevollen Blick zu und sagte ihm, wie sehr sie ihn liebte und was für ein wunderbarer Mensch er sei. Dann nickte sie wieder ein. Jeder, der das Zimmer verließ, war vom Ausdruck ihrer Liebe zutiefst bewegt. Am rührendsten war die Reaktion der Kinder, die sagten: »Sie hat meine Hand genommen und gesagt, dass sie mich lieb hat, und dann hat sie gesagt, dass ich etwas ganz Besonderes bin.«

Meine Mutter war immer eher zurückhaltend, und alle waren überrascht, dass sie nun so auf die Menschen zuging. Sie sprach nicht davon, dass sie bald sterben würde, aber in ihr war keine Angst, nur Liebe. An jenem Abend schlief sie friedlich ein.

Diese Seelenreise brachte einen verlorenen Teil der Seele meiner Mutter zurück, und nachdem er seinen Platz im Ganzen gefunden hatte, konnte sie die Vergangenheit loslassen und endlich ihrer Liebe Ausdruck verleihen.

Jeder Mensch hat abgespaltene Seelenteile. Wenn wir sie zurückholen, geschehen dramatische Veränderungen in unserem Leben.

In den Tiefen der Psyche

Die Anima – unser vertrauensvoller, liebender, weiblicher Teil – ist in den unbewussten Weiten der Unteren Welt verborgen. Es ist der Teil, der uns abhanden gekommen ist, der uns von der gewaltigen Flut der Kindheitskonflikte oder vom Trauma eines früheren Lebens genommen wurde. Er floh, um heil zu bleiben – und ließ nur das verletzte Selbst zurück.

Um die Seele zu heilen und den verlorenen Teil wiederzufinden, müssen wir uns in die Tiefen der Psyche wagen, dorthin, wo wir noch nie waren. Diese Art von Heilung stellt sich nicht ein, wenn wir am Ufer angeln, wo wir unsere Alltagssorgen verarbeiten. Wenn wir uns der Seele auf ihrem eigenen Terrain stellen, erweisen sich die Werkzeuge der Psychologie als unzulänglich. Die Psychologie ähnelt einem Angler, der seinen Haken mit einem Köder versieht, ihn über die Reling wirft und alles, was anbeißt, ans Deck des Bewusstseins holt. Wir müssen lernen, ins Wasser zu springen und den Strömungen in die Untere Welt zu folgen, um ihre Geheimnisse zu erforschen. Erst dann können wir unseren Fang an die Oberfläche holen. Was wir in den Tiefen dieser Gewässer finden, kann uns aus dem Gleichgewicht bringen oder gar erschrecken.

Mag sein, dass wir ehrlich bereit sind, uns den verlorenen Teilen unserer Seele zu stellen. Doch wenn es dann endlich so weit ist, wecken unsere Ängste oft den Wunsch in uns, auf sie einzuschlagen – schließlich können sie Furcht erregend und abstoßend sein. Die Psychologie lehrt uns, diese Persönlichkeitsanteile zu analysieren, doch bei der Seelenrückholung nehmen wir sie weder auseinander noch verleugnen wir sie. Stattdessen erweisen wir ihnen Respekt, heilen sie und integrieren sie wieder in die Gesamtheit unseres Seins.

Das ist natürlich nicht leicht. Wenn wir anfangen, unser Leben wieder in Ordnung zu bringen, hat das oft verhee-

Vorbereitung auf die Seelenrückholung

rende Folgen, denn es stellt unsere Welt auf den Kopf. Deshalb kann es verlockend sein, zu sagen: »Das passt jetzt nicht, ich bin zu beschäftigt. Ich werde mich morgen, nächste Woche oder nächstes Jahr darum kümmern«. Wer so denkt, sollte nicht vergessen, dass die meisten Menschen, die wegen einer Seelenrückholung zu mir kommen, bereits unter körperlichen Erkrankungen oder emotionalen Problemen leiden, weil die verlorenen Teile ihrer Seele danach drängen, wahrgenommen und wieder integriert zu werden.

Der Schlüssel liegt darin, die verlorenen Seelenteile zurückzuholen, *bevor* sie unser Leben in ein Chaos verwandeln. Das geschieht, indem wir in die Untere Welt reisen, um der Seele auf ihrem eigenen Terrain zu begegnen. Die Laika stellen sich verlorene Seelenteile als Geschöpfe vor, mit denen wir Kontakt aufnehmen und sprechen können, um sie zu heilen und zu erretten. So erscheint uns beispielsweise unsere Grausamkeit als bedrohlicher Mann im schwarzen Umhang, während unsere Verletzlichkeit die Gestalt eines verängstigten kleinen Mädchens annimmt.

Wenn sich ein Seelenteil in der Kindheit abspaltet, wächst das kleine Mädchen, das wir zurückholen, nicht einfach spontan zu einer Frau heran. Nachdem wir einen Seelenteil zurückgeholt haben, müssen wir ihm helfen, sich in einer sicheren Umgebung weiterzuentwickeln und erwachsen zu werden. Wir müssen uns um ihn kümmern, ihn hegen und Platz für ihn in unserem Leben schaffen. Wenn ich Klienten helfe, spricht das abgespaltene kleine Mädchen manchmal zu mir und sagt: »Wieso sollte ich zurückkommen? Diese Dame sagt, dass sie mehr Spaß und mehr Liebe in ihrem Leben haben möchte, dabei hat sie gar keine Zeit dafür!«

Doch wenn wir uns *wirklich* um diesen Seelenteil kümmern, kann er sehr schnell heranreifen, und dann wird sich unser Leben unweigerlich ändern. Deshalb frage ich jeden Klienten, der wegen einer Seelenrückholung zu mir kommt: »Sind Sie sicher, dass Sie jetzt die Zeit und den festen Willen dazu haben? Denn egal, wie die Veränderung auch ausfallen wird, sie wird gewaltig sein. Der verlorene Teil Ihrer Seele wird mit Ihnen nach Hause zurückkehren und Sie zwingen, Ihr Leben in Ordnung zu bringen.«

Wir sollten uns allerdings nicht einbilden, dass die Seelenrückholung das letzte Stück des Puzzles sei und wir nun all unsere Probleme lösen könnten – meist ist das Gegenteil der Fall. Ein Freund sagte einmal zu mir: »Meine Heilung hat mein Leben ruiniert.« Als er den verlorenen Teil seiner Seele wiederfand, wurde sein empfindliches, labiles Gleichgewicht zerstört ... zugleich begann er aber auch, sich ein besseres Leben aufzubauen.

Die Landkarte der Unteren Welt

Wie Reisende, die zu einer langen Fahrt aufbrechen, müssen wir zuerst die Karten der Region studieren, die wir besuchen möchten, um das Reiseziel festzulegen. Auf unserer ersten Reise werden wir die Karte der tief in der Erde verborgenen Unteren Welt studieren. Dabei sollten wir nicht vergessen, dass die Untere Welt für uns eine Fantasiewelt sein mag, die sich deutlich von der »echten Welt« unterscheidet, dass für die Laika aber sowohl das Erfahrbare als auch das Erdachte wirklich ist. Für die Laika sind Gedanken, Träume und Visionen ebenso echt wie die materielle Welt. Der Schamane kennt keine übernatürliche Welt – *al-*

les ist natürlich, es gibt lediglich sichtbare und unsichtbare Bereiche, die wir mithilfe unserer Träume und unserer Vorstellungskraft besuchen können. Sie lassen sich genau wie die greifbare Welt kartographisch erfassen und erkunden.

Wenn wir uns mit der Karte der Unteren Welt vertraut machen, ähnelt das einem Einführungsrundgang durch die Bibliothek, bei dem wir erfahren, wo die Zeitschriften, die Literatur und die Nachschlagewerke zu finden sind. Man sagt uns, wo sich alles befindet, doch erst wenn wir anfangen, zu lesen und Bücher auszuleihen, lernen wir die wahren Dimensionen der Bibliothek kennen. Wir entdecken seltene antike Meisterwerke, den ruhigen Platz in der Ecke, an dem wir es uns gemütlich machen und lesen können, und den gewaltigen Vorrat an Informationen über ferne Länder. Wenn wir reisen, können wir die »lebende Bibliothek« unserer Existenz besuchen, in der sich die Landschaften, Regionen und Erfahrungen unserer Vergangenheit, unserer Gegenwart und unserer möglichen Zukunft befinden. Doch im Gegensatz zu einer echten Bibliothek, in der Wissen und Erfahrungen sicher in all den Büchern verwahrt sind, die ordentlich in den Regalen stehen, ist das Leben mysteriös, wechselhaft und nur in der Praxis erfahrbar.

Wenn wir uns auf die Reise begeben, werden wir wie die Schamanen, welche die verbotenen und oft unbekannten Ecken, Felder, Schluchten und Buchten, Berge und Wälder der Unteren Welt erkunden und aufzeichnen. Dabei lernen auch wir, die Umrisse dieser Landschaft auf eigene Karten zu übertragen – allmählich werden uns ihre Konturen vertrauter, und wir entdecken ein paar ihrer Geheimnisse. Wenn wir dann später zurückkehren, um die verlore-

Landkarten der Seele

nen Teile unserer Seele zurückzuholen und unsere wahre Bestimmung zu erfüllen, finden wir uns gut zurecht. Doch während manche Karten eines Landes die großen Autobahnen und Straßen zeigen, kann man sich das Land auch über seine Wanderwege erschließen oder indem man den Flugrouten der Zugvögel folgt. Das Land ist dasselbe, nur die Karten weichen stark voneinander ab. Von ein und derselben Landschaft kann es sehr viele verschiedene Darstellungen geben.

Auf der Karte, mit der wir arbeiten werden, ist unsere Seele genau wie unser Herz in vier Kammern unterteilt. In dem traumähnlichen Bewusstseinszustand, in dem wir uns während des Reisens befinden, werden wir diese vier Seelenkammern besuchen und das darin verborgene Wissen, die Weisheit, den Schmerz und die Gaben finden (siehe Teil II dieses Buches).

Ich habe uralte Karten studiert, die von Medizinmännern und Medizinfrauen angelegt wurden, um die Karte anzufertigen, mit der wir arbeiten werden. Zum Teil habe ich dabei auch neue Wege beschritten, die unserer modernen Sichtweise entsprechen. Natürlich dürfen wir niemals vergessen, dass eine Karte ebenso wenig die Landschaft ist, wie uns eine Postkarte aus Hawaii im Winter wärmen kann. Die Karte ist nur ein Werkzeug, mit dessen Hilfe wir die Landschaft unserer Vergangenheit erkunden können.

Der Weg unter die Erde

Auf deinen Reisen wirst du mächtige energetische Landschaften durchqueren. Um unterwegs sicher zu sein, musst

Vorbereitung auf die Seelenrückholung

du dich auf deine Reise vorbereiten, indem du einen heiligen Raum erschaffst.

In traditionellen Gesellschaften werden die Schamanen von ihren Assistenten beschützt, die beten, während sie reisen. Die Assistenten bewahren den heiligen Raum, damit der physische Körper der Heiler vor Gefahren geschützt ist, solange sie sich außerhalb davon befinden. Ein heiliger Raum ermöglicht es dir auch, die Landschaften des Unterbewussten gefahrlos zu bereisen – dabei sollte dir freilich bewusst sein, dass eine Seelenrückholung ein tiefgreifender Vorgang ist, der unbewusste Erinnerungen aufrühren kann, die du seit langer Zeit unterdrückst. (Deshalb ist es so überaus wichtig, dass du erst dann versuchst, anderen bei einer Seelenrückholung zu helfen, wenn du eine professionelle Ausbildung absolviert hast.)

In alten Kulturen waren die heiligen Räume oft Tempel und Kultstätten wie Machu Picchu oder die Toltekenpyramiden von Teotihuacán. Viele indigene Völker Amerikas bauen *Kivas* für ihre heiligen Zeremonien. Für gewöhnlich sind das runde Räume, die sich in der Erde befinden und in die man über eine Holzleiter hinabsteigt. In den Kivas gibt es eine Feuerstelle, eine Lüftungsöffnung und ein kleines Loch im Boden. Dieses Loch heißt *Sípapu* und ist Verbindung und Tor zur Unteren Welt. Es ist ein Privileg, die Untere Welt über dieses Tor zu betreten, und es sind die entsprechende Ausbildung und Initiation dazu nötig. Wenn ein Kiva nicht mehr genutzt wird, wird der Sípapu verschlossen, um die Pforte zur Unteren Welt zu schützen.

All das sind heilige *Orte*, doch mit der Kraft des Gebets kann man überall auf der Erde einen heiligen *Raum* errichten. Bevor du zu deiner ersten Reise aufbrichst, wirst du ein traditionelles Gebet lernen, mit dem du deinen eigenen heiligen Raum erschaffen und den Hüter der Schwelle herbeirufen kannst.

Der Hüter der Schwelle
In der Unteren Welt des modernen Menschen verschmelzen alle Freuden des Menschseins mit dem Schmerz, den wir unterdrücken und verleugnen. Wenn ein Schamane seine Reise nicht korrekt beginnt, ist er schutzlos und läuft Gefahr, vom Hüter der Schwelle abgewiesen, oder – schlimmer – von hungrigen Geistern angefallen zu werden, die im Reich der Ahnen hausen. Er kann schädliche Energien aufnehmen und sie in die Mittlere Welt einschleppen. Deshalb müssen wir die Regeln der Unteren Welt und die Wesen, denen wir dort begegnen, respektieren. Und wenn wir sie wieder verlassen, müssen wir die Tür hinter uns schließen.

Wenn du dich auf Reisen begibst, stellst du dir vor, wie dein leuchtender Körper in die Untere Welt hinabsteigt. Dort triffst du auf den Hüter der Schwelle des Seelenreiches. Dabei handelt es sich um ein symbolisches Wesen, das die Pforte des Unterbewussten bewacht – um einen Archetyp, der in den verschiedenen Kulturen die unterschiedlichsten Namen trägt. Die frühen Griechen stellten ihn als den Fährmann Charon, der die Seelen über den Totenfluss rudert, und den wilden, dreiköpfigen Hund Kerberos dar. Die tantrischen Buddhisten glauben, der wilde Gott Mahakala bewache den Eingang zu diesem Reich. In den Traditionen der Inka heißt der Hüter der Schwelle Huascar (»jener, der zusammenführt«) und wird symbolisch als Seil oder Ranke dargestellt, welche die Untere mit der Mittleren Welt verbindet. Der Hüter der Schwelle kann

Vorbereitung auf die Seelenrückholung

männlich, weiblich oder beides sein und uns einmal als Mann, ein anderes Mal als Frau erscheinen.

Wenn du in die Untere Welt reist, rufst du den Hüter der Schwelle herbei, um seine Erlaubnis, aber auch seine Führung zu erbitten. Er ist der Herr über Leben *und* Tod, der Hüter der Jahreszeiten, und Erneuerer der Welt. Er ist ein leuchtender Archetyp, der dir auf deinem Weg durch die vier Kammern mit Rat und Tat zur Seite steht.

Du kannst auch um einen Führer bitten, der dir vertraut ist, doch die Arbeit mit einem unbekannten Schwellenhüter kann sich insofern als lohnend erweisen, als deine Begegnungen mit ihm frei von psychologischem oder religiösem Ballast sind. Weil du keine Erwartungen hegst, ist eine von vorgefassten Meinungen unbelastete Erfahrung möglich. Ohne seinen Segen kannst du die Untere Welt nicht betreten, und wenn du es doch tust, riskierst du, dort stecken zu bleiben, denn der Hüter der Schwelle gewährt dir nicht nur Zutritt zu seinem Reich, er entlässt dich auch wieder daraus. Trotz seines wichtigen Amtes hat der Hüter der Schwelle keinen Einfluss auf den Verlauf deiner Reise. Diese Macht hast nur *du*.

Auf deiner ersten Reise wirst du lernen, dass du einen heiligen Garten, dein ganz persönliches Paradies, im Inneren von Mutter Erde besuchen kannst. Auf diese Weise erneuerst du deine Beziehung zur Großen Mutter und allem Weiblichen. Du wirst dir vorstellen, wie du in die Erde sinkst und in diesen heiligen Garten hinabreist, der von Sonnenlicht durchflutet und von duftenden Blüten und murmelnden Bächen umgeben ist. Du kannst deinen persönlichen Garten Eden so oft besuchen, wie du möchtest, um dich zu erneuern und zu heilen. Hier wirst du auch den

Landkarten der Seele

Hüter der Schwelle treffen, der dich auf deiner Suche nach dem Heiligen Gral führen wird.

Doch zuerst musst du lernen, wie du einen heiligen Raum öffnen, die Atemübung »Kleiner Tod« ausführen und zu deinem persönlichen Garten Eden reisen kannst.

Hinweis: Bitte lies die Übungsanweisung mehrmals durch, ehe du dich an den Übungen versuchst, oder nimm sie auf Band auf und spiel sie dir vor, wenn du mit der Übung beginnst.

≈ *Übung: Einen heiligen Raum erschaffen* ≈

Such dir zuerst einen Ort, an dem du dich wohl fühlst und an dem du ungestört bist. Setz dich in einen bequemen Sessel, zieh die Vorhänge zu, schalte das Telefon aus, zünde eine Kerze an und lege Meditationsmusik auf. Indem du einen heiligen Raum erschaffst, öffnest du den Durchgang zwischen der Mittleren Welt, in der du Tag für Tag lebst, und den verzauberten Orten der Oberen und Unteren Welt. Deine Gebete können überall auf der Welt einen heiligen Raum erschaffen. Er ist der Ausgangspunkt für deine Reise.

Zu Beginn rufst du die vier Organisationsprinzipien des Universums an, die dich beschützen, indem sie dich ins richtige Verhältnis zu allem Leben setzen. Die Alten wussten, dass die Poesie der gesamten Schöpfung auf den Anfangsbuchstaben der vier Himmelsrichtungen beruht. In der Biologie kennen wir diese vier Grundprinzipien als Adenin, Thymin, Guanin und Cytosin (ATGC), als die vier organischen Basen und Bausteine der DNS, des Lebenscodes. (Die Physiker kennen diese vier Prinzipien als die vier Grundkräfte Schwerkraft, Kernkraft, Atomkraft und elektromagnetische Kraft.) Die Wissenschaft kann dieses

Vorbereitung auf die Seelenrückholung

Alphabet lediglich aufsagen, der Schamane dagegen lernt, Gedichte damit zu schreiben. Er bezeichnet die zentralen Figuren als »Schlange«, »Jaguar«, »Kolibri« und »Adler«.

Wenn wir uns auf dem geheiligten Boden unseres heiligen Raums mit diesen Kräften verbinden, sind wir geschützt, und die Organisationsprinzipien des Universums werden antworten. Dies ist unsere Übereinkunft mit dem Spirit. Wenn wir rufen, wird er antworten.

Setz dich bequem hin. Um einen heiligen Raum zu öffnen, lässt du den Blick entspannt auf dem Boden vor dir ruhen (oder schließt die Augen) und führst die Hände wie zum Gebet vor der Brust zusammen. Hebe sie nun bestimmt nach oben und führe sie an der Stirn vorbei, bis sie sich über deinem Kopf befinden und in dein achtes Chakra, deine Seele, eintauchen. Strecke die Arme nun zur Seite aus und dehne die leuchtende »Sonne« deines achten Chakras so weit, bis sie deinen ganzen Körper umschließt. Lege die Hände in den Schoß und spüre den seelenerfüllten Raum, den du erschaffen hast.

Rufe die vier Haupthimmelsrichtungen Süden, Westen, Norden und Osten sowie Himmel und Erde an. Bitte um ihre Hilfe und ihren Schutz. Jedem Punkt dieses imaginären Kompasses ist ein archetypisches Tier zugeordnet. Im Süden rufen wir die Schlange an, die Wissen, Sexualität und die heilende Kraft der Natur verkörpert. Im Westen – dem Land der untergehenden Sonne – rufen wir den Jaguar an, das Symbol für Transformation und Erneuerung, Leben und Tod. Im Norden rufen wir den Kolibri an, der die Stärke und den Mut symbolisiert, die nötig sind, um große Entfernungen zu überwinden und sich auf die epi-

sche Reise der Evolution und des Wachstums zu begeben. Im Osten rufen wir den Adler an, der für die Fähigkeit steht, über diese Welt hinauszugehen. Wir rufen den Himmel und die lebensspendende Sonne über uns und die Erde, das weibliche Schöpfungsprinzip, unter uns an.

Dies ist mein Gebet zur Schaffung eines heiligen Raums, das du gerne übernehmen kannst (Wenn du anfängst, regelmäßig zu reisen, ist es unter Umständen sinnvoll, ein eigenes Gebet zu finden.):

An die Winde des Südens –
Große Schlange,
leg deinen Körper aus Licht um mich.
Lehre mich, die Vergangenheit wie eine Haut abzustreifen
und behutsam auf der Erde zu wandeln.
Zeige mir den Weg der Schönheit.

An die Winde des Westens –
Mutter Jaguar,
beschütze meinen Ort der Heilung.
Lehre mich den Weg des Friedens und des richtigen Lebens
und weise mir den Weg über den Tod hinaus.

An die Winde des Nordens –
Kolibri,
Großmütter und Großväter, die ihr mir vorangegangen seid,
kommt und wärmt eure Hände an unseren Feuern.
Flüstert mir im Wind.
Ich ehre euch, die ihr vor mir gekommen seid,
und euch, die ihr nach mir kommt,
als Kinder meiner Kinder.

Vorbereitung auf die Seelenrückholung

An die Winde des Ostens –
Großer Adler,
komm zu mir vom Sonnenaufgang her
und nimm mich unter deine Flügel.
Zeige mir die Berge, von denen ich nur zu träumen wage,
und lehre mich, an der Seite des Großen Geistes zu fliegen.

Mutter Erde,
ich bete für die Heilung all deiner Kinder.
Für die Steinwesen, die Pflanzenwesen.
Die Vierbeiner, die Zweibeiner, die Krabbelnden
und Kriechenden.
Die mit Schuppen, die mit Fell und die mit Federn.
Alle, mit denen ich verbunden bin.

Vater Sonne, Großmutter Mond, Sternenvölker.
Großer Geist, du hast unzählige Namen
und du bist der namenlose Eine.
Ich danke dir, dass du mir erlaubst,
das Lied des Lebens heute zu singen.

≈ *Atemübung: Kleiner Tod* ≈

In vielen spirituellen Traditionen kommt den Atemübungen eine zentrale Bedeutung zu, weil sie das Gotthirn erwecken und uns helfen, Zustände erhöhten Bewusstseins zu erreichen. Patanjali, der Autor der Yoga Sutras, schrieb, die Praxis des *Pranayama*, der Atemregulierung, bewirke, dass »der Schleier vor dem inneren Licht zerreißt«. Wir werden eine Atemübung namens »Kleiner Tod« machen: Wie im Sterben wirst du aufhören, dich mit dem Ego zu identifizieren, und in einen ozeanischen Zustand der Verbundenheit mit dem Spirit eintreten. Die Atemübung Kleiner Tod versetzt dich in jenen Zustand erhöhten Bewusstseins, der für die Reise nötig ist. (Denk bitte daran, diese Übung nur innerhalb eines heiligen Raums zu machen.)

Setz dich bequem hin. Leg die Hände in den Schoß, schließe locker die Augen oder blicke entspannt auf den Boden. Atme ein und zähle bis sieben. Halte den Atem an und zähle erneut bis sieben. Atme langsam und stetig aus, bis sich deine Lungen leer anfühlen. Zähle dabei wieder bis sieben. Zähle nun ohne einzuatmen ein letztes Mal bis sieben. Wiederhole den Ablauf siebenmal.

Diese Übung hört sich recht einfach an, doch der »Kleine Tod« kann eine gewisse Verwirrung auslösen, und vermutlich wirst du dich etwas benommen danach fühlen. Diese Benommenheit kennzeichnet deinen Übertritt in einen anderen Wahrnehmungszustand. Du solltest dich deshalb darum bemühen, die Länge der einzelnen Phasen einzuhalten. Ich habe festgestellt, dass diese Übung ebenso wirksam ist wie die Bewusstseinszustände, die ich in tiefer Meditation erreiche – sie erweckt das Gotthirn und seine Fähigkeit, aus der Zeit herauszutreten und außerhalb davonzureisen.

Wenn du diese Übung beendet hast, kannst du deine Erkundungsreise in die Untere Welt fortsetzen.

≈ Übung: Reise nach Eden ≈

Unsere Reise führt uns zurück in den mythischen Garten Eden, zurück zur Mutter, von der wir getrennt wurden, als wir uns die Ansicht zu Eigen machten, man habe uns aus

Vorbereitung auf die Seelenrückholung

dem Paradies vertrieben. Dies ist eine wichtige Reise, denn selbst wenn du nicht in einer religiös eingestellten Familie aufgewachsen bist, in der du Bekanntschaft mit dem Mythos von Adam und Eva gemacht hast, hast du die Auswirkungen einer Kultur zu spüren bekommen, die glaubt, dass wir aus dem Paradies vertrieben wurden und niemals dorthin zurückkehren können – es sei denn, wir finden den geheimen Schlüssel, etwa schön, berühmt oder reich zu sein. Diese Reise ist eine süße Heimkehr, unsere Rückkehr zu jener Mutter, die uns niemals verlassen hat und uns niemals verlassen wird.

Die Landkarte für diese Reise unterscheidet sich von Kultur zu Kultur, doch bei den indigenen Völkern lernt man sie bereits früh kennen. Einige Kulturen, etwa die Yoruba, folgen den Wurzeln eines großen Baumes tief in die Erde, den Mutterschoß, hinein. Arktische Völker stellen sich vor, in die Tiefen des Meeres hinabzutauchen. Die Schamanen des Regenwaldes schließlich tauchen tief in den Amazonasfluss hinein. Dies ist eine Reise, auf der du deine Verbindung mit dem Spirit der Erde und dem Heilig-Weiblichen erneuern kannst.

Stell dir vor, wie dein leuchtender Körper in die Erde sinkt. Spüre die feuchte, fruchtbare Erde, die Wurzeln der großen Bäume und die im Erdreich eingebetteten Steine. Sinke immer tiefer durch das Felsgestein hinab, bis du an einen unterirdischen Fluss gelangst. Lege dich in den Fluss, spüre die Kieselsteine unter dir und stell dir vor, wie das kühle, erfrischende Wasser durch dich hindurchfließt und Müdigkeit, Sorgen und andere Energien fortspült, die du hinter dir lassen und nicht in das Reich der Seele mitnehmen möchtest.

Landkarten der Seele

Lass dich, wenn du bereit bist, vom Fluss tief ins Innere der Erde tragen, bis du am Ufer eines üppig grünen Gartens angetrieben wirst. Dort siehst du eine Wiese, eine Quelle und einen Wald. Finde einen Stein auf der Wiese, auf dem du Platz nehmen und dem Gezwitscher der Vögel lauschen kannst. Denk daran, dass du jederzeit hierher zurückkommen kannst, wenn du Heilung und Erneuerung brauchst. Dies ist der Leben spendende Schoß unserer Großen Mutter. Dein eigener Garten Eden.

Rufe den Hüter der Schwelle herbei: »Du, der du viele tausend Namen hast, Herr über Leben und Tod.« Sieh ihm in die Augen und fahre fort: »Hüter der Jahreszeiten, gewähre mir Einlass in dein Reich. Zeig mir die Landschaften meines eigenen Gartens Eden.«

Der Hüter der Schwelle erscheint jedem Menschen in anderer Gestalt – als geliebter verstorbener Verwandter, religiöse Figur oder himmlisches Wesen. Erlaube dem Hüter der Schwelle, dich durch die Haine, die üppigen Gärten und Wiesen zu führen, wo du den Tieren begegnest, die hier leben. Genieße deinen Aufenthalt in diesem Garten, in dem du mit den Flüssen, Bäumen und Schluchten sprechen kannst und in dem die Natur auch zu dir spricht.

Wenn du deinen eigenen Garten Eden erkundet und seine Bäche, Wälder und Schluchten erforscht hast, kehrst du an das Ufer zurück, an dem du angekommen bist. Tauche in den Fluss und lass dich von ihm an den Ort zurücktragen, an dem du zuvor geruht hast. Entspanne dich in seinen Fluten und lass dich vom Wasser erfrischen, während du dich auf die Rückkehr in unsere Welt vorbereitest.

Mach dich nun auf den Heimweg. Steig durch das Felsgestein, vorbei an den Wurzeln der großen Bäume, vorbei an gewaltigen Felsbrocken und durch die feuchte, fruchtbare Erde hinauf. Kehre in dein Zimmer und in deinen Körper zurück. Atme tief ein und öffne die Augen. Du bist vollkommen erfrischt und erneuert, empfindest ein Gefühl der Zugehörigkeit und wandelst in Schönheit auf der Erde, weil du weißt, dass du das Paradies niemals verlassen hast.

≈ *Übung: Den heiligen Raum schließen* ≈
Beende deine Reise, indem du den heiligen Raum und damit das Tor zu den Oberen und den Unteren Welten wieder schließt.

Lege die Hände wieder wie zum Gebet vor der Brust zusammen und strecke dann die Arme zur Seite aus. Dehne sie weit und führe sie langsam über dem Kopf zusammen, bis sich die Handflächen berühren. Führe die betenden Hände an der Mittellinie des Körpers entlang zum Herzen, bis die ursprüngliche Gebetsposition wieder erreicht ist. Wiederhole das Gebet an die vier Himmelsrichtungen, an Himmel und Erde, das du schon einmal gesprochen hast. Danke den Geisttieren, entlasse sie und schließe den heiligen Raum.

Nun sind wir für die Seelenrückholung bereit. Teil II dieses Buches wird dir helfen, mit der Unteren Welt vertraut zu werden. Fangen wir also an.

Teil II
Die Untere Welt

4. Die Kammer der Wunden

Nach Jahren der Therapie glaubte ich, all meine Kindheitswunden erforscht zu haben. Aber ich hatte nur Salz hineingestreut, um irgendetwas zu spüren. Letzte Nacht überlebte ich die Ayahuasca-Zeremonie, aber es war knapp. Wenn ich das nie wieder tue, ist es noch zu früh. Der Alte sagte immer wieder, das Lustige am Tod sei, dass alle ihn überlebten. Nachts hatte ich die meiste Zeit über das Gefühl, mein Gehirn stecke in einer Ritze im Holzboden, während ich zusah, wie mein Körper verfaulte, wie sich die Haut in Streifen abschälte, bis nur noch die Knochen übrig waren – glänzend weiße Knochen. Und mein Gehirn steckte zwischen den Bodendielen. Dann sah ich nur noch mein Skelett und Bilder von Menschen, in denen ich mich selbst erkannte, in Griechenland, Pompeji und dem amerikanischen Bürgerkrieg. Die Menschen waren immer anders, und doch war es immer ich – und alle wurden von Speeren, Lanzen, Bajonetten durchbohrt, angeschossen und zurückgelassen, um tausend Tode zu sterben.

»Das sind die Geschichten, die du in dir trägst«, sagte der Alte heute Morgen. »Nur das Wissen um alle deine Leben und alle deine Tode kann den Tod austreiben, den du in dir trägst.«

Tagebucheintrag

Traditionell kennen wir die Erzählung von Adam und Eva als die Geschichte vom »Sündenfall«, obwohl sie vielmehr unsere »Urverletzung« beschreibt. In der Schöpfungsgeschichte heißt es, Gott habe dem ersten Mann und der ersten Frau ein Paradies in Form des Gartens Eden geschenkt. Dort konnten sie tun und lassen, was sie wollten – mit einer Ausnahme: Sie durften nicht die Früchte vom Baum der Erkenntnis essen. Eines Tages verführte die Schlange Eva dazu, dennoch einen Bissen davon zu nehmen, und Eva überredete ihrerseits Adam dazu.

Sofort nachdem die ersten Menschen der Versuchung der verbotenen Frucht nachgegeben hatten, wurden sie aus dem Garten Eden vertrieben, denn sie hatten Gottes Gebot gebrochen. Ihre perfekte Welt wurde ihnen genommen, und sie wurden mit einem Leben voller Leid bestraft. Unter Schmerzen sollte Eva ihre Kinder gebären, obwohl doch die Geburt eines Kindes eine der magischsten Erfahrungen im Leben einer Frau ist. Adam war zur harten Arbeit auf kargen Feldern gezwungen. Im Paradies hatten ihnen unzählige Pflanzen und Tiere als Nahrung gedient, doch von nun an sollten nur noch Dornen und Disteln für sie wachsen. Als Adam und Eva das Paradies verlassen mussten, wurde ihre Welt dornig und feindselig; sie waren »aus der Gnade gefallen«, wie es in der Bibel heißt.

Indem diese einflussreiche jüdisch-christliche Parabel Eva die Schuld gibt – die aus Adams Rippe erschaffen war und deshalb eine untergeordnete Position einnahm –, lehrt sie uns, dass die Frau für die Vertreibung aus dem Paradies verantwortlich ist. Eva bekommt die Schuld für die Urverletzung, unter der wir alle leiden – für die ursprüngliche »Mutterwunde«.

Der Verlust des Heilig-Weiblichen, das in unserer Kultur von Eva und dem Garten Eden verkörpert wird, ist der *kol-*

lektive Seelenverlust aller Menschen – ob er nun in unserem mangelnden Respekt vor der Frau oder der Verunglimpfung von Mutter Erde zum Ausdruck kommt. Wenn wir das Weibliche dämonisieren, leben wir in einer Welt, in der nichts heilig ist. Am Ende gelangen wir zu der Ansicht, nicht die spirituelle Welt, sondern die Materie oder die materielle Welt seien von Bedeutung. Das Wort Materie leitet sich sogar vom lateinischen Wortstamm *mater*, also »Mutter«, ab. Unsere Verzerrung des Heilig-Weiblichen führte zu der Überzeugung, dass *Dinge* mütterlich seien und für uns sorgen würden. Doch Materie ist nicht Geist. Wenn wir uns mit Chanel-Couture eindecken, wird das unseren Geist nicht erheben. Demnach ist die Abspaltung vom Weiblichen die tiefe, uralte Wunde, die wir alle in uns tragen.

Ur- und Erbverletzungen

Psychologen deuten diese Urverletzung als den Verlust der Unschuld, den jedes Kind während der Pubertät erfährt – eines bekannten und notwendigen Übergangs ins Erwachsenendasein. Mama kann den Schmerz nicht mehr wegküssen, und das Kind muss »das Paradies verlassen«. Es muss selbständig und erwachsen werden, was oft als ein persönlicher Gnadenverlust erlebt wird, der dem von Adam und Eva nicht ganz unähnlich ist. Leider werden viele Kinder bereits in einem Alter verletzt, in dem sie noch nicht die Reife haben, diese Verletzung zu verstehen. In diesen Fällen ist eine Verletzung keine Aufforderung, erwachsen zu werden, sondern führt stattdessen zu Seelenverlust. Das

Die Untere Welt

Kind versteht lediglich, dass die Welt voller Schmerz und Traumata ist und dass es nicht mehr sicher darin ist.

Wenn etwa eine Siebenjährige sieht, wie ihre Mama nach einem Autounfall auf einer Krankenbahre fortgetragen wird, kann sie nicht wissen, dass das zu Mamas Bestem ist. Sie denkt, böse Menschen nähmen ihr die Mutter für immer und ewig weg. Ein derartiges Trauma führt dazu, dass sie in den emotionalen Reaktionsmustern einer Siebenjährigen stecken bleibt. Wenn sie dann erwachsen ist und ihr etwas genommen wird, das sie liebt, wird sie wie ein kleines Mädchen trotzen und schmollen. Sie wird sich weiter darauf verlassen, dass Papa (die Regierung, der Ehemann oder Gott) alles für sie regelt.

Unsere Urverletzung ist nicht unbedingt die Folge einer wirklichen Verletzung, wie ja auch die Vertreibung aus dem Paradies kein historisches Ereignis war. Vielmehr zeigt sie, wie wir die Dinge *mit den Augen eines Kindes wahrnahmen*. Wenn ein Kind verletzt wird, weiß es nur, dass es Angst hat und die Welt auf einmal gefährlich ist. Dieser Eindruck ist irrational, aber ausgesprochen stark. Die Wahrscheinlichkeit ist groß, dass dieser Eindruck dazu führt, dass wir in Depressionen verfallen, uns nicht aus gewalttätigen Beziehungen befreien können und eine Arbeit machen, die uns unserer Freude am schöpferischen Tun beraubt. Wir haben das Gefühl, aus unserem Paradies vertrieben worden zu sein. Deshalb versuchen wir unser Leben lang, den Schmerz dieses Gnadenverlusts zu lindern.

Manchmal leiden wir auch an Erbverletzungen, die der Familie etwa während der Weltkriege, des Holocaust oder der Weltwirtschaftskrise zugefügt und anschließend von einer Generation an die nächste weitergegeben wurden.

Die Kammer der Wunden

Was auch die Ursache gewesen sein mag, wir erben von unseren verletzten Vorfahren eine Reihe von Überzeugungen, die wir für die eigenen halten. So kann eine Erbverletzung unter anderem eine negative Einstellung zu den Themen Überfluss, Mangel, Erfolg, Misserfolg, Sicherheit, Sexualität und Intimität verursachen. Wenn der Seelenverlust einer Generation an die nächste weitergegeben wird, werden die Kinder von Problemen geplagt, die sie nicht aus persönlicher Erfahrung kennen, die am Ende aber trotzdem dazu führen, dass sie verzweifeln und sich selbst verurteilen.

Wir können eine Verletzung auch aus einem früheren Leben mitbringen. Vielleicht starben wir gefangen im Eis, wurden aus unserem Dorf verbannt oder verloren einen Menschen, den wir sehr liebten – all das sind unerledigte psychospirituelle Situationen, die wir in diesem Leben nachstellen. Sie machen uns genau wie die Traumata unserer Kindheit anfällig für bestimmte »schicksalhafte« Erfahrungen.

Die Wunden Parzivals und des Fischerkönigs
Kehren wir noch einmal zu Parzival zurück, um zu sehen, wie eine Erbverletzung die Bestimmung eines Menschen verschleiern kann. Erinnern wir uns daran, dass Parzivals Mutter Herzeleide den Mann und die älteren Söhne in der Schlacht verloren hat. Weil sie fürchtet, auch noch den einzigen Sohn zu verlieren, der ihr geblieben ist, stellt sie ihre Forderungen an den Jungen. Sie möchte nicht, dass er ein Ritter wird und das Schicksal seines Vaters und seiner Brüder teilt. Doch wie reagiert Parzival? Er will trotzdem Ritter werden! Also bittet ihn seine Mutter, ein schützendes

Gewand zu tragen, das sie für ihn angefertigt hat, keine Fragen zu stellen und holden Jungfern Respekt zu zollen, was dem jungen Mann kein schlechter Kompromiss zu sein scheint. Um seine Freiheit zu erhalten verspricht Parzival Herzeleide in diesen Punkten Gehorsam – doch genau das wird verhindern, dass er den Heiligen Gral findet und Liebe erfährt.

Der Fischerkönig lässt sich als äußere Darstellung der inneren Verletzung Parzivals verstehen: Er lebt in einem traumartigen Schloss und hütet den Heiligen Gral, kann aber wegen der Wunde in der Leiste nicht daraus trinken. Die Sexualität des Königs ist verletzt, und er kann die Freuden der Liebe nicht erfahren. Nur dadurch, dass Parzival die entscheidende Frage stellt, wem der Gral dient, kann der Fischerkönig geheilt werden – bis dahin lebt er zwar in Luxus, aus seinem Garten Eden bleibt er jedoch ausgeschlossen.

Jeder kennt Menschen, die ihr Leben damit zubringen, sich materielle Annehmlichkeiten zu erarbeiten – ein großes Haus, eine leitende Stellung oder andere äußere Manifestationen von Reichtum. Wenn sie dann erreichen, wonach sie streben, müssen sie feststellen, dass diese Dinge keinerlei Wert für sie haben. Sie geraten in eine Krise, lassen sich scheiden und suchen nach neuen Ehepartnern, von denen sie glauben, sie könnten sie glücklich machen. Vielleicht kündigen sie auch Hals über Kopf ihre Stellung, leisten sich immer kostspieligere und ausgefallenere Statussymbole oder fangen gar an, Drogen zu nehmen. In unserer materialistischen Kultur, in der die Menschen an äußeren Erfolgsmerkmalen gemessen werden, ähneln viele von uns dem verletzten Fischerkönig. Sie können keine

Die Kammer der Wunden

Freude empfinden, und es bleibt ihnen verwehrt, aus dem Kelch des Lebens zu trinken.

Der Parzivalmythos zeigt uns, dass wahrer Wert – der Schlüssel zu Heiligkeit und Freude in unserem Innersten –, einzig und allein darin besteht, das Leben zu einer spirituellen Reise, einer inneren Suche zu machen.

Erinnerungen an Eden

Jeder Mensch wird von irgendeiner Wunde geplagt, doch jeder erinnert sich auch an einen Garten Eden, in den er sich zurücksehnt – vielleicht sehnen wir uns danach, von unserer Mutter zu Bett gebracht zu werden, nach einem Haus, in dem wir als Kinder wohnten, nach einer Jugendliebe oder einer Zeit, in der uns das Leben sorglos schien. Man könnte sogar sagen, dass wir den ersten Teil unseres Lebens mit dem Versuch verbringen, unsere Unschuld zu verlieren. Den Rest unseres Lebens versuchen wir dann, sie wiederzufinden. Das ist keine leichte Aufgabe – Parzival braucht ein ganzes Leben, ehe er die Gralsburg erneut betreten darf.

Ein Großteil meiner Klienten widmet der Suche nach dem Heiligen Gral viele Jahre und tut doch nichts weiter, als ziellos in einem Wald aus Kindern, Jobs, Ehen, Erfolgen und Misserfolgen umherzuirren. Sie unterziehen sich jahrelangen Psychotherapien, um die jüngst erlittene Verletzung zu verstehen, statt sich darum zu bemühen, die *erste* Verletzung zu bewältigen, die ihnen zugefügt wurde. Oft wollen sie mir von dem jüngsten Vorfall erzählen, der ihnen Schmerzen bereitet. Ich erkläre ihnen dann, dass es sich dabei um Version Nr. 27 einer Urverletzung handelt, die ebenjene Überzeugungen und Verhaltensweisen verursacht hat, die ihnen nun Schwierigkeiten bereiten. *Das* ist die Verletzung, die wir heilen wollen, nicht die 27 Folgewunden.

In Wirklichkeit gibt es vermutlich nur ein paar wichtige Themen in unserem Leben, die der Heilung bedürfen und allesamt von unseren Urverletzungen herrühren. Bei allen übrigen psychischen und körperlichen Schmerzen – wie verheerend sie auch sein mögen – handelt es sich lediglich um Vorfälle, die diese Themen in unterschiedlicher Form nachspielen. Sie sind wie Kopien desselben Films. Wenn wir das übergreifende Thema erkennen, können wir es uns zu Eigen machen, uns davon befreien und unser eigenes Drehbuch schreiben.

Wenn wir die Verletzungen, die uns prägen, immer wieder von Neuem durchleben, geben wir sie am Ende auch an unsere Kinder weiter. Die Laika sagen dann, dass ein Fluch auf der Familie lastet, den wir nur dadurch brechen können, dass wir uns selbst heilen. Wenn wir das tun, lösen wir eine Welle aus, die sich vorwärts und rückwärts durch die Zeit ausbreitet und sowohl unseren Kindern *als auch* unseren Ahnen Vergebung und Erleichterung bringt.

Wir leiden nur, wenn wir die Fesseln der Vergangenheit nicht lösen. Die Laika glauben sogar, dass auch unsere Vorfahren weiter leiden, bis wir aufhören, ihnen die Schuld zu geben, und die Wunden heilen, die sie auf uns übertragen haben. Das Reisen ermöglicht es uns, unsere Urverletzung zu finden, die Verträge unserer Familie neu zu schreiben, uns zu heilen und eine erfüllende Bestimmung zu finden. Dann werden wir wieder wissen, wie es ist, im Paradies zu

Die Kammer der Wunden

leben, und können die Scheuklappen ablegen, die uns daran hindern, klar zu erkennen, dass wir den Garten Eden niemals verlassen haben.

≈

Im Gegensatz zum jüdisch-christlichen Glauben, dass der Mensch in eine perfekte Welt hineingeboren und dann wieder daraus verbannt wurde, besagt die schamanische Mythologie, dass unser Wesenskern stets unversehrt bleibt. Genau genommen gibt es viele Glaubenssysteme, die von der jüdisch-christlichen Vorstellung abweichen, wonach der Mensch aus dem Paradies vertrieben worden ist. So fühlen sich weder die australischen Ureinwohner noch die Völker südlich der Sahara, die amerikanischen Ureinwohner, die Stämme im brasilianischen Urwald oder die Menschen auf den pazifischen Inseln aus dem Paradies vertrieben. Alle diese Völker gehen davon aus, dass sie immer noch im Garten Eden leben, denn sie können mit den Flüssen, den Bäumen und mit Gott sprechen. Die Mythologien indigener Völker gehen sogar so weit, zu behaupten, dass der Mensch erschaffen wurde, um den Garten Eden zu verwalten und zu pflegen.

Während diese Gesellschaften danach streben, in Harmonie mit der Natur zu leben (und es seit Jahrtausenden tun), betrachten wir im Westen die Natur als Gegner, den wir ausplündern können, oder als »natürliche Rohstoffquelle«, die wir nach Belieben ausbeuten können. Offensichtlich glauben wir, Pflanzen und Tiere seien ausschließlich zu dem Zweck erschaffen, dem Menschen zu dienen und ihn zu nähren, dass also alle Nahrung der Welt uns gehört. Seit Jahrtausenden finden wir immer neue Ausreden für unsere Raubzüge durch die Natur: Die großen Wälder Europas sind abgeholzt, in der Arktis bohren wir nach Öl, und die Flüsse Israels, das drei großen Weltreligionen heilig ist, sind derart verseucht, dass schon Menschen gestorben sind, die ins Wasser fielen. Das ist ein weiter Weg von der Läuterung, die man in biblischen Zeiten durch eine Taufe in diesem Wasser erfuhr.

Wenn eine Mythologie wie die der westlichen Welt am Ende ist, muss eine neue entstehen. Heute suchen wir nach neuen Modellen für Nachhaltigkeit und ein umweltverträgliches Leben. Ich glaube, dass wir diese neuen Modelle finden werden, wenn wir reisen, um die Urverletzung zu heilen und die verlorenen Seelenanteile zurückzuholen.

So findest du deine Urverletzung

Um die Vergangenheit zu heilen, musst du zuerst in die Kammer der Wunden gehen und die Geschichte deiner Urverletzung aufspüren – was geschehen ist, wer dir die Verletzung zugefügt hat, wann es passiert ist und auf welche Weise die Geschichte in dir weiterlebt. Diese Kammer enthält die Informationen über den Ursprung deiner schädlichen emotionalen oder gesundheitlichen Muster. Die Erinnerung an diesen Vorfall ist oft unterdrückt, und es kann bereits sehr viel Linderung bringen, wenn du noch einmal Zeuge dieses Ereignisses wirst. Doch nur die Reise in diese Kammer wird dich nicht heilen – die Heilung geschieht später. Hier erfährst du zunächst die Umstände deines ursprünglichen Seelenverlusts, doch das ist erst der erste Schritt auf dem Weg zur Heilung.

Die Kammer der Wunden

In der Kammer der Wunden wird eine Art Schauspiel oder Drama aufgeführt, das zeigt, welche Geschichten in dir wirksam sind und deine Welt bestimmen. Manchmal sind diese Geschichten nicht ihrem wörtlichen, wohl aber ihrem *emotionalen* Inhalt nach wahr. Es sind Programme, die das limbische System immer und immer wieder abspult. Denk daran, dass das Unterbewusste die Sprache der Märchen und Träume spricht. Du findest also unter Umständen in der Kammer der Wunden nicht das tatsächliche Geschehen, sondern deine persönliche Erinnerung daran wieder – und diese Erinnerung bestimmt den Lauf deines Lebens. Die Einzelheiten der Geschichte sind nur insofern von Bedeutung, als sie die von deiner Urverletzung erzeugten grundlegenden Muster zeigen. Die Geschichte selbst hat keinen eigenen Wert (wie du später erkennen wirst, wirst du weder von deiner Herkunft noch deinen Geschichten bestimmt). Allerdings kannst du die Charaktere, die du in der Kammer der Wunden vorfindest, in Gespräche verwickeln, um zu verstehen, welche Probleme in den Tiefen deiner Psyche verborgen sind.

Ich habe zuvor erwähnt, dass die Erinnerung an vergangene Ereignisse aufgrund unserer damaligen Wahrnehmung sehr schmerzhaft sein kann. Eine meiner Klientinnen litt beispielsweise unter Gefühlen des Verlassenseins, weil ihre Eltern sie mit 18 Monaten eine Woche zu den Großeltern gegeben hatten, wo sie sich von ihren Koliken erholen sollte. Ihr Kleinkinderverstand glaubte jedoch, Mami und Papi würden nicht mehr zurückkommen, was sie zutiefst verletzte.

Menschen, die unter einer posttraumatischen Belastungsstörung leiden, durchleben schmerzliche Erfahrun-

Die Untere Welt

gen immer wieder in Gestalt emotionaler Erinnerungen, obwohl das Kriegserlebnis, die emotionalen oder körperlichen Schicksalsschläge schon lange zurückliegen. Das liegt daran, dass das limbische System weder Zeit noch Uhren kennt – deshalb kann eine schwierige Situation eine ganze Reihe belastender Erinnerungen auslösen, die dann immer wieder über die Nervenautobahnen unseres Gehirns rasen. Auf unserer Reise in die Kammer der Wunden sollten wir deshalb das Ereignis lediglich beobachten und es nicht noch einmal durchleben. Wenn man ein traumatisches Ereignis noch einmal durchlebt, ist das oft belastender als der Vorfall selbst, da man gezwungen ist, aus dem Zusammenhang gerissene schmerzliche Gefühle noch einmal zu empfinden.

Manchmal haben sich die Dinge, die uns immer wieder emotional traumatisieren, bereits in einem früheren Leben ereignet. In diesem Zusammenhang muss ich an Sally denken, eine meiner Schülerinnen, in deren Kammer der Wunden eine junge Frau auf dem Scheiterhaufen verbrannt wurde. Die Frau schrie in einer inzwischen unverständlichen gälischen Sprache, dass sie unschuldig sei und Gott liebe. Meine Klientin glaubte, dass es sich dabei um eines ihrer früheren Leben handle, in dem sie der Hexerei verdächtigt und verfolgt worden war. Als sie diese Bilder sah, empfand sie große Erleichterung, denn endlich verstand sie, weshalb sie sich so davor fürchtete, dass ihre Familie und ihre Freunde von ihrem Interesse für Heilung und Spiritualität erfahren könnten. Sie erklärten auch ihre Feuerphobie – ihr Mann saß im Winter gerne vor dem Kamin, sie selbst konnte nur kurz bei ihm bleiben, ehe sie mit klopfendem Herzen aufstand.

Mithilfe der Seelenrückholung können wir die Wahrnehmung des ursprünglichen Ereignisses und damit auch unsere künftigen emotionalen und körperlichen Reaktionen darauf verändern. Wir können andere Nervenbahnen im Gehirn aktivieren, sodass wir statt Schmerz Freude empfinden. Mit einer Seelenrückholung wollen wir somit positive Auswirkungen auf spiritueller, seelischer, geistiger *und* körperlicher Ebene erzielen. Wir wollen nicht nur ein rein intellektuelles Verständnis erlangen, sondern den Kern unserer Überzeugungen, unserer Verhaltensweisen und sogar unserer Neurophysiologie verändern. (Nach ihrer Seelenrückholung konnte Sally offen mit ihrer Familie über ihr Interesse an Energiemedizin sprechen. Allmählich konnte sie sogar der Zeit vor dem Kamin mit ihrem Mann etwas abgewinnen – obwohl sie mit Feuer noch immer vorsichtig ist.)

Meine Urverletzung
Dies ist eine Geschichte aus meinem Leben, die dir ein Gefühl für die Dimensionen geben soll, um die es bei der Seelenrückholung geht:

Ich wurde in Kuba geboren, und als ich zehn Jahre war, gab es in meinem Land eine Revolution. Krieg brach aus, und niemand wusste, wer der Feind war, da alle die gleiche Sprache sprachen und die gleiche Kleidung trugen. Eines Tages drückte mir mein Vater seinen US-Army-Colt, Kaliber .45, in die Hand. Er zeigte mir, wie ich damit umgehen musste, postierte mich neben der Haustür und erklärte: »Wenn ich weg bin, bist du der Mann im Haus und musst deine Mutter, deine Schwester und deine Großmutter beschützen. Schieß durch die Tür, wenn jemand einbrechen will!«

Die Untere Welt

Wochenlang saß ich neben dieser Tür und lauschte dem Gewehrfeuer ein paar Straßen weiter, bis irgendwann drei Milizionäre vor unserer Tür standen. Sie klopften, und als niemand aufmachte, versuchten sie, die Tür einzutreten. Ich fragte mich: »Soll ich durch die Tür schießen oder warten, bis sie hereinkommen?« Dann tat ich, was jeder Zehnjährige getan hätte: Ich legte die Pistole weg und ging zum Fenster. Einer der Männer blickte mir direkt in die Augen, sah einen verängstigten kleinen Jungen und sagte zu den anderen: »Kommt, da ist niemand. Gehen wir.«

An jenem Tag verlor ich meine Kindheit. In den kurzen Wochen, in denen ich mit dem Tod neben der Türe saß, wurde ich sehr schnell erwachsen. Ich vergaß, wie es ist, einfach Kind zu sein, und wurde stattdessen zu einem ernsten kleinen Mann. Außerdem fürchtete ich mich vor Fremden – immer wieder hatte ich Albträume, in denen unsere Haustür aufgebrochen und die Menschen mitgenommen wurden, die ich liebte.

Das Reisen ermöglichte es mir, zurückzukehren und den Jungen zu besuchen, der mit zehn Jahren dem Tod ins Auge geblickt hatte. In der Kammer der Gnade (die wir in Kapitel 6 besuchen werden) fand ich den kleinen Alberto und sagte ihm, dass er nie mehr die Last der Verantwortung für das Überleben seiner Familie tragen müsse. Als ich mein zehnjähriges Selbst mit Anfang dreißig aus seiner Klemme befreite, bekam ich auch meine Kindheit zurück. Ich konnte meinen ständigen Ernst und mein Misstrauen gegenüber anderen ablegen und aufhören, alles als eine Frage von Leben und Tod zu sehen. Ich hörte auf, ständig im Selbsterhaltungsmodus zu funktionieren, und fand allmählich Freude am Leben.

Veränderungen durch das Reisen

Ich brachte diese Geschichte, die sich abgespielt hatte, als ich zehn Jahre alt gewesen war, beim Reisen ans Licht. Ich fand noch viele weitere Geschichten, die ich nicht ganz verstand. Ich sah mich als verängstigten jungen Mann in verschiedenen Schlachten. Wie es schien, hatte ich in allen Inkarnationen Ähnliches erlebt. Ich entdeckte auch, dass sich vertraute Themen ständig wiederholten: Ich hatte kein Vertrauen in meine Lehrer, wollte die Menschen verletzen, die mich liebten. Jedes Mal, wenn ich einen Menschen kennen lernte und mochte, glaubte ich, ihn mit meinem Leben schützen zu müssen. Und die ganze Zeit über war ich wütend auf meinen Vater, weil er Schuld daran hatte, dass ich mich so fühlte.

Die Mythologien der indigenen Völker Amerikas besagen, dass ein Teil von uns immer bei Gott und ein Teil von Gott immer in uns ist. Wenn wir einen Seelenverlust erleiden, fühlen wir uns von Gott getrennt – das heißt, wir glauben, in Ungnade gefallen zu sein. Als ich meinen Seelenverlust heilte, wurde mir klar, dass ich in vielen früheren Leben im übertragenen Sinne mit einer Pistole neben der Tür gesessen hatte. Ich hatte mich mit einer alten Geschichte identifiziert, hatte sie immer wieder durchlebt und darüber mein wahres, unendliches Wesen und meine Verbindung zum Göttlichen vergessen. Deshalb müssen wir uns *jetzt* mit unserem Seelenverlust beschäftigen, ehe wir unsere Urverletzung an unsere Kinder oder an den Menschen weitergeben, der wir in unserem nächsten Leben sein werden.

Nach der Seelenrückholung konnte ich aufhören, mich

Die Untere Welt

mit der Geschichte des zehnjährigen Alberto zu identifizieren, der mit einer Pistole im Schoß neben der Tür saß – bereit, alle Eindringlinge zu erschießen. Auf meiner Reise in die Kammer der Wunden entdeckte ich, weshalb der kleine Junge die Pistole nicht weglegen und lernen konnte, dem Leben und den anderen Menschen zu vertrauen. (In der Kammer der Gnade musste der Junge später lernen, mir zu vertrauen, und ich musste lernen, ohne Angst zu leben.)

Barry, einer meiner Schüler, arbeitet als Stuntman für Film und Fernsehen. Obwohl er als Kind bei einem Unfall einen Arm verloren hat, liebt er es, in einer sicheren und kontrollierten Umgebung scheinbar gefährliche Stunts zu vollführen. Er beschreibt seine Reise so:

Am Ende des Flusses tauchte ich in einen Teich und traf den Hüter der Schwelle, einen großen Kerl, der aussah, als stamme er von einer Insel im Pazifik. Er hatte große braune Augen und bat mich freundlich herein. Zu meinem Erstaunen kam mir ein lebensgroßer Hot Dog mit Sonnenbrille entgegen! Ich fragte mich, was dieses Symbol zu bedeuten hatte, empfing aber lediglich etwas über »cool sein« und »Entspann dich, Mann!«, und dass ich seit langer Zeit weder entspannt noch cool gewesen sei.

Ich öffnete die Augen, und plötzlich wurde alles glasklar: Als ich ungefähr neun war, trafen die Kinder aus unserem Viertel sich immer am Hot-Dog-Stand an der Ecke. Eines Nachmittags kurvte ich mit dem Fahrrad auf dem Parkplatz dort herum, als ich von einem Raser erfasst wurde, der aus dem Nichts zu kommen schien.

Ich wurde vom Fahrrad geschleudert, und obwohl ich

Die Kammer der Wunden

keine ernsten Verletzungen davontrug, verschwand an jenem Tag ein wichtiger Teil meiner Energie. Ich verwandelte mich von einem ausgesprochen lässigen in einen sehr ängstlichen Jungen und entwickelte nervöse Tics. Ich verlor viele Freunde und bin auch jetzt noch eher ein Einzelgänger. Tag für Tag bemühe ich mich in erster Linie darum vorherzusagen, was als Nächstes passieren wird – ich versuche, um die Ecke zu schauen, um dem nächsten ankommenden »Wagen« ausweichen zu können. Deshalb denke ich zu viel und analysiere alles zu Tode.

Innerhalb weniger Monate lernte Barry, die Muster zu erkennen, die ihn vor emotionalen Verletzungen schützen sollten – und das, obwohl er keine Angst vor den körperlichen Schmerzen der Stuntarbeit hatte. Er begann, in seinen zwischenmenschlichen Beziehungen größere Risiken einzugehen, und entdeckte, dass die wahren Stunts nicht vor der Kamera, sondern in der Arena des Herzens stattfinden – ohne Netz und doppelten Boden.

Geschichten und Schatten

Du bist nun beinahe bereit für die Reise in die Kammer der Wunden. Du musst allerdings wissen, dass dazu Ruhe und Frieden nötig sind – je mehr du davon in deinem eigenen Leben finden kannst, desto klarer wird deine Reise werden.

Wenn du deine Urverletzung findest, setzt du Energie frei, die tief in deiner Psyche steckt – so wie das bei mir der Fall war, als ich den zehnjährigen Alberto neben der Türe sitzen sah, vor der sich eine Revolution abspielte. Ich hatte diese Erinnerung verdrängt und konnte mich nicht be-

Die Untere Welt

wusst daran erinnern. Erst nach der Seelenrückholung bestätigte mir mein Vater, dass sich die Ereignisse in der Tat so zugetragen hatten, und die Erinnerung kehrte allmählich zurück. Nun konnte ich die Einsamkeit verstehen, die ich immer gefühlt hatte.

Bei meiner Heilarbeit habe ich herausgefunden, dass wahres Verständnis erst möglich ist, wenn wir unsere Urverletzung kennen. Im Westen leiden wir an einer Erkrankung, die ich als »vorzeitige Evaluation« bezeichne – das Ziehen vorschneller Schlüsse. Je schneller wir etwas mit einem Etikett versehen, es benennen, kategorisieren und versuchen, es zu verstehen, desto mehr bringen wir uns um den tiefen Wandel, der sich ständig vollzieht.

Deine Urverletzung wird dir auf deiner Reise in Form einer Geschichte begegnen. Wenn du die Kammer betrittst, spielt sich vor deinen Augen möglicherweise eine komplizierte Szene ab: Menschen schreien einander an, jemand hält die Hand eines anderen ins Feuer, im Hintergrund schreit ein Mensch, eine alte Frau strickt, und so weiter. Das Schöne daran ist, dass du zu all diesen Personen hingehen und sie fragen kannst: »Was geschieht hier? Was geht hier vor? Was ist das für eine Geschichte?« Sie werden dir daraufhin verraten, wie deine Urverletzung in dir weiterlebt, selbst wenn sie das Ereignis nicht haargenau so wiedergeben, wie es sich abgespielt hat.

Die Ereignisse in der Kammer der Wunden kommen dir vielleicht auch deshalb fremd vor, weil du dort unter Umständen auf Seelenteile triffst, die dir so fremd sind und die so lange verborgen waren, dass es zu schmerzlich wäre, sie als Teile deines Selbst zu erkennen. Dies sind die Schattenanteile, die du verdrängt hast und gern auf andere proji-

Die Kammer der Wunden

zierst. Solche Projektionen führen dazu, dass du andere angreifst, weil du Eigenschaften an ihnen entdeckst, die du an dir selbst nicht magst. Wenn du also in der Unteren Welt deinem Schatten begegnest (und seine Wunden siehst), kann es vorkommen, dass du ihn nicht als Teil von dir erkennst.

Ich weiß zum Beispiel noch, dass ich auf einer meiner frühen Reisen sah, wie eine mit einem Umhang bekleidete Gestalt einen Jungen schlug. Ich nahm an, der Junge sei der verlorene Teil meiner Seele, doch als ich ihn fragte, sagte er mir, dass ich hier sei, um den schwarzen Mann zu heilen. Ich weiß noch, dass ich dachte, hier müsse ein Fehler vorliegen, dass dies die Geschichte eines anderen sei. Mein Leben lang hatte ich Tyrannen verachtet und mich stärker mit den Opfern identifiziert. Nach meiner Reise wurde mir klar, dass dieser Tyrann nicht andere Menschen schikanierte – er schikanierte *mich*. Er war mein Schatten, ein Teil von mir, den ich annehmen und heilen musste.

Wir sollten nie vergessen, dass jeder Mensch einen Schatten in sich trägt – sogar Mutter Teresa. Als sie einmal gefragt wurde, weshalb sie nach Kalkutta gegangen sei, antwortete sie: weil sie den Hitler in sich gefunden habe.

So wie unsere Vorfahren ihre Wunden an uns weitergeben können, können auch der Schatten oder die verleugneten Seelenteile kollektiven Ausdruck finden. In den 20er Jahren erlebte Deutschland beispielsweise eine Zeit wirtschaftlicher Stagnation, doch die jüdischen Bürger des Landes kämpften weiter um den sozialen Aufstieg. Sie machten große Fortschritte in den Bereichen Musik, Wissenschaft

Die Untere Welt

und Philosophie. Die Nazis projizierten den Stillstand (ihren Schatten) auf die Juden und machten sich anschließend daran, ihn zu vernichten. Dabei verloren sie ihre Menschlichkeit – denn wenn wir unsere Seele verlieren, verlieren wir ebenso unsere Menschlichkeit.

Manchmal projizieren wir auch unsere guten Seiten auf andere oder verleihen unserem Schatten Eigenschaften, die wir gerne hätten, und machen ihn damit zu einer leuchtenderen, schöneren, klügeren und stärkeren Version von uns. (In unserer Kultur, in der die Prominenz im Mittelpunkt steht, geschieht das ständig.)

Die Autorin Marianne Williamson brachte unsere Angst vor unseren lichteren Eigenschaften sehr schön zum Ausdruck. Sie sagte: »Wir fürchten weniger die Dunkelheit in uns, wir fürchten uns mehr vor dem Licht in uns«[3], und sprach darüber, dass wir lernen müssen, dieses strahlende Licht in uns zu tragen und seine starke und oft fremde Energie in uns zu spüren. Wenn uns das nicht gelingt, projizieren wir unser idealisiertes Selbst auf andere Menschen, sei es Guru oder Lehrer. Das verhindert, dass wir es in uns selbst verwirklichen. Schamanen müssen genau wie Psychologen oder Psychiater die eigene Heilreise bereits abgeschlossen haben, um verhindern zu können, dass sie ihren Schatten oder ihr Licht auf andere projizieren.

Bei der Seelenrückholung lernen wir, Licht auf unseren Schatten zu werfen, damit wir die verleugneten Teile unseres Selbst zurückholen können. Ich möchte dich ermutigen, voller Vertrauen auf diese Reise zu gehen und dich daran zu erinnern, dass wir dabei das geordnete Reich der Vernunft und der Logik verlassen und uns ins Reich der Magie und der Intuition begeben.

Die Kammer der Wunden

≈ *Übung: Reise in die Kammer der Wunden* ≈
Bereite dich auf die Reise vor, indem du einen heiligen Raum öffnest: Nimm Platz und mach es dir bequem, sieh entspannt zu Boden (oder schließ die Augen) und führe die Hände wie zum Gebet vor der Brust zusammen. Mache dir die Absicht deiner Reise klar und hebe anschließend langsam die Hände. Führe sie an der Körpermitte entlang nach oben und an der Stirn vorbei, bis sie sich über deinem Kopf und in deinem achten Chakra befinden. Dehne die leuchtende »Sonne« dieses Chakras aus, bis sie deinen ganzen Körper umhüllt. Breite dazu die Arme aus und führe sie in einem weiten Bogen zur Seite wie ein Pfau, der ein Rad schlägt. Leg die Hände in den Schoß.

Rufe die vier Haupthimmelsrichtungen, die Schlange, den Jaguar, den Kolibri und den Adler sowie Himmel und Erde an. Mache die Atemübung »Kleiner Tod« (atme siebenmal ein und siebenmal aus; halte nach jeder Ein- und Ausatmung den Atem an und zähle bis sieben) und reise in deinen Garten in der Unteren Welt.

Lass deinen leuchtenden Körper tief in die Erde sinken und spüre die Wurzeln der großen Bäume. Spüre die Steine und die fruchtbare, feuchte Erde, während du dich in die Tiefe begibst. Sinke durch das Felsgestein nach unten, bis du an einen unterirdischen Fluss oder Bach gelangst. Leg dich hinein und ruhe dich aus. Spüre die Kieselsteine unter dir. Spüre, wie das kühle, erfrischende Wasser dich reinigt und für diese Reise läutert. Lass dich vom Fluss tief ins Innere der Erde hineintragen, bis du am Ufer eines heiligen Gartens angetrieben wirst.

Steh auf und sieh dich um. Du betrittst nun einen Garten mit einer wunderschönen, grünen Wiese. Stell dir vor, von Blumen umgeben zu sein, und hör die Vögel im nahen Wald zwitschern. Geh zu einem Stein an einer Quelle, setz dich einen Augenblick hin und genieße die üppige Pracht, die dich umgibt. Du kannst jederzeit an diesen Ort zurückkehren, wenn du Heilung oder Erneuerung brauchst.

Rufe den Hüter der Schwelle herbei, den Herrn über Leben und Tod, den Hüter der Unteren Welt, der die Geister der Ahnen nach ihrem Tod empfängt und sie zur Mutter zurückbringt. Teile ihm deine Absicht mit, in die Kammer der Wunden zu reisen. Vielleicht fragt er: »Weshalb sollte ich dir Zutritt zu diesem Ort gewähren, den nur betreten darf, wer bereits gestorben ist?« Nun musst du ihm mitteilen, dass du deine Urverletzung finden möchtest, sonst wird er dich nicht einlassen. Vielleicht sagt er: »Heute ist kein guter Tag für diese Reise.« Beherzige seinen Rat. Der Hüter der Schwelle sorgt für Harmonie im Chaos der Unteren Welt und weiß, ob du gefahrlos eintreten kannst.

Wenn der Hüter der Schwelle dich einlässt, musst du ihn um Führung bitten. Zu einer Seite entdeckst du einen Hügel mit einer Öffnung, die in eine Höhle führt. Bitte ihn, dich in diese Höhle und in die Kammer deiner Wunden zu führen. Du bist gekommen, um Zeuge jener Urverletzung zu werden, die du in dir trägst und die für deine Heilung von entscheidender Bedeutung ist.

Bitte deinen Körper-Geist, ein Bild von den Dingen zu erzeugen, die dich in dieser Höhle erwarten. Betritt nun die Kammer der Wunden und sieh dir das Schauspiel an, das dort aufgeführt wird. Geh direkt auf die Bühne und misch dich unter die Schauspieler, die du kennst oder auch nicht. Sieh ins Hintere der Kammer: Brennt ein Feuer? Wer ist das dort im Dunkel? Was verstaubt dort auf den Bücherrega-

Die Kammer der Wunden

len? Sieh dich um und erkunde die Kammer. Wenn du nicht besonders gut visualisieren kannst, versuche, dich von einem anderen Sinn leiten zu lassen. Das kann dein Tast- oder Geruchssinn oder gar ein intuitives Gefühl für das sein, was vor sich gehen könnte. Das ist unter Umständen etwas schwieriger, kann aber gleichzeitig effektiver sein, da du nicht von all den Dingen abgelenkt wirst, die du siehst.

Das verletzte Selbst kann ein kleiner Junge oder ein kleines Mädchen, ein Baby, ein alter Mensch oder gar eine Person des anderen Geschlechts sein. Diese Seelenteile sind Aspekte deiner selbst. Frage dein verletztes Selbst: »Wer bist du?«, »Wann hast du mich verlassen?« und »Weshalb bist du gegangen?« Denk daran, dass du nicht das verletzte, sondern das geheilte Selbst zurückholen willst, das sich in der Kammer der Gnade befindet.

Bereite dich nun auf das Verlassen der Kammer vor und kehre auf dem Weg zurück, auf dem du gekommen bist. Verabschiede dich vom Herrn über Leben und Tod mit den Worten: »Danke, dass du mir Einlass in dein Reich gewährt hast, das nur betreten darf, wer die Schwelle des Todes bereits überschritten hat.«

Tauche wieder in den Fluss und lass dich von ihm an den Ort zurücktragen, an dem du zuvor geruht hast. Lass ihn alle Energien fortwaschen, die nicht in die Mittlere Welt gehören. Dann mach dich auf den Heimweg. Steige durch das Felsgestein, vorbei an den Wurzeln der großen Bäume, vorbei an den gewaltigen Felsbrocken und durch die fruchtbare, feuchte Erde hinauf und kehre in dein Zimmer zurück. Streck dich, reib dir die Hände, streich dir übers Gesicht und kehre in deinen Körper zurück. Schließe den heiligen Raum.

Die Untere Welt

≈ *Schreibübung: Dialog mit dem verletzten Selbst* ≈
Auf deiner Reise hast du die eine oder andere Geschichte über deine Urverletzung in Erfahrung gebracht. Nun wirst du in einen schriftlichen Dialog mit der Hauptfigur deiner Reise eintreten und sie fragen, welcher Art deine Verletzung ist und was zu deiner Heilung nötig ist.

Das Tagebuchschreiben weckt starke heilende Stimmen in der Psyche, Stimmen, die du möglicherweise schon lange nicht mehr gehört hast. Vergiss nicht, dass ein Seelenteil erst dann erwacht ist, wenn er seine Stimme gefunden hat. Ist das geschehen, kann er dir helfen, dein Wohlbefinden wiederzufinden.

Du kannst auf dem Papier einen Dialog mit diesem verlorenen Seelenteil beginnen. Nimm dein Tagebuch und einen Stift zur Hand, setz dich bequem hin und öffne den heiligen Raum. Teile danach eine leere Tagebuchseite mit einer Linie in zwei Spalten. In die eine schreibst du die Fragen, die du stellen möchtest. Die andere wird die Stimme deines Seelenteils mit den Antworten füllen. Beginne mit einfachen Fragen wie: »Wer bist du?«, und lass dir reichlich Zeit, damit sich ein echter Dialog entfalten kann. Versuche, so lange wie möglich weiterzumachen, und bitte deinen Seelenteil, dir so viel von der Geschichte deiner Verwundung zu erzählen, wie du zu deiner Heilung wissen musst. Frage ihn auch, was er braucht, um heilen zu können – wie du ihm Respekt erweisen und ihn beschützen kannst. Frag ihn: »Wie kann ich dir Sicherheit geben?«, »Was kannst du mich lehren?«, »Was muss ich loslassen?« und so weiter.

Schließe den heiligen Raum, wenn der Dialog beendet ist.

Die Kammer der Wunden

Diese schriftliche Unterredung kann ein paar Minuten, ein paar Stunden oder auch ein paar Sitzungen in Anspruch nehmen.

≈

Nun, da du mit deinem verletzten Selbst Bekanntschaft geschlossen hast, ist es an der Zeit, dich erneut auf Reisen zu begeben – dieses Mal in die Kammer der Seelenverträge. Dort wirst du etwas über die Seelenverträge erfahren, die du abgeschlossen hast, und wie du sie neu aushandeln kannst.

5. Die Kammer der Seelenverträge

Bin nach Peru gekommen, um das Ayahuasca zu probieren, und bin mit dem Tod bekannt gemacht worden...

Morgen kehre ich in den Dschungel zurück, in den Garten.

Vor 80 000 Jahren haben wir ein denkendes Hirn entwickelt, eine Verstandesmaschine, die uns der Natur entfremdet hat. In einem großen Quantensprung hat sich das Gehirn größenmäßig nahezu verdoppelt. Wir konnten auf einmal urteilen. Folgern. Denken. Und die Hand des Menschen ergriff die Hand der Natur.

In der Schublade neben dem Bett in diesem Hotelzimmer liegt eine Gideon-Bibel. »Und Gott der Herr sprach: ›Siehe, der Mensch ist geworden wie unsereiner und weiß, was gut und böse ist. Nun aber, dass er nur nicht ausstrecke seine Hand und breche auch von dem Baum des Lebens und esse und lebe ewiglich!‹ Da wies ihn Gott der Herr aus dem Garten Eden, dass er die Erde bebaute, von der er genommen war.«

Ich kehre zum Garten zurück, um die Hand auszustrecken und vom Baum des ewigen Lebens zu essen.

Tagebucheintrag[4]

»Und von jenem Tage an lebten sie glücklich und zufrieden bis an ihr Lebensende.« Für gewöhnlich enden Märchen mit diesem Satz. Doch wenn die Geschichte nicht so gut ausgeht – wenn wir dem Prinzen nicht begegnen oder er sich nach ein paar Küssen in einen Frosch zurückverwandelt –, dann werden die Worte »von jenem Tage an« zu einem Fluch. Aussagen wie: »Von jenem Tage an lächelte sie nicht mehr« oder »vertraute er nicht mehr« sind Ausdruck der Vereinbarungen, die wir in der Kammer der Seelenverträge finden.

Seelenverträge sind Vereinbarungen, die wir treffen, um eine Krise zu überstehen. Mit ihrer Hilfe können wir schmerzliche Situationen bewältigen, für die es scheinbar keine Lösung gibt. Sie sind das Produkt unseres Affenhirns, das zu jedem Kompromiss bereit ist, nur um sich sicher zu fühlen. Seelenverträge können die Form von Versprechen haben, die wir uns selbst (»An jenem Tag beschloss ich, sehr viel Geld und damit den Respekt aller zu verdienen«) oder unseren Eltern geben (»Ich werde immer alles perfekt machen, damit mich mein Papa lieb hat«). Unabhängig davon, wem wir diese Versprechen geben, sorgen sie stets dafür, dass sich die Verletzungen wiederholen, die uns in der Kammer der Wunden gezeigt wurden.

Meist legen wir diese Versprechen im Stillen ab und erfüllen sie jahrelang ohne Diskussion – oder gar ohne das Wissen um ihre Existenz. Als wir uns unsere Verletzung zuzogen, mögen sie gut funktioniert und uns in einer Welt, die uns gefährlich schien, ein Gefühl von Sicherheit gegeben haben. Doch später werden sie zum Ursprung einschränkender Überzeugungen über Überfluss, Intimität, Liebe und Erfolg. Mit anderen Worten: Ein einziger Seelenvertrag gebiert Dutzende von einschränkenden Überzeugungen.

Es fällt uns zwar oft schwer, die Auswirkungen der eigenen Seelenverträge zu erkennen, doch bei anderen Menschen stechen sie uns deutlich ins Auge: Sowohl der unglückliche, getriebene junge Mann, der von seinem Vater dominiert und zu sportlichen Höchstleistungen angetrieben wird, als auch die unbeholfene junge Schauspielerin mit der bestimmenden Mutter, selbst Schauspielerin, die möchte, dass ihre Tochter ein Star wird, erfüllen auf Kosten ihrer eigenen Berufung das Versprechen, ihre Eltern zufrieden zu stellen.

Weshalb wir Seelenverträge schließen

Vielleicht fragst du dich, weshalb wir derart widrige Seelenverträge abschließen. Kehren wir auf unserer Suche nach einer Erklärung noch einmal zur jüdisch-christlichen Schöpfungsgeschichte zurück. Adam und Eva werden aus dem Garten Eden vertrieben, nachdem sie von der verbotenen Frucht gegessen haben. Von diesem Augenblick an verdammte ihr Seelenvertrag sie zu einem beschwerlichen Leben, in dem Eva ihrem Manne untertan war und Adam sich sein Brot »im Schweiße seines Angesichts« verdienen musste. Adam, Eva und all ihre Nachkommen (die Menschheit) mussten nun jenseits von Eden leben und durften weder die Schönheit der Welt erkennen noch den Überfluss des irdischen Gartens erfahren, in dem sie lebten. Ihr Schicksal wurde durch einen Vertrag besiegelt, der für alle Menschen gilt, die diese Geschichte zu ihrer eigenen gemacht haben.

Stell dir vor, wie dieser Vertrag hätte aussehen können, wenn Adam und Eva sich einen Augenblick Zeit genommen hätten, um ein besseres Geschäft mit Gott auszuhandeln. Mit Gott verhandeln? Unmöglich! Stattdessen verließen die ersten Menschen beschämt das Paradies und bedeckten ihre Nacktheit, weil ihnen nichts Besseres einfiel.

Das ist bei allen Seelenverträgen der Fall: Uns fällt nichts Besseres ein, weil wir uns ohnmächtig fühlen und glauben, in einer beschämenden Situation gefangen zu sein, in der Verhandlungen unmöglich scheinen. In diesem Kapitel werden wir lernen, wie wir einengende Seelenverträge neu aushandeln können – sogar die Verträge mit Gott. Nun ist es an der Zeit, uns anzusehen, welche Verpflichtungen wir zur Zeit unserer Urverletzung eingegangen sind. Wir müssen herausfinden, wie sie lauten, welche Bedingungen daran geknüpft sind und welchen Preis wir für das Gefühl der Sicherheit zu zahlen hatten, das sie uns gaben. Am Ende wird es immer noch einen Seelenvertrag geben, doch mit diesem Vertrag werden wir kreativ und selbständig leben können. Zudem wird er dafür sorgen, dass unser geheiltes Selbst uns in der nächsten Kammer begegnen kann.

Die Folgen ungünstig formulierter Seelenverträge

Ungünstig formulierte Seelenverträge hemmen unsere Entwicklung. Erinnern wir uns daran, dass Parzivals Mutter ihren Sohn zum Abschied bittet, ein selbst genähtes Gewand zu tragen, niemals Fragen zu stellen und holden Jungfern Respekt zu zollen. Weil Parzival dieses Versprechen hält, verpasst er die Gelegenheit, bereits in seiner Jugend in den Glanz des Heiligen Grals einzutauchen und eine reife Liebesbeziehung zu seiner Seelenverwandten Blanche Fleur einzugehen. Hätte er seine Liebe zu Blanche

Die Untere Welt

Fleur erblühen lassen, wäre ihre einzige gemeinsame Nacht nicht keusch geblieben ... doch dazu hätte er seine Mutter verraten müssen.

Wir können nicht abschätzen, welche Auswirkungen ein Seelenvertrag später einmal auf uns haben wird, da uns die Dringlichkeit der gegenwärtigen Situation antreibt – Parzival hätte vermutlich so gut wie alles versprochen, um von zu Hause fortgehen zu dürfen. Wir rechnen nicht damit, wie hoch der Preis sein wird. Genau genommen werden wir uns des Preises unserer Verträge erst bewusst, wenn die Last uns allmählich lähmt. Parzival macht seine Rechnung zum Beispiel erst auf, nachdem er von der alten Frau öffentlich gedemütigt wurde. Und selbst dann weiß er nicht, was ihn von einem erfüllenden Leben abhält. Er weiß zwar, dass etwas fehlt, kann aber nur das tun, was er schon immer getan hat – bis der geheime Vertrag enthüllt wird.

Als Parzival dem Einsiedler im Wald begegnet, fragt dieser: »Weshalb trägst du an einem heiligen Tag Rüstung und Schwert?« An diesem Punkt ist Parzival endlich gezwungen, ehrlich zu sich zu sein, und der Bann ist gebrochen. Es ist kein Zufall, dass die Gralsburg genau in diesem Augenblick erneut erscheint: Parzival betritt die Burg und stellt die Frage, die zu stellen ihm verboten war: »Wem dient der Gral?« Da endlich offenbart sich ihm der Gral, und er ist von seinem Schicksal erlöst.

Wie Parzival bleiben viele von uns in der »Kriegerphase« stecken und lange Zeit an Seelenverträge gebunden, die uns weltliche Errungenschaften und Erfolg abverlangen, bis eine gesundheitliche Krise, der Verlust des Arbeitsplatzes oder das Ende einer Beziehung uns zu der Frage zwingt: »Weshalb tue ich das alles?« Wenn es allerdings so weit ist,

Die Kammer der Seelenverträge

kennen wir nur noch die Rollen, die uns von unseren Seelenverträgen zugewiesen werden. (Adam fällt nichts anderes ein, als den Boden zu bestellen, bis er schweißüberströmt ist, und Parzival kennt nur den Kampf.)

Nachdem wir uns gefragt haben: »Weshalb tue ich das?«, dauert es unter Umständen noch Jahre, bis wir uns unserer Seelenverträge so weit bewusst sind, dass wir sie neu schreiben können. Wahre Veränderungen können erst eintreten, wenn wir unsere Verpflichtungen überprüfen und alte, einschränkende Überzeugungen durch neue Überzeugungen ersetzen, die uns ein sinnerfüllteres Leben ermöglichen.

Der Mythos von Psyche

Während der Parzivalmythos häufig dazu verwendet wird, den archetypischen Verlauf der Lebensreise eines Mannes aufzuzeigen, dient der klassisch griechische Mythos von Psyche und ihrem Geliebten Eros (auch Amor) oft dazu, die Entwicklung des weiblichen Bewusstseins zu erforschen. Somit handelt es sich um eine hervorragende Darstellung der archetypischen Seelenverträge, mit denen es viele Frauen zu tun haben.

Psyche ist die jüngste und schönste von drei Königstöchtern. Die Kunde von ihrer Schönheit und Sanftmut verbreitet sich im ganzen Königreich, und die Menschen fangen an, die Sterbliche wie eine Göttin zu verehren. Das erzürnt Aphrodite (Venus), die antike Göttin der Liebe und Schönheit. Sie zettelt eine Verschwörung an, damit niemand um Psyches Hand anhält. Als die Heiratsanträge ausbleiben, befragt Psyches Vater ein Orakel, das ebenfalls von der eifersüchtigen Aphrodite kontrolliert wird. Das Orakel verdammt die junge Prinzessin zur Hochzeit mit dem Tod. Um die Prophezeiung zu erfüllen, kettet Psyches Vater sie an einen Felsen und liefert sie der schrecklichsten Kreatur aus, die man sich nur vorstellen kann.

Psyche steht für unseren jungen, unschuldigen, weiblichen Teil, der die von Aphrodite verkörperten alten Sitten gefährlich bedroht. Psyche möchte frei sein und lieben, doch Aphrodite will sie an die alten Traditionen ketten und ihr die Last aller vorangegangenen Frauengenerationen aufbürden. Es gibt einen universellen Mythos von der Verwundung des Weiblichen, die eine Generation der nächsten zufügt – so bereiten etwa in Afrika, wo es noch immer Genitalverstümmelungen gibt, die älteren Frauen die jüngeren auf die schreckliche Tortur vor.

In diesem Mythos entspricht Aphrodite Parzivals Mutter, die ihrem Sohn die Seelenverträge aufbürdet, die seine Selbstwerdung verhindern. Aphrodite schickt ihren Sohn Eros aus, um unsere schöne Heldin mit einem seiner Liebespfeile zu durchbohren und ihre Leidenschaft für den Tod zu wecken. Doch Eros ist von Psyches Schönheit so angetan, dass er sich aus Versehen an einem seiner Pfeile ritzt und Hals über Kopf in sie verliebt. Mithilfe seines Freundes, des Windes, entführt Eros die holde Maid auf einen fernen Berggipfel. Für viele junge Frauen ist die vom Vater arrangierte Ehe ein Schicksal schlimmer als der Tod – zum Unglücklichsein verdammt, laufen sie deshalb mit dem ersten Mann davon, der verspricht, sie aus der Tyrannei des elterlichen Heims zu befreien.

Die Vereinigung von Eros und Psyche ist die reine Wonne, doch Eros nimmt seiner Geliebten ein Versprechen ab:

Die Kammer der Seelenverträge

Sie darf ihn weder ansehen noch Fragen an ihn richten. Darin unterscheidet er sich kaum von einem Mann, der für sich beansprucht, dass seine Arbeitszeiten nicht infrage gestellt werden, oder der seine samstägliche Golfpartie über die Bedürfnisse der Familie stellt.

Eine Zeit lang ist Psyche mit dieser Abmachung zufrieden – ihre Nächte sind voller Liebe, und tagsüber genießt sie exotische Früchte und wird wie eine Göttin bedient. Doch leider wird ihr Paradies zerstört. Die Schlangenenergie in Psyches Paradies sind ihre beiden Schwestern. Sie besuchen Psyche in ihrem luxuriösen Bergpalast und werden angesichts ihres Glückes so neidisch, dass sie beschließen, es zu zerstören. Die Schwestern untergraben Psyches Vertrauen: Sie reden ihr ein, Eros müsse ein schreckliches Monster sein, zu hässlich, um es auch nur anzusehen – weshalb würde er ihr sonst ein solches Versprechen abnehmen? Sie überreden sie dazu, sich eine Lampe zu besorgen und ein scharfes Messer, um sich zu schützen, und beides in ihrem Schlafzimmer zu verstecken. Dann könne sie mitten in der Nacht ein Licht auf ihren Gatten werfen und ihm, falls nötig, die Kehle durchschneiden.

Psyche hört auf ihre Schwestern, versteckt eine Lampe und ein Messer im Schlafzimmer und wartet auf ihre Gelegenheit. Eines Nachts, nachdem sie mit Eros geschlafen hat, steht sie auf, holt Lampe und Messer, macht Licht und betrachtet ihren schlafenden Gatten. Psyche ist überrascht, kein Monster, sondern den Gott der Liebe, das schönste Geschöpf der Welt, vorzufinden.

Als Psyche Eros zum ersten Mal in all seiner Pracht erblickt, erschrickt sie so sehr, dass sie über einen seiner Pfeile stolpert und sich über alle Maßen in ihn verliebt. Dabei fällt ein Tropfen heißen Öls aus ihrer Lampe auf seine Schulter. Vom Schmerz geweckt, sieht Eros seine geliebte Frau mit einem Messer über sich stehen. Erschrocken flieht er – geradewegs in die Arme seiner Mutter Aphrodite.

Gebrochenen Herzens fleht Psyche die Götter an, Eros zu ihr zurückzubringen, doch auch sie fürchten die alten Sitten. Sie erklären ihr, dass nur Aphrodite ihr helfen könne. Psyche möchte die eifersüchtige Göttin nicht um irgendetwas bitten, glaubt aber, keine andere Wahl zu haben.

Psyches Erlösung
An diesem Punkt hat Psyche ihre Seele bereits zweimal verloren: einmal, als sie von ihrem Vater verraten wurde (und ihre Mutter sie nicht beschützte), und das zweite Mal, als sie von ihrem geliebten Eros verlassen wurde. Psyches Besuch bei Aphrodite symbolisiert die Reise in die Kammer der Wunden, um die Ursache des Leids zu finden. Hier erfährt sie, was sie tun muss, um die einschränkenden Überzeugungen abzulegen, die dafür sorgen, dass sie ein schwaches und leidendes Mädchen bleibt, und wie sie eine Frau voller Anmut und Kraft werden kann.

Aphrodite stellt Psyche vier scheinbar unlösbare Aufgaben und verspricht, sie wieder mit Eros zu vereinen, wenn sie sie erfüllt. Die Aufgaben sind so entmutigend, dass Psyche immer wieder an Selbstmord denkt. Doch die junge Frau ist entschlossen, ihren Seelenvertrag neu zu schreiben – sie sehnt sich danach, ihr wahres Selbst zu entdecken, da ihr im hellen Licht der Erkenntnis wahre Liebe zuteil geworden ist.

Psyches erste Aufgabe besteht darin, unter Androhung des Todes bis Einbruch der Nacht einen riesigen Berg Kör-

Die Kammer der Seelenverträge

ner zu sortieren. (Die Aufgabe selbst ist nicht so wichtig wie die Strafe, falls sie nicht erfüllt wird, da wir wissen, dass unser spirituelles Überleben vom Erfolg unserer Mission abhängt.) Eine Ameisenarmee kommt ihr zur Hilfe, sortiert den Großteil der Körner für sie und rettet sie aus ihrer Lage.

Ihre zweite Aufgabe besteht darin, einen Fluss zu durchqueren, denn auf der anderen Seite befindet sich eine Wiese, auf der wilde Widder grasen, von deren goldenem Vlies sie eine Hand voll Flocken sammeln soll. Das Schilfrohr rät ihr, sich nicht direkt an die Widder heranzuwagen, sondern bis zur Dämmerung zu warten und die Flocken von dem Fell einzusammeln, die im Schilf hängen geblieben sind. Nachdem Psyche auch die zweite scheinbar unlösbare Aufgabe bewältigt hat, lässt sich Aphrodite etwas noch Beängstigenderes einfallen: Psyche muss einen Kristallkelch mit Wasser aus dem Styx, dem Fluss der Unterwelt, holen. Psyche ist von dieser Aufgabe völlig überwältigt und denkt ernsthaft daran, sich das Leben zu nehmen. Doch dann erscheint ein Adler, packt den Kelch mit seinen Krallen, fliegt zum Fluss, holt das Wasser und bringt es Psyche.

Die vierte Aufgabe ist die schwerste von allen: Psyche muss in die Unterwelt hinabsteigen, um für Aphrodite einen Tiegel Schönheitscreme von der Göttin Persephone zu erbitten. Die Aussicht, das Reich des Todes betreten zu müssen, ängstigt Psyche. Doch als sie kurz davor ist, die Hoffnung aufzugeben, bekommt sie Anweisungen von einem rätselhaften Turm. Der allsehende und allwissende Turm steht hoch über der Erde und verkörpert den Spirit. Er rät ihr, sich sorgfältig auf die Reise vorzubereiten und seine Anweisungen genau zu befolgen.

Die Untere Welt

Der Turm erzählt Psyche, dass die Welt, die sie in Kürze betreten wird, unter dem Schutz des wilden, dreiköpfigen Hundes Kerberos steht. Er bewacht das Tor zur Unterwelt und gewährt nur den Toten Einlass. Jenseits des Tores bevölkern hungrige Seelen die Unterwelt, die verzweifelt nach Erlösung verlangen. Die junge Frau erfährt, dass sie zwei Münzen und zwei Gerstenkuchen mitnehmen und jede Bitte um Hilfe ablehnen soll.

All die anderen Aufgaben dienten dazu, Psyches Spirit auf diesen Augenblick vorzubereiten und dafür zu stählen. Sie weiß, dass sie hilfsbereite Verbündete in der Natur hat und unter dem Schutz des Turmes steht. Doch nun muss sie in die Unterwelt reisen – dorthin, wohin auch wir reisen müssen, um unser verlorenes Selbst zu finden und zurückzuholen. Sie muss dorthin, um ihre innere Schönheit zurückzugewinnen, für die Persephones Creme steht.

Auf ihrem Weg in die Unterwelt begegnet Psyche zuerst einem Lahmen, der einen klapprigen, schwer mit Holz beladenen Esel antreibt. Als ein paar Scheite zu Boden fallen, ist Psyche versucht, sich zu bücken und sie aufzuheben, doch dann entsinnt sie sich des Geheißes, niemandem zu helfen, und setzt ihre Reise fort. Am Fluss Styx angekommen, bezahlt sie den Fährmann Charon mit einer der Münzen. Während der Überfahrt fleht ein Ertrinkender um Hilfe, doch sie verweigert sie. Psyche findet sich nun auf der anderen Seite des Flusses am Ufer des Hades wieder, wo sie auf drei alte Frauen trifft, welche die Fäden des Schicksals auf einem Webstuhl verweben. Sie bitten um Hilfe, doch wieder lehnt Psyche ab und eilt weiter.

Die Kammer der Seelenverträge

Psyche weiß, dass sie sich durch nichts von ihrem Ziel abbringen lassen darf (möglicherweise treffen auch wir auf unserer Reise in die Untere Welt auf verlorene Seelen, müssen unserem Vorhaben aber ebenfalls treu bleiben). Bald begegnet sie Kerberos, dem Hüter der Unterwelt. Sie wirft dem Hund einen Gerstenkuchen hin und schleicht sich an ihm vorbei, während sich seine drei Köpfe darum streiten.

In Persephones Halle angelangt, befolgt Psyche den Rat des Turmes und nimmt nicht am dargebotenen Bankett teil, sondern gibt sich mit einem einfachen Mahl auf dem Boden zufrieden. Das ist die Nahrung, die Psyche braucht. (Unter Umständen bietet sich auch uns auf der Reise in die Untere Welt ein Festmahl aus Bildern, Eindrücken, Gefühlen und Geschichten dar. Doch auch wir dürfen nur das Einfachste annehmen, was uns das entscheidende Wissen vermittelt.)

Bereitwillig gibt Persephone Psyche einen Tiegel von ihrer Creme, und die junge Frau macht sich auf den Heimweg. Doch sie kann der Versuchung nicht widerstehen, einen Blick in den Tiegel zu werfen, ehe sie die Unterwelt verlässt. Als sie hineinsieht, wird sie von einem tödlichen Schlaf übermannt und fällt ohnmächtig zu Boden. (Die Geschenke aus der Unteren Welt dürfen erst nach der Rückkehr in die Mittlere Welt enthüllt – oder entschlüsselt – werden. Andernfalls kann es sein, dass wir wie Psyche »einschlafen« oder bewusstlos werden und uns die wahre Bedeutung unserer Geschenke verborgen bleibt.)

Als Eros sieht, dass seine geliebte Sterbliche in Gefahr ist, eilt er ihr zur Hilfe, wischt den Schlaf aus ihren Augen und bringt sie wieder auf den richtigen Weg. Während Psyche Aphrodite den Tiegel bringt, bittet Eros seinen Vater Zeus um Hilfe. Dieser gewährt die Bitte und gestattet es Psyche, aus der Quelle der Unsterblichkeit zu trinken. Nun ist sie eine Göttin und als ebenbürtige Partnerin wieder mit Eros vereint.

Was Psyche uns lehrt

Diese Geschichte zeigt uns, wie weit wir gehen, um die Bedingungen unserer Seelenverträge zu erfüllen. Als Eros Psyche vor der Ehe mit dem Tod rettet, willigt sie ein, all seine Forderungen zu erfüllen, denn schließlich ist er ihre Rettung. Was könnte schon schrecklicher sein, als vom eigenen Vater an einen Felsen gekettet und einem Monster zum Fraß vorgeworfen zu werden? Psyche schließt einen Vertrag, der von ihr verlangt, Eros zu lieben, ohne ihn zu kennen. Das wiederum verbietet es ihr, seine Identität oder seine Worte infrage zu stellen. Sie überlässt ihm die gesamte Kontrolle über ihre Beziehung, um im Paradies leben zu dürfen, muss dafür aber unwissend bleiben. Wie oft willigen Frauen ein, auf das Bewusstsein ihrer Macht und ihrer Weisheit zu verzichten, um ihren Partner oder ihre Familie nicht zu beunruhigen!

Allerdings können wir unsere Seelenverträge nur eine gewisse Zeit lang unbewusst erfüllen, wie vollkommen das Paradies auch sein mag. Früher oder später werden wir uns der Einschränkungen bewusst werden. So wie Psyche nicht umhin konnte, einen Blick auf Eros zu werfen, bringt das Verlangen nach Selbsterkenntnis auch uns in Konflikt mit den Bedingungen unseres Seelenvertrags. Doch Psyche

Die Kammer der Seelenverträge

lernt schnell, dass wir nur unter größten Schwierigkeiten gegen diese Bedingungen verstoßen können und dass uns das auf eine Reise führt, auf der wir scheinbar unmögliche Aufgaben lösen müssen, um wahre Erfüllung zu finden.

Wenn wir nicht an unseren Verträgen rütteln, bleiben wir weiter unbewusst. Auf der Suche nach einem neuen »Eros«, der uns rettet, stürzen wir uns in eine Beziehung nach der anderen und durchlaufen den Kreislauf dabei doch nur ein weiteres Mal. So schließt die vom Verlust des Ehemannes erschütterte Psyche eilends einen neuen Vertrag mit Aphrodite, um ihre Ehe zu »retten«, statt direkt um Eros zu werben. Sie erklärt sich dazu bereit, unlösbare Aufgaben zu erfüllen, weil sie glaubt, Aphrodite besäße den Schlüssel zu ihrer Rettung. Weshalb lädt sie den Liebesgott nicht einfach zum Essen ein? Wieder einmal vertraut sie blind auf jemanden, von dem sie glaubt, er kenne die Lösung all ihrer Probleme.

Die Geschichte von Psyche lehrt uns auch, dass Mut und Entschlossenheit am Ende zum Ziel führen. Erst nachdem sie den Fluss Styx (die letzte Grenze) überquert und Gefahr und Tod ins Auge gesehen hat, hat sie die Kraft, die Wünsche anderer abzulehnen und die Bedingungen ihres Seelenvertrags infrage zu stellen.

Etwas muss sich ändern, und das Erste, was sich ändert, ist Psyche selbst. Als sie sich verändert, verändert sich die Welt mit ihr. Sie lässt das Schicksal einer Sterblichen hinter sich und folgt ihrer göttlichen Bestimmung.

Die Untere Welt

Wie man Seelenverträge neu aushandelt

Viele Religionen erkennen die Notwendigkeit, Seelenverträge neu auszuhandeln. Das Judentum kennt Jom Kippur; an diesem heiligen Tag der Versöhnung kann ein Mensch nicht nur die Sünden des vergangenen Jahres wieder gutmachen, sondern sich auch von den Versprechen gegenüber Gott und sich selbst entbinden, die er trotz ehrlichen Bemühens nicht halten kann. Die christliche Absolution ist ebenfalls eine Neuverhandlung, die auf ehrlichem Bemühen basiert und in etwa so abläuft: »Ich gestehe, dass ich gesündigt habe. Was kann ich tun, damit der Vertrag ewiger Verdammnis neu verhandelt wird?« Daraufhin bringt ihn die Buße auf einen Kurs zurück, der Absolution verspricht.

Das Problem bei den religiösen Formen der Buße ist, dass sie von der Vergebung eines äußeren Gottes oder eines seiner Stellvertreter abhängt – doch wenn wir reisen, können wir unsere Seelenverträge selbst neu verhandeln. Wir sichten das Wichtige und Sinnvolle in unserem Leben ebenso wie das Unwichtige, genau wie Psyche ihre Körner sortierte. Und genau wie Psyche finden wir das goldene Vlies, die kostbare Wolle, aus der wir die neue Struktur unseres Lebens weben, und trinken vom heiligen Wasser, von dem nur wenige Menschen kosten, ehe wir in die Untere Welt hinabsteigen, um uns unsere innere Schönheit und Stärke zurückzuholen.

Obwohl das Wissen um unsere eigenen Seelenverträge der erste Schritt zu ihrer Veränderung ist, ist es nicht nötig zu warten, bis eine Krise eintritt und Veränderungen herbeiführt – wir können günstigere Bedingungen aushandeln, bevor unsere Welt auf den Kopf gestellt wird. Oft hilft

Die Kammer der Seelenverträge

uns der Hüter der Schwelle dabei. Diese Erfahrung machte mein Schüler Denny:

Bei mir ähnelte die Kammer der Seelenverträge einer großen juristischen Bibliothek: Sie hatte viele Wände mit Bücherregalen, und es gab sogar einen Assistenten, der mir ein Buch mit meinem Namen reichte. Ich ging zu einem Tisch, um es zu lesen. Anfangs schien es sich lediglich um eine Aufzählung aller Charakterzüge zu handeln, die ich in diesem Leben haben sollte. Doch gegen Ende stand da: »Wer älter und größer ist, lauter spricht oder sich für schlauer hält, bekommt die ganze Macht.« Dieser Satz kam mir sehr vertraut vor, da meine älteren Geschwister die ganze Macht gehabt hatten, als ich ein Kind war. Dann ermunterte mich der Hüter der Schwelle, den Vertrag aufzulösen. Schließlich bekam ich einen großen Stempel mit der Aufschrift »Ungültig« in die Hand gedrückt und stempelte das Wort mit aller Kraft auf den Vertrag.

Wenn wir unsere Seelenverträge erneuern, verändern sich zahlreiche Aspekte unseres Lebens. Wir müssen die Bedingungen vieler Beziehungen neu verhandeln, worüber so mancher nicht sehr erfreut sein wird. Sie haben sich an unser verletztes oder arbeitssüchtiges Selbst gewöhnt, und wenn wir uns verändern, fühlen sie sich vielleicht von uns im Stich gelassen, verlassen oder enttäuscht. Wir brauchen großes Verhandlungsgeschick, um auch diese Zusatzverträge zu erneuern.

Wenn wir unsere Seelenverträge erneuern, ist das eine mächtige, lebensverändernde Erfahrung – in mehr Bereichen, als wir glauben. Deshalb müssen wir unsere Kinder, Ehepartner, Chefs und Freunde wissen lassen, zu was für Menschen wir uns gerade entwickeln und wie sie mit diesen neuen, im Entstehen begriffenen Menschen in Beziehung treten und sie unterstützen können.

Ererbte Seelenverträge

Von unseren Vorfahren erben wir nicht nur psychologische Wunden, sondern auch viele Seelenverträge. Kinder von Menschen, die den Holocaust überlebt haben, leiden beispielsweise sehr oft unter starken Depressionen, die direkt auf einen Familienvertrag zurückgehen, der ihre Zuversicht und ihre Hoffnung mindert, dass die Welt gut ist. Finanzielle Ängste und ein Gefühl des Mangels können von einer Generation an die nächste weitergegeben werden, wenn auch nur ein einziges Familienmitglied etwa während der Weltwirtschaftskrise große Not erfahren hat. Die Unfähigkeit, Männern zu vertrauen, kann auf ein Kind übergehen, wenn die Mutter von ihrem Mann verlassen wurde.

Solange diese Übereinkünfte Gültigkeit haben, verbringen die gegenwärtigen Generationen ihr Leben damit, eine Schuld abzutragen, von der sie nichts wissen. Sogar in der Bibel werden diese generationsübergreifenden Verträge erwähnt. Die Bibel lehrt, dass es sieben Generationen dauert, um die Sünden der Väter zu tilgen.

Als Beispiel möchte ich einen Vertrag meiner eigenen Familie anführen. Als bei meinem Bruder mit 47 Jahren ein Gehirntumor festgestellt wurde, brachte ich ihn zu einem bekannten Heiler, der zu ihm sagte: »Ich arbeite an Ihrem leuchtenden Energiefeld. In drei Tagen wird eine Flüssigkeit seitlich aus Ihrem Kopf austreten. Lassen Sie zehn Tage lang keine Röntgenaufnahmen machen und hindern

Die Kammer der Seelenverträge

Sie die Flüssigkeit nicht am Abfließen.« Pünktlich nach drei Tagen zeigte sich eine winzige Öffnung seitlich am Kopf meines Bruders (der von der Chemotherapie ganz kahl war), und eine gelbe Flüssigkeit lief heraus. Niemand wusste, was es war.

Mein Vater, stets ein Skeptiker, war darüber sehr beunruhigt. Er geriet in Panik und bestand darauf, dass sein Arzt eine Kernspintomographie anordnete, um zu sehen, was da vor sich ging. Ich bat sie, die vom Heiler genannte Frist abzuwarten. Sogar der Arzt sagte: »Warten Sie noch eine Woche – das kann nicht schaden. Die Medizin kann nichts mehr für Sie tun.«

Obwohl alle Möglichkeiten der westlichen Medizin schon ausgeschöpft waren, siegte die Besorgnis meines Vaters. Während der Kernspintomographie hörte die Flüssigkeit auf zu fließen – zwei Wochen später war mein Bruder tot.

Mein Bruder hätte sich für eine Neuverhandlung seines Seelenvertrages entscheiden müssen, der besagte: »Wenn ich mich den Anweisungen meines Vaters widersetze, liebt er mich nicht mehr.« Doch in seinem geschwächten Zustand fehlte ihm die Kraft dazu, obwohl er sein ganzes Leben lang dafür gekämpft hatte, sich von diesem Versprechen zu befreien. Am Ende bezahlte mein Bruder seinen Seelenvertrag mit seinem Leben, weil er unseren Vater weder verraten noch enttäuschen wollte – es fiel ihm leichter, den Tod zu akzeptieren, als seine Überzeugungen zu ändern.

Widerwillig hatte ich die Entscheidung meines Bruders akzeptiert und ihm in seinen letzten Tagen geholfen, so gut ich konnte. Doch ich hatte immer das Gefühl, dass es nicht so hätte enden müssen. Wenn wir einen Seelenvertrag neu schreiben oder zerreißen, ist das ein Akt der Befreiung, der es uns erlaubt, offene Überzeugungen zu entwickeln, die uns neue Lebenserfahrungen und neue Übereinkünfte ermöglichen – und uns womöglich dabei das Leben retten.

Das Versprechen einer Mutter

Bonnie, eine meiner Klientinnen, bekam aus heiterem Himmel einen Anruf von ihrer Tochter, mit der sie seit Jahren kaum noch Kontakt hatte: Die Ärzte hatten einen Knoten in ihrer Brust gefunden und eine Biopsie angesetzt. Unerwarteterweise sah es so aus, als wolle die junge Frau ihre Mutter dabei an ihrer Seite haben.

Bonnie rief mich an und erzählte mir, sie müsse seit dem Gespräch mit ihrer Tochter ständig weinen. »Das ist nicht Traurigkeit. Ich weiß nicht, was es ist«, sagte sie. Da sie ihre Tochter am Montag zur Biopsie begleiten sollte und anschließend ein harter Arbeitstag mit zahlreichen Besprechungen auf sie wartete, war sie von ihren Gefühlen so überwältigt, dass sie fürchtete, weder hier noch da von Nutzen zu sein.

Ich traf mich am Samstag vor der Biopsie spätabends mit ihr, und wir reisten gemeinsam. In der Kammer der Wunden sah sie sich selbst als junge Mutter, die mit ihren beiden Babys in einem mittelalterlichen Häuschen lebte. Sie wurden von Plünderern terrorisiert, die einen der tragendenden Balken des Hauses zum Einsturz gebracht hatten. Mutter und Kinder waren darunter eingeklemmt, und sie wusste, dass sie nicht entkommen würden. Es war Winter, die Sonne ging gerade unter, und sie spürte, dass sie alle er-

Die Kammer der Seelenverträge

frieren würden. Sie hatte schreckliche Schmerzen, versicherte ihren Kindern aber immer wieder: »Alles ist gut. Mami ist bei euch.«

In der Kammer der Seelenverträge sah Bonnie, wie sie Gott bat, zuerst ihre Kinder zu sich zu holen, damit sie sie in ihren letzten Stunden trösten konnte. Dieser Seelenvertrag (»Lass meine Kinder vor mir sterben«) war Jahrhunderte alt, aber immer noch in Kraft. Er war ausgesprochen unglücklich formuliert und hatte schreckliche Folgen – doch in Krisenzeiten tun wir das Beste, was uns eben möglich ist.

Bonnies uralter Seelenvertrag beeinflusste ihre Reaktion auf die Biopsie ihrer Tochter. Bei unserer Seelenrückholung konnte sie die Übereinkunft neu verhandeln und den Wortlaut folgendermaßen abändern: »Lass meine Kinder wissen, dass ihre Mutter sie immer trösten wird.«

Die emotionale Erschütterung meiner Klientin ließ nach, sobald sie erkannt hatte, welche Gründe für ihren Kummer verantwortlich waren. Ihr wurde klar, dass sie ihre Tochter von sich gestoßen hatte, weil sie den Gedanken, sie zu verlieren, nicht ertragen konnte. Innerhalb weniger Tage ergab die Biopsie, dass der Knoten in der Brust ihrer Tochter gutartig war, und allmählich erholte sich Bonnies Beziehung zu ihr.

An Bonnies Fall sehen wir, wie ein Seelenvertrag von einem Leben ins nächste mitgenommen und von einer Krise aktiviert werden kann. Anhand von Lindas Fall werden wir sehen, wie man die Seelenverträge *dieses* Lebens neu schreibt.

Die Untere Welt

Der Rauch verzog sich ...

Als ich Linda, eine erfolgreiche Managementtrainerin und versierte Fotografin, kennen lernte, hatte sie gerade die Diagnose Brustkrebs bekommen und unterzog sich einer Chemotherapie. In ihrer Kammer der Wunden entdeckten wir eine verängstigte, wütende Dreijährige. Als ich mich dem kleinen Mädchen nähern wollte, lief es weinend weg und sagte, es traue niemandem, weil es alle allein ließen.

Linda erkannte das Kind wieder und erklärte mir: »Im Grunde war ich mit drei Jahren mutterseelenallein. Meine Mutter litt nach meiner Geburt unter postnataler Depression, kam deswegen in stationäre Behandlung und war monatelang nicht da. Als ich 18 Monate alt war, wurde mein Vater umgebracht. Mama und ich zogen zu ihren Eltern, und als ich noch klein war, sah ich, wie sich meine Großmutter beinahe selbst in Flammen gesteckt hätte, als sie die Zündflamme des Gasofens anmachte. Danach war mir klar, dass sie mir keine sichere Zuflucht bieten konnte ..., aber mein Großvater war sanft und stark. Ich habe eine wunderbare Erinnerung, in der er mich hochhebt, damit ich durch die rechteckigen Öffnungen in einer hohen Mauer sehen kann. Auf der anderen Seite war ein geheimer Garten, und ich war entzückt. Er bastelte mir auch ein Buch mit Liedern und Gedichten, das ich immer noch habe. Als ich drei Jahre alt war, starb er im Schlaf, und damals ging auch ein Teil von mir.«

»In meinem Seelenvertrag verpflichtete ich mich dazu, im Schatten zu bleiben«, fuhr Linda fort. »Ich beschloss, alleine kreativ zu sein, alleine zu spielen und mich nicht in die Welt hinauszuwagen.«

Die Kammer der Seelenverträge

Als wir in die Kammer der Seelenverträge eintraten, sah Linda eine uralte Steinwand mit Felszeichnungen. Die Zeichnungen waren zum Teil von schwarzem Rauch verdeckt. Der Rauch sollte Linda davor schützen, die Botschaft zu lesen, ehe sie bereit war, sie zu akzeptieren. Sie bat den Rauch, sich zu lichten, und als er sich verzog, konnte sie erkennen, dass die Buchstaben das Wort JA ergaben. Linda erkannte: »Dies ist mein neuer Vertrag.« Sie wurde aufgefordert, Ja zum Leben und den Gelegenheiten zu sagen, die es ihr bot.

»Plötzlich wurde es ernst, denn ich wusste, dass von mir erwartet wurde, dieses spirituelle Versprechen abzulegen«, sagte sie. »Wenn ich es nicht tat, würde ich vielleicht nie wieder Gelegenheit dazu bekommen. Und wenn ich Ja sagte, hatte ich gefälligst entsprechend zu leben. Ich konnte deutlich spüren, dass es hier um etwas Großes ging. Ich hatte Angst, fühlte mich aber auch gesegnet – also sagte ich Ja.«

Wie du sehen kannst, ist der Preis für Seelenverträge sehr hoch. Meinen Bruder kostete er das Leben. Bonnie war viele Jahre von ihrer Tochter entfremdet gewesen und hatte keine bedeutende Liebesbeziehung in ihrem Leben gehabt. Doch ein Jahr nach ihrer Seelenrückholung vollzog ich die Hochzeitszeremonie für sie und ihren neuen Mann. Lindas Gesundheit und ihre Kreativität litten, bis sie ihre Verträge neu verhandelt hatte und anfangen konnte, Ja zum Leben zu sagen. Der Krebs ist verschwunden, und sie gibt wieder ihr Bestes als Künstlerin und Trainerin.

≈ *Übung: Reise in die Kammer der Verträge* ≈
Bereite dich wie zuvor auf diese Reise vor, indem du einen heiligen Raum öffnest. Setz dich bequem hin, sieh entspannt

Die Untere Welt

zu Boden (oder schließ die Augen) und führe die Hände wie zum Gebet zusammen. Konzentriere dich auf dein Vorhaben, die Kammer der Seelenverträge zu besuchen. Hebe deine Hände, bis sie sich in deinem achten Chakra befinden, und dehne diese leuchtende »Sonne« aus, bis sie deinen ganzen Körper umhüllt. Ruf die vier Haupthimmelsrichtungen an, um deinen heiligen Raum zu öffnen. Mach die Atemübung »Kleiner Tod« und reise in deinen Garten in der Unteren Welt.

Begrüße den Hüter der Schwelle und teile ihm mit, dass du die Kammer der von dir eingegangenen Seelenverträge erkunden möchtest. Er wird dich von deinem Garten aus in die Kammer der Verträge bringen. Sieh dich um, wenn du dort angekommen bist, und beginne ein Gespräch mit den Personen, die dir begegnen. Stelle Fragen: »Wer ist das dort am Feuer? Wer sitzt im Schaukelstuhl? Was für eine Szene spielt sich um mich herum ab? Wer sind die Akteure?«

Vielleicht begegnest du dir selbst in dem Alter, in dem du den Seelenvertrag eingegangen bist, und bekommst das Abkommen von diesem Selbst erklärt. Vielleicht begegnet dir auch ein Selbst aus einem früheren Leben. Es kann auch sein, dass du einen Familienvertrag und denjenigen vorfindest, der ihn einmal ausgehandelt hat. Richte folgende Fragen an alle, die dir begegnen: »Was schreibst du an die Tafel?« »Was kritzelst du in dieses Heft?« »Was murmelst du vor dich hin?« Denk daran, dass dir jeder Vertrag etwas verschaffen soll (Sicherheit, Liebe, Erleichterung) und du dafür im Austausch etwas anderes geben musst (den Preis, den du dafür zahlst). Welchen Preis zahlst du, und was bekommst du dafür? Ist es den Preis wirklich wert? Frag die

Die Kammer der Seelenverträge

Gestalt: »Was wünschst du dir wirklich?« »Was würde dir Frieden, Trost oder Sicherheit bringen?« »Wenn Gott dir einen beliebigen Wunsch erfüllen würde, worum würdest du bitten?«

Sieh dir die Sprache des Vertrags an. Falls nötig, kannst du den Hüter der Schwelle um Erläuterung bitten – er ist allwissend. Denk dir nun eine bessere Formulierung aus. Such so lange, bis du eine neue, positive und lebensbejahende Abmachung gefunden hast.

Bevor du gehst, musst du auch alle anderen, die sich in der Kammer befinden, von dem neuen Vertrag in Kenntnis setzen. Auf diese Weise prägst du den Vertrag in dein Unterbewusstsein ein, und er kann sofort in Kraft treten. Erkläre den Menschen dort: »Ihr müsst jetzt eure Rolle nicht mehr spielen. Dieses Stück wird hier nicht mehr aufgeführt. Es ist abgeschlossen, erledigt. Ihr könnt jetzt in Frieden sein. Hier ist unser neues Abkommen.« Versichere dich, dass alle Figuren des Dramas von der Spielplanänderung informiert sind. Bestätige den neuen Seelenvertrag mit jeder Einzelnen von ihnen, damit ihn alle kennen.

Begib dich nun auf den Rückweg. Verabschiede dich mit den folgenden Worten vom Hüter der Schwelle, dem Herrn über Leben und Tod: »Danke, dass du mir Einlass in dein Reich gewährt hast, das nur betreten darf, wer die Schwelle des Todes bereits überschritten hat.«

Kehre wie zuvor in deine Welt zurück. Streck dich, reib dir die Hände, streich dir übers Gesicht und kehre in deinen Körper zurück. Beende deine Reise damit, dass du den heiligen Raum schließt.

Die Untere Welt

≈ *Schreibübung:*
Neuverhandlung deiner Seelenverträge ≈

Die zweite Kammer enthüllt, welche Seelenverträge du zum Zeitpunkt deiner Urverletzung eingegangen bist, und gerade hast du die Figuren dort gebeten, dir das Abkommen in allen Einzelheiten zu erläutern. Nun kannst du mithilfe deines Tagebuchs den Vertrag erneuern und bessere Bedingungen aushandeln, die deinen Alltag nicht mehr einschränken.

Das Tagebuchschreiben weckt starke heilende Elemente in deiner Psyche. Es weckt die Stimme des Seelenteils, der ein neues, lebensbejahendes Abkommen mit dir schließen möchte. Nimm dein Tagebuch und einen Stift und mach es dir an einem Ort bequem, an dem du einen heiligen Raum öffnen kannst.

Teile eine leere Seite mit einer Linie in zwei Spalten. Auf der einen Seite listest du die Fragen auf, die du stellen möchtest. Auf die andere schreibst du die Antworten, die du von dem Seelenteil erhältst, der einen neuen Vertrag mit dem Leben schließen möchte. Beginne mit einfachen Fragen wie: »Wer bist du?« »Wie möchtest du mir helfen?« »Worum wolltest du in Wahrheit bitten?« Schreibe den Dialog nieder. Auf diese Weise festigst du deinen neuen Seelenvertrag weiter. Lass dir genügend Zeit, damit sich ein richtiges Gespräch entwickeln kann.

Dies ist ein Auszug aus Bonnies Dialog, als sie die Bedingungen ihres Seelenvertrages neu festlegte:

Bonnie: Warum weinst du?
Frau: Der Rauch ... ich kann meine Babys nicht sehen ...
Bonnie: Wo sind sie denn?

Die Kammer der Seelenverträge

Frau: Unter den Trümmern. Ich kann sie weinen hören ... O Gott, wieso hast du mir das angetan?! Lass mich vor ihnen sterben, damit sie meine Stimme hören können und wissen, dass ich bei ihnen bin.
Bonnie: Ist das wirklich das, worum du Gott bitten möchtest? Meinst du nicht eher, er soll deine Kinder wissen lassen, dass ihre Mutter für sie da ist und sie liebt?
Frau: Ich will nicht, dass sie alleine sterben.
Bonnie: Und was ist mit: »Lieber Gott, lass meine Kinder wissen, dass ich sie liebe und immer bei ihnen sein werde.« Ist es das, was du sagen willst?
Frau: Ja, das ist es, was ich will. Lass meine Kinder wissen, dass Mami immer bei ihnen ist, wenn sie sie brauchen.
Bonnie: Finde Frieden, meine Liebe. Es ist in Ordnung, nach Hause zu gehen. Deinen Kindern geht es gut.

Und dies ist Lindas Gespräch, in dem sie die Bedingungen ihres Seelenvertrages mit der Gestalt ihres Großvaters neu aushandelte.

Linda: Wo bist du?
Großvater: Ich bin in dir und überall um dich herum.
Linda: Es tut mir Leid, dass ich mir deiner nicht bewusst war. Ich dachte, du wärst mein leiblicher Großvater, der vor langer Zeit fortgegangen ist. Wie kann ich lernen, dich zu erkennen?
Großvater: Ich bin hier und ich war es schon lange, bevor dein leiblicher Großvater geboren wurde. Du hast mich im Baum am Fuße der Auffahrt gesehen. Du hast mich im Sturmwind gespürt. Du hast mich gehört – eine Eule in der Nacht. Du hast mich im Land, in den Legenden und

den Spirits der Menschen gespürt, die vor dir hier gelebt haben. Wenn du hinsiehst, wirst du mich erkennen.
Linda: Das ist wunderschön – danke. Ich brauche jetzt deine Kraft, deinen Schutz. Ich versuche zu wachsen, die innere Flamme, die Weisheit zu einem Teil von mir zu machen. Das ist eine große Sache, und mein kleines Selbst fürchtet sich und ist immer noch verletzlich.
Großvater: Ich habe mir diese Dinge angesehen, und sie sind kostbar wie eine zarte Pflanze, die aus einem Samen keimt. Ja, du *bist* verletzlich, aber die Pflanze lebt, sie hat Wurzeln und wird vom Regen des Spirits geschützt und benetzt.
Linda: Wie kann ich dich rufen, damit du der kleinen Linda Zuflucht und Schutz gibst?
Großvater: Ruf mich jeden Tag, wenn du meditierst, dann werden wir miteinander sprechen. Ich werde dich berühren, und du wirst meine Arme um dich spüren. Ich werde dich hochheben, damit du durch die Öffnungen in der Wand in den geheimen Garten auf der anderen Seite blicken kannst. Eines Tages wirst du dort leben, doch zuerst musst du andere hochheben, damit auch sie durch die Öffnung sehen und erkennen, dass es diesen Garten gibt.

Lindas neuer Vertrag enthielt den Auftrag, »anderen zu helfen, den Garten zu sehen«. Ihr neuer Vertrag machte klar, dass eine enge Verbindung zwischen ihrer Heilung und der Heilung anderer besteht.

≈ *Schreibübung: Dialog mit Gott* ≈
Wir können auch die Seelenverträge unserer Familie erneut mit Gott verhandeln – weshalb sollten wir uns mit einem Pakt zufrieden geben, den einer unserer Vorfahren vor lan-

Die Kammer der Seelenverträge

ger Zeit für uns geschlossen hat? Das Alte Testament enthält viele Beispiele für die Neuverhandlung von Seelenverträgen mit Gott. In der Geschichte von Sodom und Gomorrha etwa spricht Gott zu Abraham: »Ich werde diese beiden Städte zerstören, denn die Menschen dort missachten meine Gebote.« Daraufhin bittet Abraham: »Wirst du die Städte verschonen, wenn ich fünfzig gerechte Männer finde?« Gott erwidert: »Ja.« Abraham wendet sich noch einmal an Gott und fragt: »Was, wenn ich nur 45 gerechte Männer finde?« Und Gott antwortet: »Ja«, auch dann werde er die Städte verschonen. Nun fragt Abraham: »Was, wenn ich nur zehn gerechte Männer finde?« Wieder willigt Gott ein, die Städte zu verschonen. Damit beschließt Abraham die Verhandlungen.

Als die Engel in Sodom eintreffen, finden sie dort nur einen einzigen gerechten Mann – Lot selbst – und drängen ihn, mit seiner Familie zu fliehen, ehe die Stadt zerstört wird. Wir werden wohl nie wissen, wie die Geschichte ausgegangen wäre, hätte Abraham Gott gebeten, die Städte zu verschonen, wenn er auch nur einen einzigen gerechten Mann darin gefunden hätte. In seinen Verhandlungen mit Gott hätte Abraham auch sagen können: »Verschone mein Volk, denn *ich* bin ein gerechter Mann.«

Das Gespräch mit Gott kann dir helfen herauszufinden, auf welche Weise der Urvertrag – dass der Mensch aus dem Paradies vertrieben und zu einem Leben voller Schande und Leid verdammt wurde – in dir weiterlebt und wie er sich verändern lässt. Öffne zuerst deinen heiligen Raum und teile eine Seite deines Tagebuchs mit einer Linie in zwei Spalten. Schreibe deine Fragen in die linke und Gottes Antworten in die rechte Spalte.

Die Untere Welt

Beginne mit den Fragen: »Was ist damals geschehen?«, »Was hat Eva getan?«, »Wer war die Schlange?«, »Was hat Adam getan?«, »Welcher Teil von mir lebt in Schande?«, »Wo genau befindet sich dieses Leid in mir?« Und: »Ich sehe dich, wohin ich mich auch wende, und spüre dich in jeder Zelle meines Körpers. Wirst du an meiner Seite gehen?«

Beende die Übung und schließe den heiligen Raum.

Mache dir die Gespräche mit Gott zur Gewohnheit und wiederhole sie täglich.

Nun hast du deinen Seelenvertrag neu ausgehandelt. Das neue Abkommen wird deinem geheilten Selbst die nötige Sicherheit geben, sich dir in der nächsten Kammer zu zeigen.

6. Die Kammer der Gnade

Mein Vater starb mit fünfzig, obwohl er 76 Jahre alt wurde... Er starb jenen anderen Tod, der uns unseres Spirits beraubt und uns leblos zurücklässt. Ich schwor mir, nicht wie er zu enden.

Ich weiß, dass die Macht, die man auf dem Weg der vier Winde erwerben kann, nicht nur aus dem erworbenen Wissen, den spirituellen Erkenntnissen, der empfundenen Verantwortung und den Fähigkeiten besteht, ein Hüter der Erde zu werden. Sie besteht auch darin, dass man andere Leben erwirbt.

Es gibt einen Energiekörper. Man erwirbt ihn im Süden.

Es gibt einen Naturkörper, einen ätherischen Körper, den man im Westen erwirbt. Das ist der Jaguarkörper.

Es gibt einen Astralkörper, der so lange besteht wie die Sterne. Das ist der Norden, der Körper der alten Meister. Es ist ein mystischer Körper, die Weisheit des Universums.

Es gibt, denke ich, einen Kausalkörper im Osten. Das ist der Gedanke, der einer Tat vorangeht. Es ist das, was vor den Tatsachen war, das Schöpfungsprinzip, der Adlerkörper.

Ich stehe hier und weiß, dass ich meine Reise fortsetzen muss. Neue Fragen müssen beantwortet, neue Erfahrungen gemacht werden...

Tagebucheintrag

Im Zustand der Gnade sind wir vom Leben erfüllt – was die Chinesen als »erwachtes Chi« bezeichnen oder was uns

Die Untere Welt

morgens aus dem Bett springen lässt und es uns ermöglicht, die Hindernisse des Lebens zu überwinden. Wenn wir diesen Zustand dagegen verloren haben, wird es zu einer lästigen Pflicht, den Tag zu begrüßen, und der Alltag wird zu einer Last, die wir schultern müssen, so gut es eben geht.

Obwohl unsere Seelen nach einem Leben im Zustand der Gnade streben, nehmen wir für gewöhnlich erst Notiz von der Gnade, wenn wir spüren, dass sie uns abhanden gekommen ist – wenn zum Beispiel unsere Lebenskraft eine von Missbrauch geprägte Ehe oder Arbeitssituation aufgezehrt hat oder man uns drängt, unsere Träume zu verraten und einem Kurs zu folgen, der von uns erwartet wird, der uns dem Ruf unseres Herzens aber nicht näher bringt. Dann werden wir von immer schneller aufeinander folgenden Dosen jenes schwer greifbaren Elixiers abhängig, das wir »Glück« nennen.

Gnade vs. Glück

Die meisten Menschen verwechseln Gnade mit Glück. Erstere ist tiefgreifend und umwälzend, Letzteres zufällig und flüchtig. Für uns in den westlichen Industriegesellschaften ist das Glück vom Zusammentreffen günstiger Umstände abhängig und hat kaum etwas mit jenem inneren Wohlbefinden zu tun, das wir Gnade nennen. Wir sind so besessen von der Vorstellung, Glück werde von Ereignissen oder Umständen herbeigeführt, dass uns die Zufriedenheit »einfacher« oder »armer« Menschen verblüfft – jener Menschen etwa, die nicht mehr haben als genug zu essen, ein Dach

Die Kammer der Gnade

über dem Kopf und die Gesundheit ihrer Kinder und Lieben.

Forschungen zeigen, dass ein erheblicher Unterschied im Glücksempfinden zwischen Menschen besteht, die um ihre nächste Mahlzeit kämpfen müssen, und denjenigen, deren Grundbedürfnisse (wie Nahrung und Obdach) gedeckt sind. Zwischen den Menschen, deren Grundbedürfnisse gedeckt sind, und den extrem Reichen freilich besteht kaum ein Unterschied. Gewiss, der teure Wagen oder das Designerkleid befriedigt eine Weile, doch wir gewöhnen uns recht schnell daran – das neueste Spielzeug wird zur Norm –, und wir kehren in den Zustand des Wünschens zurück. Um mich an die Worte Aldous Huxleys anzulehnen: Die Decke gestriger Wünsche wird zum Boden heutiger Erwartungen.

Die chinesische Medizin geht davon aus, dass ein übergewichtiger Mensch im Grunde am Verhungern ist und verzweifelt versucht, ein Loch in seinem Sein mit Essen zu stopfen. Wir können gleichermaßen davon ausgehen, dass Kaufsüchtige verzweifelt versuchen, ein Heilmittel für die psychische oder spirituelle Leere in ihrem Leben zu erwerben. Wenn wir unseren Seelenfrieden verloren haben, stolpern wir durchs Leben, ohne einen Augenblick wirklich zu leben. Wir versuchen, unangenehme Gefühle auszumerzen, indem wir Geld zum Fenster hinauswerfen, uns überessen, viele Sexualpartner haben oder wie besessen arbeiten. Oder wir nehmen Drogen, die uns flüchtige Augenblicke des Glück bescheren, die schnell vergehen und uns noch ausgelaugter zurücklassen.

Menschen lassen sich leichtfertig auf Rauschdrogen ein, um sich high zu fühlen. Doch wenn sie abhängig werden,

Die Untere Welt

tritt ein schreckliches Gefühl des Mangels an die Stelle dieses Hochgefühls. Wenn jemand drogenabhängig ist, heißt es im Englischen, er habe »einen Affen auf dem Rücken«. Aus gutem Grund: Wenn Menschen nur noch den Instinkten des Affenhirns – Angst, Nahrung, Kampf und Fortpflanzung – folgen, wird ihre Existenz zum Überlebenskampf, was ein Leben in Gnade unmöglich macht. Beides schließt sich gegenseitig aus. Wenn wir voller Gnade sind, können wir frei sein wie die »Lilien auf dem Felde«, die keinerlei Bedürfnisse haben. Oder wie diejenigen, die sagen: »Und ob ich schon wanderte im finstern Tal, fürchte ich kein Unglück.« Flüchtige Genüsse können und werden diesen Zustand nicht herbeiführen. Und was könnte den Zustand der Gnade besser darstellen als das Lächeln eines Säuglings? Babys jagen dem Glück weder hinterher noch stählen sie sich gegen Traurigkeit. Sie *sind* einfach. Das ist Gnade.

Von der Angst zur Gnade
Der Verlust von Gnade erzeugt Angst und veranlasst uns, in den Überlebensmodus zu schalten. Wenn wir meinen, unser Überleben sei bedroht, basteln wir uns einen »Plan B«. Ich selbst geriet zum Beispiel zwei Wochen vor der Geburt meines Sohnes in Panik: »Ich war noch nie Vater! Ich weiß nicht, wie das geht!«, schrie ich innerlich. »Im Amazonas komme ich ganz gut klar, aber vom Vatersein habe ich keine Ahnung!«

Die Vorstellung, einen Minivan zu fahren und den Rest meines Lebens Kinder zum Fußball zu chauffieren, beängstigte mich. Wo ich doch mein Leben lang Forscher gewesen war. Also sagte ich mir: »Nun ja, wenn's nicht funktioniert, kann ich immer noch in den Regenwald zurückgehen.« Das war mein Plan B, die Hintertür, die ich mir offen ließ und die mich davon abhielt, voll und ganz für meine Familie da zu sein. Als mir klar wurde, was ich da tat, schloss ich die Hintertür und verbrannte Plan B. Ich war entschlossen, nur noch »Plan A« gelten zu lassen. Kurz nach der Geburt meines Sohnes gönnte ich mir sogar zwei Jahre, in denen ich mich um das Kind kümmerte, während seine Mutter Medizin studierte.

Wenn wir Plan B – unseren Angstplan – verwerfen, hören wir auf, gewaltige Mengen geistiger Energie zu verschwenden, die wir besser in Plan A stecken könnten. Das klingt einfach, ist aber das Kriterium, um in den Zustand der Gnade zurückzukehren, da ein und derselbe Plan nicht auf Gnade und Angst ausgelegt sein kann.

Der Fischerkönig und die Gnade

Im Parzivalmythos begegnen wir dem verwundeten Fischerkönig. Er ist das klassische Beispiel eines Menschen, der von seiner Gnade abgeschnitten ist. Als wir zum ersten Mal von ihm hören, lebt er in der Gralsburg, leidet an einer Leistenverletzung und liegt stöhnend vor Schmerz auf seiner Trage, während der muntere Hofstaat rings um ihn herum feiert – die Ritter und Edeldamen essen, tanzen und trinken sogar aus dem Heiligen Gral. Das, was den Fischerkönig heilen kann, befindet sich direkt vor seiner Nase, doch er kann nicht daran teilhaben. (So ist das, wenn es an Gnade fehlt: Wir sind von Schönheit umgeben, aber nicht in der Lage, sie zu erkennen oder zu genießen.) Stattdessen muss der König leiden, warten und hoffen, dass ein naiver Jüngling wie Parzival zufällig in sein Schloss stolpert und die heilende Frage stellt: »Wem dient der Gral?«

Der Fischerkönig verkörpert das verletzte Selbst, das wir die meiste Zeit unseres Lebens in uns tragen. Wir sehen die Freude und die Schönheit, die uns umgeben, verwehren es uns jedoch, daran teilzuhaben. Mit der Zeit verwandelt sich der reife Parzival ebenfalls in eine Art Fischerkönig – er erfüllt zwar auch weiterhin seine Ritterpflichten, hat aber keine Freude mehr daran. Das Feuer, das in dem jungen Parzival brannte, ist beinahe erloschen. Er zieht ziellos durchs Land und vergisst, dass er auf das erneute Erscheinen der Gralsburg wartet. Er ist übersättigt, seiner Unschuld beraubt und verbringt sein Leben damit, zu tun, was er schon immer getan hat – er rettet holde Jungfern und befreit belagerte Schlösser –, bis er aufgefordert wird, die Rüstung abzulegen. Als Parzival endlich zur Gralsburg zurückfindet und die entscheidende Frage stellt, werden sowohl er als auch der Fischerkönig geheilt. Nun kann ihnen die Gnade des Grals zuteil werden.

Der Grund, weshalb Parzival als einziger Ritter von König Artus' Tafelrunde den Heiligen Gral fand, liegt darin, dass sich der Gral nicht in der materiellen Welt befindet. Er befindet sich in der unsichtbaren Gralsburg. Das ist ein Ort, von dem alle Weisheitraditionen behaupten, man könne ihn nicht durch Suchen finden... er könne aber nur von denjenigen entdeckt werden, die danach suchen. Mit anderen Worten, wir müssen uns auf die Suche machen, um zu finden, was wir schon immer hatten. Sonst geben wir diese Aufgabe an unsere Kinder weiter.

Sowohl Parzival als auch der Fischerkönig sind Aspekte

unseres Selbst. Wenn unser Parzival den Heiligen Gral nicht findet, verwandelt er sich in den Fischerkönig, der hofft und betet, dass ihn irgendjemand heilen möge. Ich sehe häufig, dass eine Verletzung von der Mutter an die Tochter oder vom Vater an den Sohn weitergegeben wird: Den Eltern ist es nicht gelungen, ihren inneren Parzival zu heilen oder zu retten, und sie geben die Wunde in der Hoffnung weiter, die nächste Generation möge sie heilen und damit auch all den Menschen Heilung bringen, die vor ihnen kamen.

≈

Letztlich bedeutet Seelenverlust immer, dass wir vom Göttlichen in uns getrennt sind, von unserem natürlichen Selbst, das sich stets im Zustand der Gnade befindet. Dieses Selbst zeigt sich erst dann, wenn wir uns unseren Verletzungen stellen, wenn wir den Mut aufbringen, einengende Seelenverträge zu erneuern, und wenn wir die Heldenreise zur Heilung antreten. Wir halten Gnade für einen göttlichen Zustand, den wir erreichen können, wenn wir nur die richtige Form der Meditation praktizieren oder das richtige Gebet sprechen. Doch es gibt kein Schild mit der Aufschrift: »Zur Gnade bitte hier entlang«, das uns den Weg zeigt.

Wenn wir unsere Urverletzung aufspüren, wie wir das auf unseren früheren Reisen getan haben, gewährt uns das sehr viel Einsicht: Viele meiner Klienten sind erleichtert, wenn sie endlich verstehen, dass ihre Angst vor dem Feuer, vor Höhen oder vor engen Räumen von einer Erfahrung in einem früheren Leben herrührt. Eine tiefgreifende Heilung setzt freilich voraus, dass wir es nicht bei dieser Er-

Die Untere Welt

kenntnis belassen, sondern die von unserem verletzten Selbst eingegangenen Verträge neu aushandeln und den geheilten Seelenteil zurückholen.

Parzival wanderte jahrelang durchs Leben, bevor er die Gralsburg ein zweites Mal betreten durfte. Psyche erlitt einen einschneidenden Verlust ihrer Unschuld und musste vier scheinbar unlösbare Aufgaben erfüllen, bevor sie ihre innere Schönheit fand, auf die sie nicht nur als kindliche Braut, sondern auch als Göttin bauen konnte. Es ist unmöglich, in den Zustand der Gnade zurückzukehren, ohne sich zuvor auf eine Heldenreise begeben zu haben. Dazu müssen wir in die Kammer der Gnade gehen und jenen Seelenteil zurückholen, der den Zustand der Gnade niemals verloren hat. In dieser Kammer finden wir das geheilte Selbst, das sich stets im Zustand der Harmonie befand. Das, was wir zurückholen, was wir bei der Rückkehr in unseren Garten Eden mitbringen, ist aus der Weisheit geboren: Mit seiner Hilfe können wir wieder lernen, klug zu vertrauen, weise zu lieben und aus ganzem Herzen zu leben.

Lisas Heldenreise

Als ich Lisa kennen lernte, war sie 45 Jahre alt und kämpfte gegen eine schwere Form von Leukämie, die von einem erblichen Chromosomendefekt ausgelöst worden war. Der Ernst ihrer Lage ängstigte sie sehr, und alle drei Monate reiste sie von Los Angeles zu Kontrolluntersuchungen nach Houston.

Bei ihrer Seelenrückholung entdeckten Lisa und ich, dass die Kammer ihrer Wunden ein düsterer, in Finsternis gehüllter Raum war. Im Dunkel stand die Statue einer Frau mit einem Messer im Herzen, die uns weder antworten noch zu uns sprechen wollte. Als wir in die Kammer der Seelenverträge kamen, entdeckten wir eine Notiz auf einer Tafel: »Ich würde lieber sterben, als mit Verlust zu leben.« Wir setzten unsere Reise fort und betraten die Kammer der Gnade, wo ein junges Mädchen auf dem Boden saß und spielte. Sie lächelte uns an und spielte weiter.

Kurz nach der Krebsdiagnose hatte Lisa angefangen, ihre Tante über ihre Kindheit auszufragen, und ein traumatisches Ereignis in ihrer Vergangenheit aufgedeckt. Als sie 19 Monate alt war, hatte ihr Vater ihre Mutter mit einem Messer getötet und anschließend Lisa und ihren vierjährigen Bruder in die Brust gestochen. Am nächsten Tag hatte die Polizei die Kinder blutend neben der toten Mutter gefunden. Der Vater war einige Tage später tot aufgefunden worden, er hatte Selbstmord begangen.

45 Jahre lang konnte sich Lisa nicht an dieses Ereignis erinnern. Sie wusste nicht, wie ihre Eltern ums Leben gekommen waren, obwohl der Angriff des Vaters sowohl bei ihr als auch bei ihrem Bruder Narben unter dem Herzen hinterlassen hatte. Tante und Onkel hatten die Kinder großgezogen. Lisa hatte sie immer als ihre Eltern betrachtet und akzeptiert, dass das, was ihren leiblichen Eltern zugestoßen war, ein dunkles Geheimnis war, über das man nicht sprach. Die Narbe unter ihrer rechten Brust hatte sie sogar für ein Muttermal gehalten. Es war klar, dass Lisa diesen Vorfall verdrängte. Was ihr zugestoßen war, war so schrecklich, dass ein Kind es nicht begreifen konnte – es war sogar so schrecklich, dass auch ein *Erwachsener* es nicht begreifen konnte.

Die Untere Welt

Erst nach ihrer Seelenrückholung drängte sich ihr das Wissen um diese Wunde auf. In jener Nacht wachte Lisa mit dem Gefühl auf, ins Herz gestochen zu werden – sie litt wie nie zuvor. Der Anblick der Statue mit dem Messer in der Brust hatte eine Erinnerung ausgelöst, die ihr körperliche Schmerzen bereitete. Es widerstrebte ihr, noch einmal in die Kammer der Wunden zu gehen, da sie fürchtete, von ihrem Schmerz überwältigt zu werden (und selbst die Kammer der Seelenverträge erschien ihr zu dramatisch und zu beängstigend). Nun kannte Lisa ihre Urverletzung, und ihr Körper erinnerte sich ... sie wusste, dass ihr Seelenvertrag etwas mit dem Schaden zu tun hatte, der ihrem Herzen zugefügt worden war. In einer symbolischen Wiederholung ihres Kindheitstraumas saß nun ein Katheter direkt über ihrem Herzen und versorgte sie mit der Chemotherapie – sie hatte eine Öffnung mit einem Schlauch in ihrer Brust.

In der Physik gibt es eine Theorie zur Analyse des »kritischen Punktes«. Diese besagt, dass man an dem Punkt ansetzen soll, wo mit dem geringsten Aufwand die größte Wirkung zu erzielen ist. Ich wusste, dass wir zuerst die positive Lebenskraft spüren mussten, die von dem spielenden Mädchen in Lisas Kammer der Gnade verkörpert wurde. Erst danach konnten wir der Kammer der Wunden einen weiteren Besuch abstatten.

Sofort nach ihrer Seelenrückholung ließ ich Lisa ein imaginäres Geschicklichkeitsspiel spielen, bei dem sie einen Ball in die Luft werfen und dann bis zum Auffangen des Balls mit derselben Hand erst einen, dann zwei, dann drei kleine, runde Kieselsteine aufheben musste und immer so weiter, bis sie alle zwölf Steine in der Hand hatte. Als das Spiel immer komplizierter wurde, fiel es ihr zunehmend schwerer, die Vorstellung zu halten, aber das Spiel war genau das Richtige für Lisa. Es waren Können, Geschicklichkeit und Konzentration nötig, aber das Gehirn wurde eigentlich nicht gefordert. Das Spiel wurde immer komplexer, und Linda musste ihr Verlangen nach Kontrolle aufgeben. Als sie nach der letzten Runde ihres Fantasiespiels alle Steine in der Hand hielt, strahlte sie übers ganze Gesicht.

Diese Übung half Lisa, in den jungen und unverletzten Teil ihrer Seele zu schlüpfen. Sie streckte die Arme aus, hieß das kleine, von Gnade erfüllte Mädchen in ihrem Herzchakra willkommen und spürte, wie die Energie des Kindes durch ihren ganzen Körper floss. Das Spiel half ihr auch zu erkennen, dass sie über die nötigen Fähigkeiten und Instinkte verfügte, um gut zu spielen – und ihr Leben zu meistern.

Nach dem Spiel reisten wir noch einmal in die Kammer der Wunden und stellten uns der Statue mit dem Messer im Herzen. Trotz des deutlichen Hinweises wusste Lisa noch immer nicht, was die Statue bedeuten sollte. Sie wusste nur, dass ihre Gegenwart sie lähmte. Ich bat sie, das Messer im Herzen der Statue zu packen und herauszuziehen. Plötzlich bewegten sich ihre Arme und ihr wurde klar, dass sie das Messer entfernen konnte, das symbolisch noch immer in ihrem Herzen steckte.

Einige Monate später fuhr Lisa zur Kontrolluntersuchung nach Houston, und die Ergebnisse zeigten, dass die Leukämiesymptome verschwunden waren. Sie kehrten nie mehr zurück.

Die Untere Welt

Den verlorenen Seelenteil willkommen heißen

Als ich mit Lisa arbeitete, besuchte ich zuerst die Kammer der Gnade, ehe ich in die Kammer der Wunden zurückkehrte. Das kommt häufig vor, wenn jemand so stark traumatisiert ist wie sie. Ich wusste, dass sie Kraft brauchte, um sich dieser äußerst schwierigen Situation zu stellen, und in ihrem Fall war es wichtig, die Kammer der Gnade mehrmals aufzusuchen und dem verlorenen Seelenteil zu versichern, dass sie bereit war, ihn wieder anzunehmen. Wenn sie den verletzten Seelenteil zurückgeholt hätte, ohne ihm eine sichere und schützende Umgebung zu bieten, hätte es sein können, dass er sofort wieder verschwunden wäre, weil es ihr nicht gelungen war, ihn in ihrer Welt willkommen zu heißen und ihn in sich zu integrieren.

Lisas Geschichte zeigt, dass dir in der Unteren Welt höchst beunruhigende Dinge begegnen können. In der »Four Winds Society« vermittle ich meinen Schülern die Praxis der Heilung durch Seelenrückholung. Dabei bestehe ich darauf, dass sie diese Technik zuerst selbst meistern, ehe sie sie bei anderen anwenden. Es ist sehr wichtig, große Integrität und Konzentration zu bewahren, wenn man einen verlorenen Seelenteil zurückholt. Das gilt ganz besonders dann, wenn man für andere reist. Es ist ein sehr kritischer Vorgang und erfordert Zurückhaltung.

Kannst du dir vorstellen, wie schwer es einem Wolf fällt, einen köstlichen Hasen für ein verletztes Rudelmitglied mitzubringen und kilometerlang im Maul zu tragen, ohne ihn zu fressen? Auch ein Seelenteil ist eine zarte, nahrhafte Portion Energie, und für den Reisenden kann es verlockend sein, ihn zur eigenen Heilung statt zur Heilung seines Klienten zu verwenden. Ein Führer, dessen Heilung nicht abgeschlossen ist, kann auf diese Weise seinen Schatten auf den Menschen projizieren, dem er eigentlich helfen will.

≈

Denk daran, wenn du die Kammer der Gnade betrittst, um einen verlorenen Teil deiner Seele zurückzuholen, musst du dich mit diesem Seelenteil erst wieder neu bekannt machen und ihn beschützen. (Welche Möglichkeiten es dazu gibt, erfährst du im Rahmen der Schreibübung am Ende des Kapitels.) Wenn du deine Urverletzung gefunden oder einen Seelenvertrag neu ausgehandelt hast, erzeugt das allein noch keine Gnade – *dazu musst du den verlorenen Seelenteil zurückholen, seine Energie und seine emotionalen Ressourcen über dein Chakrasystem aufnehmen,* damit deine Neurophysiologie und dein Gehirn neu programmiert werden. Nur das kann dir ein Gefühl von Sicherheit und Gnade geben.

Du darfst nicht denken, dass du nach einem Besuch in der Kammer der Gnade plötzlich zum Happyend vorspulen kannst und den Rest deines Lebens im Zustand der Freude und Gnade leben wirst. Gnade ist eine Heldenreise, die in dieser Kammer beginnt. Sie beginnt auf energetischer Ebene, wenn du den verlorenen Seelenteil über dein Chakrasystem aufnimmst. Zum Glück wird dir der Seelenteil verraten, welche Aufgaben du lösen musst, und dich führen, damit du ihn zurückbekommst und zu Hause willkommen heißen kannst.

≈ *Übung: Reise in die Kammer der Gnade* ≈
Bereite dich auf diese Reise vor, indem du deinen heiligen Raum öffnest. Setz dich bequem hin, hebe die Hände bis zu deinem achten Chakra und dehne die leuchtende »Sonne«, bis sie deinen Körper umhüllt. Mach die Atemübung »Kleiner Tod« und reise in deinen Garten in der Unteren Welt.

Grüße den Hüter der Schwelle, informiere ihn über dein Vorhaben, und bitte darum, das Selbst kennen lernen zu dürfen, das heil und im Zustand der Gnade geblieben ist. Das kann ein junges Mädchen, ein alter Mann, eine Frau mittleren Alters oder eine andere Person sein. Stelle Fragen wie: »Wer bist du?«, »Welche Gaben hast du für mich?«, »Was brauchst du, um vertrauen zu können?«, »Wie möchtest du spielen?«, »Wie kann ich mich um dich kümmern und dich beschützen?«, »Wie muss ich mich verändern, damit du bei mir bleibst?«

Frag den Seelenteil, ob er bereit ist, mit dir zu kommen. Manchmal gibt er dir eine Liste der Dinge, die du erledigen musst, bevor er zur Rückkehr bereit ist. Er könnte beispielsweise fragen: »Wieso sollte ich?«, und darauf hinweisen, dass du keine Zeit für seine Unschuld, Freude und Verspieltheit hast. Manchmal wird er dich bitten, in einer Woche wieder vorbeizuschauen, wenn du Klarheit in eine Beziehung in deinem Leben gebracht hast, und er wird dir scheinbar unlösbare Aufgaben stellen wie die Aufgaben, die Psyche zu erfüllen hatte. Oft bekommst du auch eine Liste mit Überzeugungen, Ansichten und Verhaltensweisen, die du ändern musst, wenn du deine Heldenreise antreten möchtest.

Bitte den Seelenteil, mit dir zurückzukommen, wenn er dazu bereit ist. Kehre in deinen Garten zurück und bitte den Seelenteil, dich zu begleiten. Danke dem Hüter der

Die Kammer der Gnade

Schwelle, tauche in den Fluss und lass dich davon an den Ort zurücktragen, an dem du zuvor geruht hast. Kehre in deinen Raum und in deinen Körper zurück.

Strecke deine Hände nach deinem Seelenteil aus und bitte ihn, in deinen Körper hinein und zwar durch das Chakra, zu dem dein Instinkt dich führt. Empfange ihn mit deinen Händen und führe ihn zu dem entsprechenden Chakra. Wenn du nicht sicher bist, in welches Chakra ein Seelenteil gehört, dann führe ihn zum Herzchakra in der Brustmitte. Atme tief ein und spüre, wie die Essenz des fehlenden Teils deiner selbst jede Zelle deines Körpers mit seiner Kraft und seiner Gnade erfüllt. Atme noch einmal tief durch und mach dir bewusst, dass du nie wieder von dir selbst getrennt sein wirst. Schließe den heiligen Raum.

≈ *Übung: Persönliche Affirmation* ≈

Es ist hilfreich, wenn du dir ein ganz persönliches Gebet ausdenkst, in dem du bekräftigst, dass du gesegnet bist, aber spielerisch durchs Leben gehst, die Schönheit um dich herum erkennst und zu schätzen weißt, und in dem du deinen Platz inmitten dieser Schönheit bestätigst. Das folgende Gebet basiert auf einem traditionellen Gedicht der Navajo. Ich verwende es als mein eigenes Alltagsmantra, um meine Welt neu zu programmieren und den Zustand der Gnade zu bewahren. Ich teile es gerne mit dir:

Schönheit vor mir,
Schönheit hinter mir,
Schönheit um mich herum.
Ich bin von Schönheit umgeben.
Ich gehe in Schönheit.

Die Untere Welt

Mein Gebet bekräftigt die Gaben und die Gnade des geheilten Selbst. Nichts ist mächtiger als ein Gebet – erst recht nicht, wenn es selbst geschrieben ist und von Herzen kommt.

Bei der Formulierung deines Gebets solltest du sicherstellen, dass es sich um eine positive Affirmation handelt. Es sollte weder eine Bitte um irgendwelche Gaben noch um Hilfe sein, sondern vielmehr ein Ausdruck deiner Wertschätzung für das Leben selbst, ein Mittel, um den Zustand der Gnade und Glückseligkeit in dir zu wecken. Wiederhole dein Gebet mit der gleichen Regelmäßigkeit, mit der du eine Pflanze gießt. Ist der Zustand der Gnade einmal erreicht, muss er gehegt und gepflegt werden, damit dich die Gnade voranbringt, dir Frieden und Freude schenkt.

Hier ist noch ein Gebet, das du morgens beim Aufwachen und im Laufe des Tages wiederholen kannst:

Mutter Erde, Vater Himmel
Danke für die Schönheit und die Liebe, die mich umgeben.
Möge ich mir und allen, die ich berühre, Frieden bringen.
Möge ich mir und allen, die ich sehe, Freude bringen.
Ich gehe in Schönheit, Frieden und Freude.

Öffne deinen heiligen Raum und lass dir beim Verfassen deines Gebetes Zeit. Schreib es auf und bewahre es in deinem Herzen.

Schließe den heiligen Raum, wenn du fertig bist.

Die Kammer der Gnade

≈ *Schreibübung:*
Dialog mit dem zurückgeholten Seelenteil ≈

Diese Schreibübung wird dir helfen, den verlorenen Teil deiner Seele zu verstehen, damit du ihn in dein Leben aufnehmen kannst. Es kann sein, dass dein Seelenteil nach dieser Übung anfängt, dich im Traum oder beim Meditieren in Form von Visionen zu besuchen.

Öffne wie gewohnt zuerst deinen heiligen Raum und teile dann eine Seite deines Tagebuchs mit einer Linie in zwei Spalten. Schreibe deine Fragen an den verlorenen Seelenteil in die linke Spalte und halte seine Antworten in der rechten Spalte fest. Du könntest unter anderem folgende Fragen stellen: »Wie kann ich dich schützen?«, »Welche Lektionen hältst du für mich bereit?«, »Wie kann ich deine Welt sicher machen?«, »Wie kann ich dir Respekt erweisen?«, »Was möchtest du mir geben?«

Lass den Dialog fließen – drängle nicht.

Schließe den heiligen Raum, wenn du fertig bist.

7. Die Kammer der Schätze

Offenbar halten mich alle für einen Anthropologen, aber tief in meinem Herzen weiß ich, dass ich ein Dichter bin.
Tagebucheintrag

Hätte Billie Holiday nicht gelernt, ihrem Kampf gegen den Rassismus mit ihrer ergreifenden Stimme Ausdruck zu verleihen, oder hätte Anne Frank die schreckliche Geschichte, wie sie sich vor den Nazis versteckte, nicht ihrem Tagebuch anvertraut, dann wären sie von ihrem Leid überwältigt worden – und die Welt wäre sehr viel ärmer. Stattdessen nutzten diese Frauen ihr Talent, um ihre erniedrigenden Umstände zu überwinden und ihre Bestimmung zu erfüllen.

Zweifellos handelt es sich hier um außergewöhnliche Fälle, doch jeder von uns hat seine Talente: Schätze, die wir aus der Unteren Welt mitbringen können und die uns unsere Bestimmung offenbaren. Leider wissen nur die wenigsten Menschen um diese verborgenen Fähigkeiten. Sie haben es sich in dem Leben eingerichtet, das die Familie, die Arbeit und die Umstände von ihnen verlangen. Sie besteigen den »Zug durchs Leben« und bleiben einfach sitzen, ob es nun der richtige ist oder nicht. Sie bleiben deshalb sitzen, weil sie einen Sitzplatz gefunden haben und es zu viel Mühe macht, das Gepäck einzusammeln und am nächsten Bahnhof umzusteigen. So unterziehen wir uns vielleicht an der Universität einem Eignungstest, der ein

Die Kammer der Schätze

Talent für einen medizinischen Beruf zu Tage fördert, wenn unsere ganze Seele danach schreit, Flugzeuge zu entwerfen. Unsere Berater steuern uns Richtung Pharmaziestudium, und am Ende zählen wir Pillen und blicken sehnsuchtsvoll gen Himmel – und haben unsere Berufung verpasst.

Nun mag es Anne Franks Berufung gewesen sein, ihre Geschichte zu erzählen und sich der Feder zu bedienen. Deine Berufung ist es vielleicht zu heilen, zu lehren, die Erde zu hegen, Gemüse anzubauen oder einfach der beste Fensterputzer zu sein, der du sein kannst. In diesem Kapitel werden wir in die Kammer der Schätze reisen, um dort ein Werkzeug zu finden, mit dem du deiner Berufung Ausdruck verleihen kannst. Denn eine Berufung ohne das entsprechende Werkzeug ist wie ein Rennfahrer ohne Ferrari. Offen gestanden ist nichts frustrierender als ein Mensch, der mit einem großen Talent für Musik, Dichtung oder Wissenschaft geboren wurde, es aber niemals entfaltet. Und nichts ist ermüdender als jemand, der pausenlos davon erzählt, dass er ein Künstler sein möchte, sich aber weigert, die Fähigkeiten zu erwerben, die ihm beim Erreichen dieses Ziels helfen können.

Medizingeschenke

Der zurückgeholte Seelenteil wird auch die Werkzeuge zusammentragen, die er braucht, um seine Lebensaufgabe zu erfüllen. Genau genommen handelt es sich bei diesen Werkzeugen um »Medizingeschenke«, da sie deinem Leben eine neue Dimension des Ausdrucks verleihen können. Sie werden es dir ermöglichen, einen neuen Zug mit einem neuen Ziel zu besteigen.

Werkzeuge gibt es in allerlei Farben und Formen. Das Werkzeug selbst ist eine Metapher, deshalb kann ein Pinsel oder gar etwas so Einfaches wie ein Stein oder ein Reiskorn dein Werkzeug sein. Diese Medizingeschenke sind niemals nur das, was sie zu sein scheinen: Sie haben eine mythische, geheimnisvolle Qualität, die du selbst entdecken musst. Wenn du in deiner Kammer der Schätze zum Beispiel einen Stift entdeckst, handelt es sich dabei nicht nur um ein Schreibgerät, sondern auch um das Werkzeug, das den Dichter in dir wecken wird.

Du darfst allerdings nicht erwarten, dass dein Werkzeug einfach daliegt und auf dich wartet wie ein Diamantring beim Juwelier. Ein solcher Ring ist vor allem deshalb so wertvoll, weil der Stein zuerst unter großem menschlichem Einsatz aus der Erde geborgen werden musste. Wir schätzen Edelsteine ihrer Schönheit, aber auch des Aufwandes wegen, der ihretwegen betrieben werden muss – ihr Wert ergibt sich aus dem seltenen und außergewöhnlichen Umstand, dass sie überhaupt existieren.

Wie beim Diamantenschürfen musst du dich tief in die Kammer der Schätze hineinbegeben, um Werkzeuge von Wert zu finden. Dabei handelt es sich nicht um die Schraubenschlüssel und Zangen für den Alltag oder das Familienleben, sondern um Geschenke deines Unterbewusstseins. Mit anderen Worten, es geht nicht um die Kugelschreiber, mit denen du deine Schecks unterzeichnest, sondern um die Federkiele, mit denen man Gedichte schreibt – um das Werkzeug des Mystikers, des Weisen, des Künstlers und des Wissenschaftlers.

Die Kammer der Schätze

Obwohl wir bei vielen Dingen nach dem Prinzip »je größer, desto besser« verfahren, sind die einfachsten Werkzeuge oft die besten: Wir kaufen riesige Geländewagen und vergessen, unsere Beine zu benutzen, bis sie zu schwach sind, uns zu tragen. Wir kaufen den perfekten Grill und vergessen, wie man ein Feuer entfacht. Wir bestellen das teuerste Notebook, um einen Roman zu schreiben, obwohl Papier und Bleistift genügen. Und wir vergessen, dass unsere Mythen und Legenden von Heldinnen und Helden erzählen, die mit ganz einfachen, aber für sie genau richtigen Mitteln gewaltige Hürden überwinden.

Davids einfaches, aber wirkungsvolles Werkzeug

Die Bibelgeschichte von David und Goliath erzählt von einem jungen Schafhirten, der mit einer einfachen Schleuder das Schicksal der westlichen Welt veränderte.

David, der jüngste von acht Söhnen, lebte mit seiner Familie unter der Regierung König Sauls in Bethlehem. Der junge Mann hütete die Schafe seines Vaters. Tag und Nacht blieb er bei ihnen, um sie vor Raubtieren zu schützen. Einmal tötete er einen Löwen, der ein Schaf stehlen wollte, ein anderes Mal einen Bären, der ein Lamm davontrug. Beide Male bediente er sich lediglich seiner Schleuder. An den langen Abenden vor dem Feuer spielte er die Harfe und ersann Lieder über Gott, die er sang, während er über seine schlafende Herde wachte.

Drei von Davids älteren Brüdern dienten im Heer des Königs, das einen verzweifelten Kampf gegen die Philister führte, in deren Reihen viele Riesen waren. Der wildeste

Die Untere Welt

von ihnen hieß Goliath und war knapp drei Meter groß. Vierzig Tage lang lief dieser Riese am Rande des Berges, auf dem die Philister ihr Lager aufgeschlagen hatten, auf und ab und rief König Saul über das Tal hinweg zu: »Erwähle einen Mann, der gegen mich antreten soll! Wenn es ihm gelingt, mich zu töten, sollen die Philister eure Knechte sein. Wenn es mir gelingt, ihn zu töten, sollt ihr unsere Knechte sein.« Goliath versetzte die Soldaten König Sauls in Angst und Schrecken, und nicht einer trat hervor, um gegen ihn zu kämpfen.

Eines Tages legte Davids Vater Brot, Körner und Käse in einen Beutel und bat seinen Sohn, ihn seinen Brüdern im Heerlager zu bringen, damit sie etwas Vernünftiges zu essen hatten. Als David im Lager eintraf, hörte er, wie Goliath die verängstigten Soldaten über das Tal hinweg anbrüllte. Die Soldaten wussten, dass ihre Waffen sie nicht schützen konnten, David dagegen glaubte, dass Gott ihm beistehen würde. Deshalb ging er zu König Saul und erbot sich, gegen Goliath zu kämpfen.

Der König war skeptisch. Er sah lediglich einen Schafhirten in einem wollenen Gewand vor sich, der keine Ahnung von der Kunst des Krieges hatte. Er teilte David seine Bedenken mit, dass er keine Chance gegen den Riesen habe und das Risiko für das Königreich in dem wahrscheinlichen Fall, dass David versagte, zu groß sei.

David erwiderte: »Als ich meines Vaters Schafe hütete, kam ein Löwe und trug ein Lamm von der Herde davon. Ich lief ihm nach, rettete das Lamm aus seinem Maul und tötete ihn. Der Herr, der mich aus den Klauen des Löwen errettet hat, wird mich auch aus der Hand dieses Philisters erretten.«

Die Kammer der Schätze

König Saul erkannte, dass David nicht wie die anderen war, und bot dem Hirtenjungen seine Rüstung und seinen Helm an – die traditionellen Werkzeuge des Krieges. Doch die Rüstung war zu schwer für David, deshalb nahm er sie wieder ab und machte sich nur mit seiner Schleuder und seinem Stock bewaffnet auf den Weg. An einem Bach im Tal machte er Halt, suchte fünf glatte Steine aus und steckte sie in seine Tasche, ehe er den Berg zum Lager der Philister erklomm. Als Goliath David erblickte, der ohne Rüstung oder Helm und nur mit einer Schleuder und einem Stock bewaffnet vor ihm stand, verfluchte er ihn und rief: »Bin ich denn ein Hund, dass du mit Stecken zu mir kommst?!«

Da sprach David ein Stoßgebet, legte einen von den glatten Steinen in seine Schleuder und holte aus. Der Stein schoss durch die Luft und traf den Riesen mitten auf der Stirn. Er fiel rücklings zu Boden. Schnell lief David zu ihm hin, zog dessen Schwert aus der Scheide und schlug ihm den Kopf ab. Die Soldaten der Philister waren wie gelähmt und flohen in Panik. König Sauls Soldaten jagten ihnen nach, und die Menschen in den nahen Städten jubelten, tanzten und lachten vor Freude über Davids Sieg. Nach dem Tode König Sauls wurde David König von Israel.

Deine Schleuder

Die Geschichte von David und Goliath zeigt, was alles möglich ist, wenn wir dem Ruf folgen und uns des richtigen Werkzeugs bedienen – selbst wenn es nur eine primitive Schleuder ist. Für alle anderen war David nur ein einfacher

Die Untere Welt

Schafhirte. Er aber wusste tief in seinem Herzen, dass er ein König war. Um diese Bestimmung erfüllen zu können, musste er sich seiner eigenen Werkzeuge, nicht der Werkzeuge König Sauls oder der anderen Soldaten, bedienen. Es kann sein, dass außer ihm niemand in der Lage gewesen wäre, Goliath mit einer Schleuder zu töten, weil die Schleuder genau die richtige Waffe für David war. Wenn wir nur tief genug in uns suchen, finden auch wir das richtige Werkzeug.

Wie in Davids Fall befinden sich auch unsere Werkzeuge oft ein Leben lang direkt vor uns. Natürlich müssen wir erst lernen, ihren Wert zu erkennen, bevor wir damit arbeiten können. Im Parzivalmythos befindet sich das, was der Held braucht, um sein Leben zu verändern und seine Bestimmung zu finden, im wahrsten Sinne des Wortes direkt unter seiner Nase: seine Stimme. Er muss seine innere Kraft lediglich erkennen und lernen, sie dafür einzusetzen, die entscheidende Gralsfrage zu stellen. Stattdessen reift Parzival zu einem starken, stillen Mann der Tat heran, der seinem Erstaunen über die Welt keine Stimme verleihen kann. Er verlässt sich auf sein Schwert und seine Rüstung, denn die hat auch schon sein Vater getragen: Es sind die bewährten Werkzeuge des Ritters. Dennoch verpasst er eine Chance nach der anderen, weil er seine Stimme nicht für sich sprechen lässt. Die eheliche Liebe entgeht ihm, weil er Blanche Fleur nicht fragt: »Bin ich der, auf den du wartest?« Dem Heiligen Gral begegnet er bereits in jungen Jahren, unterlässt es aber, die eine Frage zu stellen, die ihn seiner Bestimmung nahe gebracht hätte. Parzival versteckt sich hinter seiner Rüstung und verschwendet dadurch wertvolle Gelegenheiten, seine Bestimmung zu erfüllen, bis er seine Stimme richtig einsetzt und ihm die Macht des Heiligen Grals offenbart wird.

Auch Psyche bedient sich ganz einfacher Mittel, um die vier Aufgaben zu lösen: der Ameisen, um die Körner zu sortieren, des Schilfrohrs, um das goldene Vlies zu sammeln, des Adlers, um das Wasser aus dem Styx zu holen, und der Münzen und Gerstenkuchen, um sich Zutritt zum Hades zu verschaffen und ihn wieder verlassen zu können. Doch wie bei Parzival ist Psyches vielleicht wichtigstes Werkzeug ihre neu entdeckte Fähigkeit, Ja zu ihrer Berufung und Nein zu den Dingen zu sagen, die sie davon ablenken würden, wie der Ertrinkende oder die drei Schicksalsgöttinnen. Nein sagen zu können ist auch für dich entscheidend, denn auf dieser Reise geht es um *dich* und nicht um irgendeinen anderen Menschen, der dich um Hilfe bittet.

Die Geschichten von Parzival und Psyche zeigen, dass es gewisse Bedingungen für die Verwendung unserer Werkzeuge gibt. Wir müssen daher darauf achten, sie für den richtigen Zweck einzusetzen. Hätte Parzival seine Stimme nur dazu benutzt, Selbstgespräche vor dem Spiegel zu führen, wäre sein Werkzeug nutzlos gewesen. Hätte Psyche die Gerstenkuchen gegessen, statt sie an Kerberos zu verfüttern, oder wäre sie mit den Münzen zum Einkaufen gegangen, dann wäre ihre Suche nach innerer Schönheit gescheitert. Hätte David sich nicht seiner Schleuder bedient, dann wäre er ein Schafhirte geblieben, König Sauls Armee wäre besiegt und der junge Mann niemals König geworden.

Wenn wir unsere Stimme oder unsere Schleuder finden, kann uns das zu unserer Bestimmung führen ... doch es bedeutet nicht, dass wir nicht mehr gegen den Riesen an-

Die Untere Welt

treten müssten. Das Werkzeug ist kein Zauberstab, der alles in Ordnung bringt – es ist etwas, mit dessen Hilfe wir uns Situationen stellen können, die uns unüberwindbar, überwältigend oder entmutigend erscheinen. Wenn die emotionalen Reserven wie bei König Saul und seinen Soldaten erschöpft sind und der Zugang zum Reichtum unserer positiven Energie und Inspiration versperrt ist, gelangen wir oft an einen toten Punkt und kommen nicht mehr weiter. Dann kann uns ein einfaches Werkzeug wie eine Schleuder dazu verhelfen, den Lauf der Welt zu verändern. Die Risiken sind, genau wie in Davids Geschichte, gewaltig, die Lage ist verzweifelt und die Belohnung außergewöhnlich hoch. Wenn wir die tief in uns verborgenen Schätze in den Dienst unserer Berufung stellen, grenzt das Ergebnis an ein Wunder: Wir verwandeln uns vom Schafhirten zum König unseres Inneren.

So findest du dein kreatives Werkzeug

Das Werkzeug, das du auf deiner Reise findest, kann dein Leben verändern und dir deine Berufung vor Augen führen. Als meine Klientin Sally die Kammer der Schätze betrat, entdeckte sie einen goldenen Füllfederhalter, der ihr erklärte, folgende Bedingung sei an ihn geknüpft: Wer ihn in die Hand nähme, würde ihn nicht wieder weglegen können. Sally zögerte, denn sie hatte immer davon geträumt zu schreiben, aber nie die Zeit dafür gefunden. Sie musste nicht nur einen Haushalt führen, sondern half ihrem Mann auch noch mit der Buchhaltung für sein Geschäft und arbeitete Vollzeit als Heilerin.

Die Kammer der Schätze

Neben dem Füller fand Sandy ein Stundenglas, und sie brachte beide Geschenke mit. In den folgenden Wochen nahm sie das Stundenglas immer wieder zur Hand, um herauszufinden, was es wohl zu bedeuten hatte. Als sie entdeckte, dass sie es umkehren konnte und der Sand dann in die andere Richtung floss, wurde ihr klar, dass sie sich Zeit nehmen konnte und dass ihre Zeit ihr gehörte. Allmählich reduzierte sie ihre Arbeitsstunden und brachte den goldenen Füller zum Einsatz, der ihr Zug um Zug die Geschichten offenbarte, die sie in sich trug. Sie blieb der Prophezeiung ihrer Reise treu und hat ihn seither nicht mehr aus der Hand gelegt! Sallys erstes Buch mit Erzählungen ist bereits fertig, und gerade schreibt sie an einem zweiten.

Wenn wir das volle Potenzial unserer kreativen Werkzeuge ausschöpfen, können sie unsere Rettung sein. Als die große mexikanische Malerin Frida Kahlo bei einem Busunglück schwer verletzt wurde, gab ihr nur ihr künstlerisches Talent die Kraft zum Weiterleben. Sie hatte die Wahl – kreativ bleiben oder sterben. Viele ihrer Bilder sind eine anschauliche Darstellung ihres Schmerzes und ihres Leids, und deren bloße Existenz ist Zeugnis ihrer Kraft. Ein weiteres Beispiel für eine einfache, aber transformierende Gabe ist der Film *Der Pianist* aus dem Jahr 2002. Er erzählt die Geschichte des erstaunlichen polnischen Pianisten Wladyslaw Szpilman, dem sein Klavierspiel die Kraft gab, die schreckliche Besetzung Warschaus durch die Nazis zu überstehen. Im abgrundtiefen Elend nährte die Musik seinen Spirit und erhielt seine Seele am Leben.

Die Untere Welt

Von der Vorstellung zur Wirklichkeit

Manchmal fällt es uns schwer, die nicht greifbaren inneren Werkzeuge in der Kammer der Schätze zu erkennen und einzusetzen. Man muss nachdenken, um zu verstehen, wie ein Gegenstand als Werkzeug genutzt werden und seinen Zweck in unserem Leben erfüllen kann. Auf einer meiner ersten Reisen in das Amazonasgebiet überreichte mir beispielsweise ein Schamane nach meiner Seelenrückholung ein Tritonshorn, eine alabasterne Schneckenmuschel, die so groß war wie meine Hand. Ich hüte diesen Schatz nun seit vielen Jahren, aber es dauerte Monate, bis ich verstand, was ich damit anfangen sollte.

Der Schamane hatte zu mir gesagt: »Lass sie zu dir sprechen. Entdecke ihre Medizin.« Also trug ich die Muschel immer bei mir. Ich wusste ihre Schönheit zu schätzen, und wenn ich in das Loch an der Spitze blies, kam ein Ton heraus. Ich hielt sie ans Ohr. Das Meer konnte ich zwar nicht rauschen hören, aber ich fand heraus, dass die Muschel alles verstärkte, was ich hörte. Damals lernte ich einen Teil meiner Lektion: Ich musste besser auf meine Berufung hören. Ich fand heraus, dass *meine* Berufung darin bestand, andere zu rufen. Diese wertvolle Lehre wurde mir allein dadurch zuteil, dass ich eine einfache Muschel in der Hand hielt.

Jahre später erfuhr ich, dass das Tritonshorn in vielen traditionellen Gesellschaften zum Gebet ruft und meine Berufung zum Teil darin besteht, anderen bei der Entwicklung ihres Talents zum Heiler und modernen Schamanen zu helfen. Nachdem ich gelernt hatte, dass die Muschel andere herbeiruft, wurde mir auch klar, dass sie einem Tier als Haus gedient hatte und dieses Tier sie unter Wasser auf

Die Kammer der Schätze

dem Rücken herumgetragen hatte. Ich erkannte, dass ich gerade das Gleiche tat: Ich zog mit meinem Zelt, meinem tragbaren Haus, in den Anden umher. Ich trug einen großen Rucksack wie eine Muschel auf dem Rücken, in dem sich meine Campingausrüstung befand und der mir ein Gefühl von Sicherheit und Schutz gab. Ich musste mich fragen, ob mein Schneckenhaus auf 4000 Meter tatsächlich so groß zu sein hatte, wenn ich es wie dieses Tier auf dem Rücken herumschleppen musste.

Damals begann ich, die Muschel mit dem Gepäck zu vergleichen, das ich mit mir herumtrug und brauchte, um mich in der Welt sicher und wohl zu fühlen. Die Muschel lehrte mich, mit leichtem Gepäck zu reisen und die Menschen, die ich liebte, in meinem Herzen, meinem wahren Heim, zu bewahren. Sie leistet mir immer noch gute Dienste, da der Wert eines Werkzeugs nicht in dem Zweck liegt, den es ursprünglich einmal hatte, sondern in dem, was wir daraus machen.

Nachdem wir unser Werkzeug entdeckt haben, müssen wir eine Möglichkeit finden, das Symbol in die Praxis zu übertragen. Um diese Entwicklung zu unterstützen, gebe ich meinen Klienten oft einen Gegenstand mit, der verkörpert, was ich in ihrer Kammer der Schätze gefunden habe – so wie jener Schamane mir die Muschel gab. Auf diese Weise kann ich das Werkzeug von der Ebene der Vorstellung auf die materielle Ebene der alltäglichen Wirklichkeit übertragen. Ich verwende gerne einen Gegenstand, mit dem meine Klienten tatsächlich arbeiten können, den sie herumtragen, zu Meditationszwecken verwenden, in die Hand nehmen und gebrauchen können, weil sich das auf ihren Alltag auswirkt.

Die Untere Welt

Manchmal bringe ich einen Stein mit oder bitte sie, sich eine Schale zu besorgen, und erkläre ihnen: »Diese Schale enthält deine Medizin – womit möchtest du sie füllen? Experimentiere! Gib etwas Wasser und ein paar Blumen hinein oder probiere es mit ein paar Kerzen! Was ist mit der leeren Schale? Wie bereitest du den Kelch für den Wein vor?« Wenn man den Gegenstand in den Händen hält, wird er seine Botschaften offenbaren.

Lauras Heilmesser

Laura war Leiterin eines universitären Forschungsprogramms und an ihrem Arbeitsplatz in ein Netz politischer Intrigen verstrickt. Auf der Suche nach einem neuen Ansatz zur Heilung kam sie zu mir.

Auf unserer gemeinsamen Reise sah ich ein goldenes Messer auf einem Tisch in der Kammer ihrer Schätze liegen. Ich brachte das Symbol mit und blies es energetisch in ihr drittes Chakra hinein – das ist die traditionelle Art und Weise, einem Menschen die Essenz eines Seelenteils, eines Werkzeugs oder Krafttieres zuzuführen (auf die Krafttiere werde ich im nächsten Kapitel ausführlich eingehen). Anschließend bat ich sie, sich ein Zeremonienmesser zu besorgen. Laura fand ein wunderschönes Messer, dessen Griff mit Türkisen eingelegt war. Sie trug es sechs Monate lang bei sich.

Beim Meditieren durchtrennte sie damit die Fäden giftiger Beziehungen, beruflicher Intrigen und selbst auferlegter Einschränkungen. Ich bat sie, das Messer langsam und bewusst über ihren Körper zu führen, um die Energiefä-

Die Kammer der Schätze

den, die sie banden, zu zerschneiden. Ich wollte, dass sie sich von den Fäden befreite, die sie an ihre Vergangenheit und an Beziehungen banden, die sie erstickten. Diese Meditationen lehrten sie auch, »ihre Klinge zu schärfen« und ihre Urteilskraft zu festigen, um bessere Entscheidungen fällen zu können. Gleichzeitig brachten sie ihr bei, die Werkzeuge ihrer Urteilskraft nicht als Waffen gegen andere einzusetzen und darauf zu achten, wie sie ihre Macht einsetzte.

Ich brachte Laura noch ein Krafttier mit, eine schwarze Spinne, die ich in ihr zweites Chakra blies. Weder Laura noch ich wussten, was die Spinne zu bedeuten hatte. Damals wusste ich nicht, dass Laura an einer schweren Lungenkrankheit namens *Sarkoidose* litt und nicht auf die Behandlung ansprach. Ihr Arzt hatte ihr gesagt, dass möglicherweise eine Lungentransplantation in Betracht gezogen werden müsse, was ihr nicht nur wegen der Schwere der Operation, sondern auch deshalb Angst machte, weil sie ihre sieben Jahre alten Zwillinge alleine großzog.

Einige Jahre zuvor war Laura von einer Giftspinne in die linke Hand gebissen worden. Die Hand war angeschwollen, der Biss hatte geeitert, doch nachdem er abgeheilt war, hatte Laura nie wieder einen Gedanken daran verschwendet. Sie hatte bislang zwar nicht auf eine mögliche Verbindung geachtet, erkannte nun aber, dass die schwere Lungenerkrankung erst nach dem Spinnenbiss aufgetreten war.

Nachdem Laura über ihr Krafttier meditiert hatte, verstand sie den Zusammenhang zwischen dem Spinnenbiss und dem »Netz«, in das sie sich verstrickt hatte. Gleich nachdem sie angefangen hatte, sich aus den Verwicklungen in ihrem Leben zu lösen, konnte sich ihr Körper von dem Gift befreien, das die Krankheit ausgelöst hatte. Später brachte ihr Krafttier ihr bei, dass sich *alles* im Netz der Spinne verfängt – alles, bis auf die Spinne selbst.

Lauras Lungenfunktion normalisierte sich, und sie konnte an einer meiner alljährlichen Expeditionen nach Peru teilnehmen und sogar ohne Probleme auf 4200 Meter über dem Meeresspiegel mit uns zelten. Ihre körperliche Heilung löste zudem ein starkes emotionales und spirituelles Wachstum aus.

Was ist *dein* Werkzeug?

Nun ist es an der Zeit, die letzte Kammer der Unteren Welt – die Kammer der Schätze – zu bereisen, in der du dein eigenes Werkzeug finden wirst: jene mythische »Schleuder«, mit der du das doppelköpfige Monster der Apathie und des Widerstandes gegen Veränderungen besiegen kannst. Du wirst um ein tief in dir verborgenes Werkzeug bitten, das du im Alltag verwenden kannst. Vielleicht ist es kreativer Art wie Sallys Füllfederhalter oder ein Heilwerkzeug wie Lauras Messer. Vielleicht hilft es dir auch zu wachsen oder den Sinn deines Lebens zu finden. Dabei solltest du nicht vergessen, dass Edelsteine meist tief in der Erde verborgen sind und es sehr viel Mühe macht, sie zu bergen, und dass auch die tief in dir verborgenen Schätze nicht leicht zu finden sind. Du musst beharrlich sein, selbst wenn andere das Talent nicht in dir erkennen oder sagen: »Du willst eine Schriftstellerin sein? Du bist eine Mutter!« Anschließend musst du deine Gabe polieren wie der Juwelier seinen Schmuck, damit etwas Schönes daraus wird.

Wenn du dein Werkzeug findest, bringst du es aus der

Die Kammer der Schätze

Unteren Welt der Möglichkeiten und des Potenzials in die materielle Welt der Tat und des Ausdrucks. So wie David Goliath mit seiner Schleuder herausforderte und besiegte, wie Psyche mithilfe ihrer Münzen und Gerstenkuchen sicher in den Hades gelangte und wieder zurück und wie Parzival seine Stimme fand, ist auch dein Werkzeug eine heilige Medizin, die dich dazu anleitet, deine besonderen Talente kreativ zum Ausdruck zu bringen.

Bereite dich auf diese Reise vor, indem du die richtige Einstellung pflegst: Sei offen und empfänglich für die von diesem Werkzeug verkörperte Gabe sowie für die Herausforderungen und Anforderungen, die sie an dich stellt.

≈ *Übung: Reise in die Kammer der Schätze* ≈
Öffne deinen heiligen Raum, mach die Atemübung »Kleiner Tod« und reise in deinen Garten in der Unteren Welt.

Erkläre dem Hüter der Schwelle, dass du auf der Suche nach deinem heiligen Werkzeug bist, und bitte ihn, dich in die Kammer der Schätze zu bringen. Erbitte beim Eintritt in die Kammer ein Werkzeug, mit dem du deine Talente zum Ausdruck bringen kannst. Führe wie zuvor einen Dialog mit dem, was du in der Kammer findest – sei es eine Person, ein Tisch oder ein Kelch. Stell Fragen, die dir verraten, welcher Art dein Werkzeug ist und wie man es verwendet. Wenn ich in diese Kammer reise, stelle ich mir gerne vor, dass es dort viele Requisiten gibt, unter anderem Bücherregale, Truhen und einen Kamin. In der Mitte steht ein Tisch. Doch manchmal ist er leer, und ich muss die Regale von den Spinnweben befreien oder eine Truhe öffnen, um ein vor den Augen verborgenes Werkzeug zu finden.

Durchsuche die Kammer (du kannst auch den Hüter der

Die Untere Welt

Schwelle um Rat und Führung bitten). Nimm dein Werkzeug an dich, wenn du es gefunden hast. Wozu ist es gut? Was kann es dich lehren?

Wenn du deinen Medizingegenstand gefunden hast, trittst du die Rückreise an: Danke dem Hüter der Schwelle, tauch in den Fluss und kehre mit deinem Werkzeug in dein Zimmer und in deinen Körper zurück. Halte es in deinen Händen und übergib es dem Chakra, zu dem du geführt wirst. Wenn du keine genauen Anweisungen erhältst, führst du es zu deinem Herzchakra. Denk daran, dass dieses Werkzeug ein energetisches Geschenk ist – atme tief ein und spüre, wie seine Energie und seine Kraft jede Zelle deines Körpers erfüllen.

Schließe den heiligen Raum.

≈ **Übung: Den Gegenstand zu Hause finden** ≈

Suche zu Hause nach einem Gegenstand, der dem mitgebrachten Werkzeug am stärksten ähnelt. *Gehe nicht los, um etwas zu kaufen!* Denk daran, dass sich unsere Werkzeuge meist direkt vor unserer Nase befinden. Suche in deinen Schränken und Schubladen, bis du einen Gegenstand gefunden hast, der dem mitgebrachten Werkzeug am stärksten ähnelt. Benutze diesen Gegenstand zur Meditation, drehe ihn in deinen Händen hin und her und nimm Rat und Führung hinsichtlich der Gaben an, die er zum Ausdruck bringen möchte.

≈ **Schreibübung: Dialog mit dem Werkzeug** ≈

Nachdem du dein Werkzeug aus der Unteren Welt mitgebracht hast, hilft dir diese Schreibübung, mehr über seine Rolle in deinem Leben zu erfahren.

Die Kammer der Schätze

Öffne zuerst deinen heiligen Raum. Nimm dein Tagebuch zur Hand und teile eine leere Seite mit einer Linie in zwei Spalten. In die eine schreibst du deine Fragen an dein Werkzeug, in die andere seine Antworten. Du könntest unter anderem fragen: »Wie kann ich dich am besten einsetzen?«, »Wie kann ich dich in meinen Alltag einbinden?«, »Wie kann ich dich praktisch nutzen?«, »Welche alten Werkzeuge muss ich weggeben, um mit dir arbeiten zu können?«, »Gibt es Werkzeuge, die ich nicht mehr brauche?«, »Auf welche Weise wirst du meine Kreativität zum Ausdruck bringen?«, »Inwiefern dienst du meiner Heilung?«

Lass den Dialog fließen – drängle nicht.

Schließe den heiligen Raum, wenn du fertig bist.

Im nächsten Kapitel erfährst du, wie du dein Krafttier finden kannst, das dich lehrt, auf deine natürlichen Instinkte zu hören.

8. Krafttiere

Ich bewege mich. Atme.

Ich bewege mich durch eine vielschichtige Collage aus nassen Blättern, herabhängenden Lianen, aus Rot-, Gelb- und Grüntönen, die vom Mondlicht grau ausgewaschen sind. Mein Kopf hängt tief auf den Boden. Schneller, hechle ich. Der Boden gibt leicht nach unter den Ballen meiner ... Hände und Füße? Sie bewegen sich im Takt mit dem Pochen in meiner Brust. Mein Atem ist heiß und feucht, mein Herz schlägt zu schnell, und ich kann mich selbst neben dem feuchten Urwaldgewirr riechen.

Ich gelange an eine Lichtung – und dort sitze ich nackt, nass und glänzend im Schneidersitz im Mondlicht. Den Kopf zurückgeworfen, die Kehle gespannt, entblößt. Die Arme hängen schlaff am Körper herunter, die Hände liegen mit den Handflächen nach oben auf der Erde.

Ich beobachte mich selbst vom Rande des Dschungels aus. Bis auf meinen Atem ist alles ruhig. Hinter mir regt sich ruhelos der Urwald.

Ich bewege mich mit der Geschmeidigkeit eines Schattens, folge dem Rand der Lichtung, um meine Beute einzukreisen.

Lautlos. Immer näher.

Nun gleicht sich der Rhythmus unseres Atems. Mein Kopf fällt nach vorn, das Kinn sinkt auf die Brust. Ich hebe ihn wieder, öffne die Augen und starre in zwei gelbe Katzenaugen, meine Augen, die Augen eines Tieres. Ein schnel-

ler Atemzug bleibt mir in der Kehle stecken, und ich strecke die Hand nach dem Gesicht der Dschungelkatze aus.
Tagebucheintrag

Wenn du mit den Tieren sprichst, werden sie mit dir sprechen, und ihr werdet einander kennen lernen. Wenn du nicht mit den Tieren sprichst, wirst du sie nicht kennen, und was du nicht kennst, das fürchtest du. Was man fürchtet, zerstört man.
Ted Andrews: Die Botschaft der Krafttiere[5]

Delphine sprechen uns an, weil sie so frei und verspielt wirken. Wir fühlen uns ihnen verbunden, und sie wiederum scheinen uns wie Botschafter der Natur die Grüße des Meeres zu überbringen. Sie sind intelligent, elegant und akrobatisch, schwimmen neben unseren Booten her und rufen uns mit Quietsch- und Schnalzlauten etwas zu. Bei den alten Griechen galten die Delphine als heilige Boten und wurden als Symbole des Meeres verehrt. Delphine können uns vieles lehren, unter anderem wie man locker bleibt, das Leben genießt und tief durchatmet ... doch sie sind nur eines von vielen Tieren, von denen wir lernen können.

Sogar die kleinsten, alltäglichsten Geschöpfe können weise Lehrer sein. Wir halten Mäuse und andere Nagetiere gerne für Schädlinge, doch wie bei allen anderen Tieren müssen wir den Gesamtcharakter erfassen. Mäuse sind klein, zahlreich und verstehen sich aufs Überleben – sie können sich in kleine Spalten quetschen und unter der Erde bewegen, sie legen Vorräte an und bekommen drei- bis viermal im Jahr Junge, um die Überlebenschancen ihrer Art zu vergrößern. In einigen afrikanischen Kulturen gel-

Die Untere Welt

ten Mäuse auch als Boten aus der Unterwelt, weshalb sie eine starke Verbindung zu den eigenen Ahnen darstellen.

Bereits seit langer Zeit zeigt die Menschheit ihre Verehrung für die Natur, indem sie ihre höchsten Ideale mithilfe von Tiertotems und -symbolen zum Ausdruck bringt. Die Fauna der Erde diente dazu, die Stärke von Herrschern (Löwe), die Reinheit Gottes (Lamm) und die heiligen Prinzipien des Universums (Schlange und Adler) darzustellen. Die Tolteken und andere vorkolumbianische Kulturen in Mittelamerika verehrten die gefiederte Schlange Quetzalcoatl als Gott der Winde und des Himmels und Beschützer des Volkes. In der griechischen Mythologie winden sich lebende Schlangen um Medusas Haupt, um höchste weibliche Weisheit zu symbolisieren (doch ein Blick auf sie, so hieß es, könne einen Mann zu Stein erstarren lassen), während der Held Herkules oft mit einem Löwenfell abgebildet war, das ihm die Gerissenheit, Stärke und Macht des Löwen über die Tierwelt verlieh.

Auch die Bibel ist voller Verweise auf die Tierwelt: König Salomon wird als »Löwe Judäas« bezeichnet, Jesus als »Lamm Gottes«. Den Hindus sind Kühe heilig, und sie kennen Tiergötter wie den Affengott Hanuman und den Elefantengott Ganesha. Viele unserer Sternzeichen sind Tiere, was auch für den chinesischen Kalender gilt.

Die kulturelle Identifikation mit den Tieren ist so stark, dass ganze Völker sie zu ihren Symbolen gemacht haben. Der mächtige Löwe, Symbol des Mutes, ist seit langem ein nationales Symbol für England, und die fleißige Biene, ein Symbol der Unsterblichkeit und der Wiedergeburt, wurde sowohl von Karl dem Großen als auch von Napoleon zum französischen Nationalsymbol erhoben.

Das vielleicht häufigste Tiersymbol ist wohl der Adler, den sowohl alte als auch moderne Kulturen zum Wappentier wählten. Dieser wunderbare Vogel wird mit den Griechen, den Ägyptern, den Sumerern, den Hethitern und den Römern in Verbindung gebracht, die ihn allesamt zum Wahrzeichen ihrer riesigen Imperien machten. Der weißköpfige Seeadler soll zudem Macht und Freiheit der Vereinigten Staaten repräsentieren.

Tierarchetypen der westlichen Welt

Die westliche Welt benimmt sich, als könne sie nach Belieben mit der Natur umspringen – schließlich wurde dem Menschen im ersten Buch der Bibel die Herrschaft über alle Geschöpfe auf Erden übertragen. Die meisten indigenen Kulturen leben dagegen noch in Harmonie mit der Tierwelt. Die Laika verstehen sich genau wie alle anderen Ureinwohner Amerikas als Hüter allen Lebens. Sie streben danach, in Harmonie mit der Natur zu leben und direkt mit ihr zu kommunizieren. Die Ureinwohner Amerikas kennen viele traditionelle Tiertänze (etwa Schlangen-, Adler- und Hirschtanz), in denen sich die Tänzer das Fell eines Tieres überstreifen, um dessen Geist zu verkörpern und sich auf der Jagd oder auf ihren schamanischen Reisen ungehindert in dessen Welt bewegen zu können. Wenn sie den Geist eines Tieres beschwören, verkörpern sie seine Essenz. Oft tragen sie sein Fell oder seine Federn, damit die Kraft seiner Eigenschaften auf sie übergeht.

Wenn ein Tänzer der Osage den Büffelkopfschmuck anlegte, erbat er damit die Erlaubnis, das Leben eines Büffels

Die Untere Welt

nehmen zu dürfen, und gab der Hoffnung Ausdruck, dass das Leben des Tieres im folgenden Jahr erneuert würde. Die Osage wollten den Büffel nicht ausrotten – sie verehrten ihn und wussten seine beeindruckende Kraft zu schätzen. Sie wussten, dass sie von diesen herrlichen Tieren auf der Jagd ebenso gut zu Tode getrampelt werden konnten, wie es ihnen gelingen konnte, eines von ihnen zu erlegen.

Die Osage hatten Respekt vor der Natur, waren Teil ihrer Zyklen und kannten ihren Platz darin. Deshalb nahmen sie nur, was sie zum Leben brauchten, sodass sich die natürlichen Ressourcen immer wieder erneuern konnten. Nichts hätte einen größeren Kontrast dazu bilden können als die Verhaltensweisen der Weißen im amerikanischen Westen im 18. und 19. Jahrhundert: Sie töteten Büffel, um Profit daraus zu schlagen und zum Spaß. Sie schlachteten Millionen von Tieren ab, führten damit den Niedergang der großen Herden herbei und beschleunigten das Ende der natürlichen Lebensweise vieler indigener Stämme.

In unserer kommerziell ausgerichteten modernen Welt wird die Tiersymbolik oft in der Werbung oder als Firmenlogo verwendet, da wir intuitiv auf die Eigenschaften eines Tieres reagieren. Wir wissen, was der Jaguar bedeutet, wenn es um einen Sportwagen geht – dass der Wagen schnittig, schnell und elitär ist, wie der Jaguar selbst, der eines der schnellsten und meistverehrten Tiere des Dschungels ist. Der Verkaufsschlager unter den Pick-ups von Dodge heißt Ram (»Widder«), weil er in felsigem Terrain ebenso trittsicher ist wie dieses Tier.

Doch einmal abgesehen von den archetypischen Bildern

in der Werbung fühlen sich die meisten Menschen höchstens noch den am stärksten domestizierten Tieren verbunden. Die Verbindung zu den meisten anderen Tieren haben wir verloren. Wilde Tiere kennen wir nur noch aus dem Fernsehen oder den verschlossenen Käfigen im Zoo. Deshalb werden wir in diesem Kapitel in die Untere Welt reisen, um eine Kraft zurückzuholen, welche die instinktiven Aspekte der Seele in ihrem natürlichen, unverdorbenen Zustand verkörpert.

Die vier Geisttiere der Laika

Die Laika haben wie viele Ureinwohner Amerikas eine derart enge Verbindung zur Tierwelt, dass sie oft ein Tier als Namensvetter wählen. Auf diese Weise wollen sie sich mit der Energie des Tieres verbinden und seine Kräfte in sich aufnehmen. Vier archetypische Tiere sind für die Laika besonders wichtig: die Schlange, der Jaguar, der Adler (oder Kondor) und der Kolibri. (Du erinnerst dich vielleicht daran, dass wir diese vier Geisttiere, die vier Grundprinzipien des Lebens, in unserem Gebet zur Schaffung eines heiligen Raumes anrufen.)

Sehen wir uns die einzelnen Archetypen einmal genauer an.

1. Die Schlange
Die Schlange symbolisiert Wissen, Sexualität und die Heilkraft der Natur. Dieser Archetyp ist weithin bekannt: Als Moses das Volk Israel durch die Wüste führte, trug er einen Schlangenstab – das Symbol der Weisheit. Eine Schlange

Die Untere Welt

verführte Eva im Paradies dazu, die verbotene Frucht vom Baum der Erkenntnis zu essen. Im Osten liegt die Schlange als weise Kundalini-Energie zusammengerollt am unteren Ende der Wirbelsäule und schlängelt sich durch die Chakras nach oben. Das Symbol der Ärzteschaft, der Äskulapstab, stammt aus dem alten Griechenland und zeigt zwei Schlangen, die sich um einen Stab winden. Die Schlange wird mit Weisheit und Heilkraft in Verbindung gebracht und versinnbildlicht jene grundlegende Lebenskraft, die nach Vereinigung und Schöpfung strebt.

Zudem sind Schlangen Fruchtbarkeitssymbole. In der Natur ist die Fruchtbarkeit das weibliche Schöpfungsprinzip – schließlich strebt jede Zelle des Körpers danach, sich zu teilen und zu vermehren. Wenn wir uns mit den Energien des Schlangenarchetyps verbinden, beschwören wir das weibliche Schöpfungsprinzip, das unsere Leidenschaft neu entfachen und uns helfen kann, die Vergangenheit abzustreifen wie eine alte Haut.

2. Der Jaguar

Der Jaguar ist der König des Amazonasregenwaldes und das wichtigste Tier für den Dschungelschamanen, denn er verkörpert die Kraft der Transformation. Er ist von solch grundlegender Bedeutung, dass der Anthropologe Peter Furst schreibt: »Schamanen und Jaguare sind einander nicht nur ähnlich, sondern gleich.« Das sollte nicht weiter überraschen: Die Überlieferungen der Regenwaldvölker bezeichnen den Jaguar als Hüter des Dschungels, da er an der Spitze der Nahrungskette steht und außer dem Menschen keine natürlichen Feinde hat.

Der Jaguar tötet die schwächeren Tiere des Waldes und

hilft auf diese Weise, das zu beseitigen, was sterben muss, damit Neues geboren werden kann. Dieses Tier lehrt uns, dass Krisen Chancen bergen und der Tod ein Aufruf zur Wiedergeburt ist. Die Laika wissen, dass Stabilität nur vorübergehend ist, da das gesamte Universum einen endlosen Kreislauf des Sterbens und der Wiedergeburt durchläuft. Sie haben erkannt, dass der natürliche Lebenszyklus aus Chaos und Ordnung (aus Ausdehnen und Zusammenziehen) besteht.

Jaguarenergie kann einen Menschen, eine Organisation oder ein Dorf erneuern. Manchmal muss ein Dorf mit Rücksicht auf die Zyklen von Ordnung und Chaos aufgegeben werden, damit sich seine Bewohner an einem anderen Ort entfalten können. In ganz Amerika gibt es archäologische Beweise dafür, dass Maya- und Inkasiedlungen ohne ersichtlichen Grund aufgegeben wurden. Das Aufgeben dieser Städte spiegelt den Kreislauf von Leben und Tod, für den der Jaguar steht.

Die alten Völker schrieben dem Jaguar eine solche Kraft zu, dass sich ganze Zivilisationen mit ihm identifizierten. Die Olmeken hatten vor 3000 Jahren in Zentralmexiko ihre Blütezeit und waren die erste hoch entwickelte Zivilisation Amerikas. Beinahe die Hälfte der bildhauerischen und plastischen Motive dieser als »Jaguarvolk« bekannten Menschen (ihre Schamanen waren die »Jaguarpriester«) sind anthropomorphe Darstellungen von Menschen und Katzen. Oft sind es Erwachsene oder Kinder mit Jaguarköpfen. Die Mayoruna, ein indigener Stamm des Amazonasregenwaldes, bezeichnen sich selbst als »Volk des Jaguars«: Sie tätowieren sich die Gesichter, um wie Katzen auszusehen, bohren sogar Löcher in das Fleisch neben der Nase

Die Untere Welt

und stecken Palmstacheln durch, um auszusehen wie die großen Katzen.

In seinem Buch *Amazonas – Mit den Katzenmenschen zu den Quellen der Zeit*[6] erzählt Petru Popescu die Geschichte des für die Zeitschrift *National Geographic* tätigen Fotografen und Forschers Loren McIntyre, der in den 60er Jahren des 20. Jahrhunderts viele Monate bei den Mayoruna gelebt hat (er erlangte Berühmtheit, als er 1971 die Quelle des Amazonas in den peruanischen Anden entdeckte). McIntyre berichtete, dass die Mayoruna zusätzlich zu ihrer Muttersprache offenbar die Fähigkeit entwickelt haben, Gedanken telepathisch zu übermitteln und ihren Stammesbrüdern unausgesprochene Botschaften in den Kopf zu beamen.

Die Fähigkeit, sich ohne Worte zu verständigen, ist eine der legendären Eigenschaften der Jaguarschamanen. Auf einer meiner ersten Reisen in den Amazonas bat mich mein Mentor, ein alter Laika, eine Nacht der Visionssuche auf einer Dschungellichtung zu verbringen. Er würde die Jaguare anrufen, damit sie mich besuchen kämen, und warnte mich davor einzuschlafen. Vor der Visionssuche bot er mir bei Sonnenuntergang ein Glas Ayahuasca an – das ist das bewusstseinsverändernde Gebräu des Dschungels. Ich lehnte die übel schmeckende Flüssigkeit dankend ab – ich fühlte mich schon bei dem Gedanken, im normalen Bewusstseinszustand eine Nacht allein im Dschungel zu verbringen, ängstlich und beklommen. Bis ich einnickte, geschah nichts Ungewöhnliches. Als ich erwachte, war ich nicht mehr ich selbst – plötzlich steckte ich im Körper einer großen Katze! Es war ein unvergessliches Erlebnis, mich im Körper des Jaguars wiederzufinden.

3. Der Adler

Der Adler ist ein mächtiges Geisttier und symbolisiert Weitblick, Klarheit und Vision. Der Schamane weiß, dass die Adlerenergie uns hilft, das gesamte Panorama des Lebens zu überblicken, ohne uns in der Vielfalt winziger Details zu verlieren. Adlerenergie kann uns helfen, das Leitmotiv unseres Lebens zu finden, indem wir in die Vergangenheit *und* in die Zukunft blicken. Auf diese Weise können wir verstehen, woher wir kommen und wohin wir gehen.

Der Adler verleiht uns Flügel, damit wir uns zu den hohen Gipfeln weit über unseren banalen Alltagsproblemen aufschwingen können. Seine Sehkraft ist gewaltig. Dieser außergewöhnliche Vogel sieht sechsmal so scharf wie ein Mensch und kann aus 500 Metern Höhe eine Maus in einem Gebüsch erkennen. Er sieht das Gesamtbild und das Detail und kann unverzüglich herabstoßen und sich holen, was er braucht.

Der Adler steht auch für das Prinzip, dass sich die Natur stets selbst transzendiert (und wird deshalb eher mit der Oberen als der Unteren Welt in Verbindung gebracht). Biologen haben herausgefunden, dass dieses Prinzip eine der wichtigsten Triebfedern der Natur ist und die Hand der Evolution führt. Das Prinzip besagt, dass sich lebendige Moleküle zu Zellen vereinigen, die erst Gewebe, dann Organe bilden und schließlich über die bloße Ansammlung von Organen und Gewebe hinausgehen, um sich zu komplexen Wesen wie Walen und Menschen zu verbinden. Jeder Transzendenzsprung schließt alle darunter liegenden Ebenen ein: Die Ebene der Zellen schließt die der Moleküle ein, geht aber gleichzeitig darüber hinaus. Organe wieder-

Die Untere Welt

um bestehen aus Zellen, gehen aber ebenfalls weit über sie hinaus. Der hellrote Ara setzt sich aus der Summe seiner Organe zusammen, lässt sich aber nicht nur dadurch beschreiben, da das Ganze mehr ist als die Summe seiner Teile. Die Bedürfnisse der Zellen lassen sich am besten auf Organebene befriedigen, während sich die Bedürfnisse der Organe am besten von einem Organismus wie einem Schmetterling oder einem Menschen erfüllen lassen, der optimal für Nahrung und Schutz sorgen kann.

Dieses Prinzip ist auch in unserem Alltag am Werk. Der Adler zeigt uns, dass wir emotionale Bedürfnisse nicht mit Materiellem befriedigen können und es für jedes Problem eine spirituelle Lösung gibt. Auf den Schwingen des Adlers erheben wir uns über die Niederungen des Alltags, gewinnen Überblick und sehen die Dinge, wie sie wirklich sind.

4. Der Kolibri
Der kleine, resolute und mutige Kolibri zeigt uns, wie man sich auf eine abenteuerliche Entwicklungs- und Wachstumsreise begibt. Es ist die edelste Reise, die ein Mensch unternehmen kann: die Reise zum eigenen Spirit. Jedes Jahr bricht eine bestimmte Kolibriart zu einer unglaublichen Reise auf und zieht von Brasilien über die Karibik nach Kanada. Auf den ersten Blick sieht es so aus, als seien diese kleinen Geschöpfe gar nicht für einen so langen Flug gemacht – ihnen fehlt die Spannweite des Adlers, und ihr kleiner Körper kann nicht besonders viel Nahrungsenergie speichern. Trotzdem folgen sie dem alljährlichen Ruf, sich auf diese unglaubliche Reise zu begeben.

Wenn wir von den Energien dieses Archetyps berührt

werden, drängt es uns zu unserer eigenen Abenteuerreise, die uns zur Quelle unseres Spirits führt. Wenn es uns an der Zeit, dem Geld oder dem Wissen für ein Vorhaben fehlt, kann uns die Kolibrienergie den Mut, die Kraft und die Führung geben, die wir brauchen, um Erfolg zu haben.

Wenn wir unsere Berufung verleugnen, beginnen wir zu sterben, da wir als lebende Wesen stets danach streben müssen, Neues zu erforschen und zu entdecken. Wenn wir uns mit einem bequemen Leben begnügen, statt auf Entdeckungsreise zu gehen – oder wenn wir die Sehnsucht der Seele nach Wachstum beschneiden und das große Abenteuer aufschieben, bis wir genügend Zeit oder Geld haben –, verkümmern wir allmählich. Doch wenn wir dem Beispiel des Kolibris folgen und unseren natürlichen Instinkt zu lernen und zu forschen zu neuem Leben erwecken, erblüht unser Leben zu einer Abenteuerreise.

Was der Wolf mich lehrte

Das Schöne an der Seelenrückholung ist, dass der Spirit dir das Krafttier schenkt, das du brauchst. Du musst nicht von selbst darauf kommen, weil es kein rationaler Prozess ist. Du arbeitest einfach mit dem, was kommt, und erkundest die Eigenschaften des Tieres, während es seine Weisheit offenbart. Du kannst um ein Krafttier bitten, und es wird plötzlich da sein und dir folgen ... dann ist es an dir herauszufinden, wie du mit ihm arbeiten willst.

Als beispielsweise mein Sohn geboren wurde, brachte ich den Wolf als Krafttier mit. Er gesellte sich unerwartet zu mir und wich mir nicht mehr von der Seite. Er teilte mir

Die Untere Welt

mit, er würde mich lehren, ebenso loyal zu meiner Familie zu stehen, wie er sich zu seinem Rudel verhält, und dennoch weite Kreise zu ziehen. Er erklärte mir, ein Wolf sei zu einer starken Bindung und großem Engagement fähig, ohne dabei die eigene Individualität zu verlieren, was ich lernen müsse, da ich einen großen Teil meines Erwachsenenlebens als Forscher in den Anden und im Amazonas verbracht hätte. Der Wolf lehrte mich, Loyalität und Unabhängigkeit miteinander zu verbinden. Er brachte mir bei, Teil des Familienrudels zu sein, ohne mich dadurch eingeengt zu fühlen. Ich lernte, dass ich meiner Familie am besten dadurch dienen konnte, dass ich mir meine eigene Identität und meinen Lebenssinn bewahrte.

Obwohl Krafttiere die Eigenschaften verkörpern, die wir uns aneignen müssen, um ganz zu werden, haben sie auch ihre Tücken. Das Jaguarweibchen zum Beispiel lebt nur für ihre Jungen und ist erstaunlich fürsorglich. Den männlichen Jaguar sieht es allerdings nur zwei Wochen im Jahr – das ganze übrige Jahr verbringt er damit, sein Territorium Dutzende von Kilometern entfernt zu markieren. Wenn du also zu viel Zeit zu Hause verbringst oder den Abenteurer in dir wiederfinden möchtest, solltest du mit der Energie des männlichen Jaguars arbeiten. Wenn dir ein schützendes Elternpaar fehlt oder du dich auf der Welt sicherer fühlen möchtest, solltest du hingegen mit dem weiblichen Jaguar arbeiten. Wichtig ist nur, dass du dir die Stärken *und* die Schwächen deines Krafttiers bewusst machst, wenn du mit ihm arbeitest.

Krafttiere

Pattys Ochse

Einige Monate nach ihrer Hochzeit brachte eine junge Klientin namens Patty einen Ochsen als Krafttier mit. Sie war Autorin und arbeitete genau wie ihr frisch angetrauter Ehemann zu Hause. Dies ist ihr Bericht:

Ich war sehr glücklich in meiner Ehe, spürte aber gleichzeitig die Last der Veränderung, die sie mit sich gebracht hatte. Ich war unzufrieden mit der Verteilung der Haushaltspflichten und Finanzen. Ich wusste nicht genau, was es bedeutete, verheiratet zu sein, inwieweit mein Mann für mich sorgen und wie viel Unabhängigkeit ich mir bewahren würde. Und ich wusste nicht, wie ich für meinen Mann sorgen und mich gleichzeitig von der Erwartung lösen konnte, »Hausfrau« zu sein. Doch statt mit meinem Mann darüber zu reden, versuchte ich einfach, alles selbst zu machen, was Gefühle der Wut und der Erschöpfung verursachte.

Als ich mein Krafttier fand, war ich anfangs verblüfft, was für ein großes, plumpes Geschöpf da zu mir kam – doch als ich mit dem Ochsen sprach, erklärte er mir, dass er mein Partner sei. Er sagte, er sei da, um mit mir zusammenzuarbeiten und meine Last mit mir zu teilen. Er sei es gewohnt mit einem anderen Ochsen zusammengespannt zu werden und ein lebenslanges Zuggespann mit ihm zu bilden. Wenn beide Tiere gut versorgt würden, arbeiteten sie zusammen und jeder ziehe weit mehr als sein eigenes Körpergewicht, trage aber nur die halbe Last. Wenn die Partnerschaft funktioniere, könne ein Ochsengespann fast alles ereichen.

Er sagte mir auch, dass man die Schwächen eines Ochsen gerne übersehe, da er so stark sei. Jeder kennt den Ausdruck »stark wie ein Ochse«, doch Überlastung kann dieses

Die Untere Welt

Tier töten – genau wie es eine Beziehung töten kann, wenn ein Partner dem anderen auf Kosten seiner oder ihrer eigenen Wünsche und Bedürfnisse alles recht machen möchte. Außerdem können Ochsen sehr unflexibel sein und sich weigern, sich zu ändern oder gemeinsam mit einem Partner zu arbeiten, den sie nicht mögen. Dann besteht die Gefahr darin, »stur wie ein Ochse« zu sein und die Zusammenarbeit zu verweigern oder Meinungsverschiedenheiten nicht ausräumen zu wollen. Und nichts kann so unangenehm sein wie ein Ochse, der nur seinen eigenen Weg gehen will – ganz besonders dann, wenn er mit einem anderen zusammengespannt ist!

Der Ochse konnte Patty sehr viel über gut funktionierende Partnerschaft, Langzeitbindung und Gleichberechtigung beibringen. Sie musste lernen, einen gemeinsamen Rhythmus mit ihrem Mann zu finden, damit jeder die gleiche Last trug. Der Ochse ist ein Lasttier und braucht Wasser, Pflege und Ruhe – und so musste auch Patty lernen, ihre Bedürfnisse mitzuteilen, damit sie sich später nicht überarbeitet fühlte und wütend wurde. Sie musste lernen, *ihren* Teil beizutragen, ohne unbewusst von ihrem Partner zu erwarten, dass er ihr als Lasttier diente.

Allmählich erkannte Patty die Möglichkeiten, die sich ihr mit dem Ochsen als Krafttier boten und aus den Dingen erwuchsen, die er ihr über Zusammenarbeit, Beharrlichkeit und harte Arbeit beigebracht hatte. Zudem lernte sie, sich seine erdige, langsame Energie zunutze zu machen und ihr neues Leben sanft zu lenken, um das meiste daraus zu machen. Die Bedürfnisse eines Ochsen sind grundlegend und lebensnotwendig.

Mit den Instinkten des Tieres arbeiten

Das Mitbringen eines Krafttiers ist die letzte Phase deiner Reise in die Unteres Welt. Bitte am Ende der Reise darum, von einem Krafttier zurückbegleitet zu werden. Oft ist es ein Tier, mit dem du nicht rechnest – etwas Einfaches wie eine Raupe oder eine Schwalbe oder etwas Ausgefallenes wie ein Krokodil. Was es auch sei, nimm es an, bring es mit und entdecke seine Gaben in dir selbst. Lerne, mit seiner Energie durch die Welt zu gehen.

Manchmal wirst du ein Krafttier mitbringen, das du nicht magst, etwa eine Schlange. Denk daran, dass dieses Tier einen Teil deiner Instinkte verkörpert, von denen du dich vielleicht entfremdet hast oder die du sogar verabscheust. Viele Menschen mögen keine Schlangen, doch ein Schlangenkrafttier kann dich lehren, wie man sich geschmeidig durchs Leben schlängelt und die Umwelt mit dem ganzen Sein wahrnimmt. Du musst das Krafttier annehmen, das zu dir kommt, es sei denn, es handelt sich um ein Insekt. (Insekten gehören zur Unteren Welt. Deshalb ist es besser, sie nicht aus ihrem natürlichen Lebensumfeld zu reißen.) *Die Arbeit mit einem Krafttier ist ein instinktiver Prozess, der davon handelt, zu was für einem Menschen du dich gerade entwickelst, nicht davon, was du selbst gerne hättest.*

Dein Krafttier verbindet dich mit deinem natürlichen, unverdorbenen Sein. Wenn diese Verbindung fehlt, kann es sehr schnell passieren, dass du die schamanische Reise übermäßig intellektualisierst. Dein Tier erdet dich in deiner Instinktnatur, und du kannst seinen Lehren dadurch folgen, dass du mit ihm kommunizierst und seine Rhythmen, seine Bewegungen und seine Art, die Welt wahrzuneh-

Die Untere Welt

men, erlernst. Wenn beispielsweise der Luchs dein Krafttier ist, könntest du dich nach dem Aufwachen wie eine Katze strecken, dir einen anmutig katzenhaften Gang angewöhnen und dir vorstellen, das Leben durch die Augen eines Luchses zu sehen und mit seinen Sinnen wahrzunehmen.

Auch Körperübungen können dir helfen, das Wesen deines Krafttiers zu erfassen. Wenn du zum Beispiel einem anderen die Hand schüttelst, könntest du das so dynamisch tun wie ein Jaguar und mit deinem Handschlag den Eindruck von gesammelter Kraft vermitteln. Oder du übst dich darin die Welt durch die Augen einer Maus zu sehen – Stückchen für Stückchen. Wenn du in die Haut deines Krafttieres schlüpfst, wirst du lernen, dich mehr auf die Führung deiner Instinkte als auf deinen Verstand zu verlassen. (Die Instinkte deines Krafttiers werden auch den zurückgeholten Seelenteil schützen.)

≈ *Übung: Dein Krafttier finden und mitbringen* ≈
Öffne deinen heiligen Raum zur Vorbereitung auf diese Reise. Setz dich bequem hin, sieh entspannt zu Boden (oder schließ die Augen) und führe die Hände wie zum Gebet vor der Brust zusammen. Verkünde laut deine Absicht, auf dieser Reise deinem Krafttier zu begegnen. Öffne den heiligen Raum, mach die Atemübung »Kleiner Tod« und reise in deinen Garten in der Unteren Welt. Grüße den Hüter der Schwelle und sage ihm, dass du dein Krafttier kennen lernen möchtest.

Setz dich in deinem Garten auf einen Felsen in der Wiese und spüre, wie sich dein Krafttier von hinten nähert. Spüre, wie sich die Härchen in deinem Nacken langsam aufstellen und die Augen des Tieres auf dir ruhen, während es sich nähert. Lausche seinem Atem hinter dir. Dreh dich nun in deiner Vorstellung um, öffne die Augen und sieh in die Augen deines Krafttiers. Strecke die Hand aus und berühre seinen Schnabel, sein Fell, sein Geweih, seine Schuppen oder Flossen.

Sieh ihm weiter in die Augen und frage: »Welche Gaben hast du für mich?«, »Welche Medizin bringst du mir?«, »Welche Eigenschaften hast du?«, »Was sind deine Schwächen?«, »Was sind deine Stärken?«, »Wie wirst du mir bei meiner Heilung helfen?«, »Wie lange folgst du schon meiner Spur?«, »Wie kann ich für dich sorgen und dich füttern?«, »Warum bist gerade du mein Krafttier?« Unterhalte dich so lange mit ihm, wie du willst.

Bitte dein Krafttier nach dieser Unterhaltung, mit dir zurückzukommen. Verabschiede dich vom Hüter der Schwelle, dem Herren über Leben und Tod. Tauche in den Fluss und bitte dein Krafttier, dich zu begleiten. Kehre in deine Wohnung und in deinen Körper zurück. Streck dich, reibe die Hände und das Gesicht und öffne die Augen.

Strecke nun die Hände aus, spüre die Energie deines Krafttiers und führe sie zu dir. Lass sie in das Chakra strömen, zu dem du geführt wirst. Spüre, wie die Energie deines Krafttiers jede Zelle deines Körpers erfüllt. Bewege nun deine Schultern, deine Hände und den Kopf, wie sich dieses Tier bewegen würde. Spüre, wie sich dein Krafttier mit deinem Körper verbindet. Schließe den heiligen Raum.

≈ *Schreibübung: Dialog mit deinem Krafttier* ≈
Diese Übung wird dir die besonderen Eigenschaften deines Krafttiers offenbaren und dich seine Stimme hören lassen. Denk daran, dass dieses Geschöpf oft für einen vernachläs-

Die Untere Welt

sigten Teil oder einen Schattenanteil des Selbst steht. Es kann Persönlichkeitsanteile verkörpern, die du ablehnst, und es ist nicht ungewöhnlich, das ein Mensch, der keine Reptilien mag, eine Kobra oder eine Klapperschlange als Krafttier bekommt.

Wenn du anfängst, dich mit deinem Krafttier zu beschäftigen, wirst du feststellen, dass es dir allmählich im Traum oder während der Meditation erscheint. Diese Übung wird dir helfen, seine Geheimnisse zu ergründen.

Öffne wie zuvor den heiligen Raum und teile dann eine leere Tagebuchseite mit einer Linie in zwei Spalten. Die eine Spalte füllst du mit deinen Fragen, in der anderen wird dein Krafttier antworten. Fang mit einfachen Fragen an, aber lass dir genügend Zeit, damit sich ein echter Dialog entwickeln kann.

Der folgende Dialog ist ein Auszug aus Pattys Unterhaltung mit ihrem Krafttier:

Patty: Wer bist du?
Ochse: Ich bin dein Partner. Ich bin hier, um deine Last mit dir zu teilen. Wir müssen am gleichen Strang ziehen, denn man wird uns zusammenspannen. Du kannst nicht schneller als ich, und ich kann nicht schneller als du. Tag für Tag wird man uns zusammenspannen, und wir werden uns zusammen bewegen. Wir werden viele Jahre lang zusammenbleiben und uns in Harmonie bewegen.
Patty: Was werden wir tun?
Ochse: Wir werden arbeiten. Wir sind Lasttiere, und durch unsere Arbeit erhalten wir das Leben. Wir bestellen den Boden, drehen Mühlsteine, gewinnen Mehl aus Korn. Zusammen leisten wir gute Arbeit – Schritt für Schritt.

Patty: Wie soll ich für dich sorgen?
Ochse: Betrachte mich als ebenbürtigen Partner – füttre mich ordentlich, gib mir Wasser und Ruhe. Wir werden immer zusammen sein, jeden Tag. Schritt für Schritt werden wir unsere Arbeit gemeinsam erledigen.
Patty: Warum bist du zu mir gekommen?
Ochse: Weil du Hilfe brauchst. Alleine kannst du all das, was du vorhast, nicht schaffen. Es ist besser, jemanden an deiner Seite zu haben, wenn deine Kraft nachlässt. Du brauchst einen Partner, der mit dir an einem Strang zieht. Und das bin ich.

Schließe den heiligen Raum, wenn du fertig bist.

≈ *Übung: Das Krafttier verkörpern* ≈

Nachdem du dich mit deinem Krafttier vertraut gemacht hast, wirst du lernen, ein paar seiner Eigenschaften zu übernehmen. Du solltest sie bewusst in deinen Tag einbauen. Vielleicht stehst du auf und streckst dich so, wie sich dein Tier am Morgen streckt, oder du greifst nach deiner Tee- oder Kaffeetasse so wie das Tier nach etwas greift. Du kannst auch die Situation, die sich dir bietet, mit den Augen eines Tieres betrachten und dir zum Beispiel wie ein Adler einen Gesamtüberblick verschaffen.

Benutze die Sinne des Tieres, werde zu deinem Krafttier, lebe mit ihm und teile seine Identität, damit du irgendwann kein Krafttier mehr *hast*, sondern das Krafttier *bist*.

≈

Im nächsten Teil werden wir die Reise zu unserer wahren Bestimmung antreten. Es wäre jedoch sinnvoll, zuvor die Lektionen, die du im Rahmen deiner Reisen zur Seelen-

Die Untere Welt

rückholung gelernt hast, noch einmal zu wiederholen. Nimm die Schreibübungen des zweiten Teils noch einmal zur Hand und lies sie durch. Lass dir Zeit, die Lehren aufzunehmen.

Teil III
Die Obere Welt

9. Die eigene Bestimmung suchen: Liebe, Macht, Geld und Gesundheit

Mit dreißig hatte ich bereits ein paar wichtige Beziehungen hinter mir. Dann wachte ich eines Morgens auf, und mir wurde klar, dass ich nur eine einzige Beziehung gelebt hatte – immer wieder ... Wenn man diese Beziehung nicht durchschaut, heiratet man sie am Ende.

Tagebucheintrag

Der österreichische Psychiater Viktor Frankl entwickelte die Ideen zu seinem berühmten Buch mit dem Titel *Trotzdem Ja zum Leben sagen* in den drei Jahren, die er im Zweiten Weltkrieg in einem Nazi-Konzentrationslager verbrachte. Der Albtraum seiner Gefangenschaft lehrte ihn allmählich verstehen, dass es die tiefste Sehnsucht des Menschen ist, den Sinn seines Lebens zu verstehen – wie könnte man sonst, so fragte er sich, ein solches Grauen überleben? Frankl schrieb, man könne dem Menschen im Konzentrationslager alles nehmen, »nur nicht: die letzte menschliche Freiheit, sich zu den gegebenen Verhältnissen so oder so einzustellen.«[7]

Viele Menschen, die das Konzentrationslager überlebt hatten, litten unter posttraumatischem Stress und waren emotional gebrochen. Frankl dagegen wurde Arzt, Philosoph und schrieb 32 Bücher. Bis zu seinem Tod wurden ihm 29 Ehrendoktorwürden sowie die Albert-Schweitzer-Medaille verliehen. Wie konnte er all das erreichen? Trug er bereits bei seiner Geburt den Keim der Größe in sich, oder

Die Obere Welt

war er ein ganz normaler Mensch, der seinem Ruf folgte und dadurch eine außergewöhnliche Bestimmung fand?

Uralten Mythen der Menschheit zufolge wird jeder Mensch mit dem Ruf seiner Seele geboren. C. G. Jung glaubte, das Leben sei verschwendet, wenn man seiner Berufung nicht folgte, einer Berufung, die kein Aufruf zur Größe sei, sondern zum Sinn. Frankls Berufung lag in seiner Fähigkeit, dem menschlichen Bedürfnis nach Sinn nachzuspüren und Ausdruck zu verleihen, einem Bedürfnis, das über die äußeren Lebensumstände hinausgeht. Frankl lebte seine Bestimmung, deshalb konnte ihm das Schicksal nichts anhaben – wie ernst seine Lage auch war. Wenn auch wir Ja zu unserer Bestimmung sagen, können wir das Leid überwinden und über scheinbar unbezwingbare Widerstände triumphieren.

Unsere Bestimmung muss weder besonders großartig sein noch öffentliche Anerkennung erfahren, wie im Falle Frankls, um sinnvoll zu sein. Unser Leben muss lediglich voll und ganz von einem Sinn durchtränkt sein. Das hat nicht das Geringste damit zu tun, dass wir materiellen Besitz erwerben, heiraten, Kinder großziehen oder berühmt werden. Vielleicht finden wir das Glück mit leeren Taschen und in der Einsamkeit, und vielleicht empfinden wir Schmerz und Leid, obwohl wir allen erdenklichen Komfort und die schönsten Gefährten der Welt haben.

Bestimmung und Zukunft

Die Bestimmung eines Menschen ist nicht dasselbe wie seine Zukunft: Zukunft ist das, was später einmal geschehen wird. Die Bestimmung dagegen durchdringt jeden Augenblick, und wir können uns jederzeit dafür öffnen. Wir leben unsere Bestimmung, wenn wir Ja zu der Berufung sagen, mit der wir geboren wurden. Das Schicksal nimmt dagegen seinen Lauf, wenn wir gegen unsere Berufung ankämpfen oder sie ignorieren. Diese uralte Vorstellung widerspricht der modernen Psychologie und Biologie, die die Bestimmung eines Menschen über sein psychologisches und genetisches Profil definieren. Doch je mehr wir uns mit dem identifizieren, was unsere Eltern getan oder unterlassen haben, was in unseren Genen liegt, was wir besitzen und was wir am Körper tragen, desto mehr wird unsere Lebensgeschichte von unseren Vorfahren und von anderen Menschen bestimmt. Wir nehmen unserem Leben den Glanz und bagatellisieren es, indem wir eine Reihe von Gründen für seinen Verlauf anführen, die sich unserer Kontrolle entziehen.

Natürlich hat jeder Mensch eine Zukunft – dafür sorgt schon der Lauf der Zeit –, doch eine Bestimmung haben nur diejenigen, die sich der heiligen Werkzeuge bedienen, mit denen man ebenjene Bestimmung erschafft. Plato dachte, unser Schicksal und unser Los im Leben stünden bereits vor unserer Geburt fest und könnten nur durch das Eingreifen der Götter verändert werden. Ich aber glaube, dass wir unser Schicksal in unsere Bestimmung verwandeln können, wenn wir den verborgenen Sinn unseres Lebens entdecken. Diesen Sinn können wir auf unseren Reisen finden.

Jeder von uns sucht sich vor seiner Geburt einen Charakter und eine Bestimmung aus – sie sind in unserem Sein verankert und nicht mit psychologischen Theorien zu erklären. Manchmal erkennen wir diese Züge an unseren Kin-

Die Obere Welt

dern deutlicher als an uns selbst: Wir fragen uns, woher sie ihre Sturheit, ihre Entschlossenheit oder ihre Geistesabwesenheit haben. Natürlich loben wir außergewöhnliche sportliche Fähigkeiten oder musikalisches Talent, aber andere außergewöhnliche Eigenschaften wie einen starken Drang nach Bewegung und Abwechslung, der das Stillsitzen in der Schule erschwert, fürchten wir.

In unserer heutigen, arzneimittelfreundlichen Welt bekommen viele dieser »überaktiven« Kinder am Ende Ritalin, Prozac und andere Medikamente verabreicht, die auch die Kreativität vieler Genies früherer Zeiten betäubt hätten. Wir müssen uns fragen: Handelt es sich hier tatsächlich um Störungen im medizinischen Sinne, oder könnte auf diese Weise auch eine einzigartige Berufung zum Ausdruck kommen? ADHS, das Aufmerksamkeitsdefizit- und Hyperaktivitätssyndrom, könnte unter Umständen nützlich sein, wenn man in der Wüste oder im Urwald lebte und mehrere Dinge gleichzeitig tun müsste – dann könnte man gleichzeitig kochen, auf die Kinder aufpassen und lauschen, ob sich ein Löwe anschleicht.

Wenn wir in der Zukunft leben und darauf hoffen, dass eines Tages alles besser wird, bleiben wir an die Zeit gefesselt, die »kriecht mit so kleinem Schritt von Tag zu Tag«, wie es bei Shakespeare heißt.[8] Wenn wir in der Zukunft leben, unterscheidet sich das kaum von einer Fixierung auf die Vergangenheit: In beiden Fällen hat uns das Schicksal fest im Griff. Wir durchleben den Schmerz, den wir einmal erlitten haben, stets von Neuem, oder sehnen uns nach etwas oder jemandem, den wir nicht haben. Ständig leben und

Liebe, Macht, Geld und Gesundheit

erleben wir unsere alten Geschichten aufs Neue, ohne Einfluss auf ihren Ausgang zu nehmen.

Die Seelenrückholung durchbricht diesen Kreislauf und heilt die Vergangenheit, doch das bringt uns unserer Bestimmung noch nicht näher. Wir können uns dem Griff des Schicksals entwinden und sind unserer Bestimmung dadurch dennoch kein Stückchen näher gekommen. Wir können eine schlechte Beziehung hinter uns lassen, ohne deshalb sofort unseren Lebenspartner zu finden. Mit anderen Worten, die Vergangenheit zu heilen bedeutet einfach, alte Verletzungen nicht immer wieder neu zu durchleben.

Alte Wunden zu heilen ist freilich keine Kleinigkeit: Wenn wir sie weiter in uns tragen, färben ihre Angst und ihr Schmerz ständig unsere Zukunft. In der Psychologie wird dieser Mechanismus als Projektion bezeichnet, und er ist eines der Risiken der Therapie. Ein Psychologe, der selbst verletzt ist, projiziert die eigenen Probleme unter Umständen auf seine Patienten. Ich kenne das Beispiel eines Therapeuten, der vor einiger Zeit wegen einer Erbschaft in einem sehr schmerzlichen familiären Konflikt steckte. Damals sagte er zu mir: »Alberto, alle meine Klienten streiten sich ums Geld.« Das kam mir merkwürdig vor, da meine Klienten mit einer großen Bandbreite von Problemen zu mir kamen. Es war klar, dass dieser Mann unbewusst Patienten anzog, die sich in einem ähnlichen Dilemma befanden wie er selbst, und er seinen Schatten in dem Versuch, sich selbst zu heilen, auf sie projizierte.

In ähnlicher Weise projizieren wir ungeheilte Verletzungen auf andere – das geschieht ganz besonders dann, wenn wir uns ungeheilt auf die Reise unserer Bestimmungssuche begeben. Dabei infizieren wir unsere Bestimmung und uns selbst immer wieder von Neuem, weil wir unsere alten Wunden in die Zukunft projizieren, statt das Leben als eine Reihe immer neuer, sich entfaltender Erfahrungen zu begreifen. Bis zu unserer Heilung erschaffen wir ein Leben lang immer neue Versionen desselben Ehepartners, desselben Arbeitsplatzes und derselben Chancen – wir reduzieren zwanzig Jahre Erfahrung auf ein Jahr der Erfahrung, das wir zwanzigmal wiederholen.

Es ist einfach unmöglich, nach vorne zu springen, ohne zuerst die Basis zu heilen. Als du beispielsweise dieses Buch zur Hand nahmst, wäre es sicher verlockend gewesen, einfach bis zum Ende vorzublättern und zu sagen: »Im Grunde interessiert mich meine Vergangenheit nicht. Was vorbei ist, ist vorbei. Vergessen wir die Sache mit der Seelenrückholung und kümmern wir uns um meine Bestimmung.« Doch die Seelenrückholung dient als wichtige Vorbereitung, da sie den Samen unseres Potenzials von felsigem Grund in fruchtbare Erde verpflanzt. Wenn wir anschließend unsere Bestimmung finden, bringen wir den Samen des großen Baumes, der in uns steckt, zum Keimen. Wir heilen die Vergangenheit, um in die Obere Welt reisen zu können, ohne unter irgendwelchen Traumata zu leiden, die uns davon abhalten, unser Potenzial zu verwirklichen, und ohne die Zukunft mit den Wunden der Vergangenheit zu infizieren.

Keine Spuren, kein Schatten, kein Ego

Die Laika sagen: »Wenn wir auf dem Schnee gehen können, ohne Spuren zu hinterlassen, wenn wir keinen Schatten

Liebe, Macht, Geld und Gesundheit

mehr werfen, dann stören wir den Lauf der Zeit nicht mehr.«
Keine Spuren im Schnee zu hinterlassen bedeutet, leichten Schrittes zu gehen. Keinen Schatten zu werfen bedeutet, das eigene verletzte Selbst nicht auf andere zu projizieren. Es bedeutet, dass unsere Zu- oder Abneigung für andere nicht davon abhängt, dass sie uns an unsere Mutter oder unseren Geliebten erinnern. Wir strahlen wie eine Sonne, die keinen Schatten wirft.

So müssen wir uns auch auf der Reise zu unserer Bestimmung verhalten, denn wenn wir den Lauf der Zeit stören, beschwören wir eine unmittelbare Gegenreaktion herauf. Die Griechen hätten gesagt, dass wir »die Schicksalsgöttinnen herausfordern«, während uns die Hindus an unser »Karma« erinnern würden. Wenn wir zu unserer Bestimmung reisen, dürfen wir deshalb weder Spuren hinterlassen noch unserem Willen nachgeben. Um leichten Schrittes gehen zu können, müssen wir das Selbst auflösen und uns von den Launen des Egos befreien. Wir müssen das »Ich« loslassen und eins werden mit dem Spirit.

Einst war ich mit meinem Inkamentor im Altiplano unterwegs, einer trockenen und hoch gelegenen Andenregion. Wir kamen in ein Dorf, in dem es seit vielen Monaten nicht mehr geregnet hatte und in dem der Wasservorrat zur Neige ging. Weil dieser Mann ein berühmter Laika war, flehten die Dorfbewohner ihn an, den Regen zu rufen. Er ging in eine Hütte, wo er vier Tage lang betete, fastete und meditierte. Als er herauskam, fragte ich: »Was wirst du tun?«, und er antwortete: »Ich werde Regen beten.«

Ich verstand nicht und dachte, wir hätten ein Sprachpro-

Die Obere Welt

blem. Also fragte ich: »Du meinst, du wirst *um* Regen beten?«

»Nein«, erwiderte er. »Ich werde Regen *beten*.«

Er ging zum Rande des Berges, wo eine Steilwand tausend Meter tief abfiel und unten ein schäumender Fluss lag und begann zu meditieren. Als er vier Stunden später zurückkehrte, hingen große Gewitterwolken am Himmel – und als sie über uns waren, kam der Regen.

Die Dorfbewohner waren ekstatisch, denn der Regen war ihre Rettung. Sie liefen zu ihm und riefen: »Danke! Du hast den Regen gerufen!« Und er sagte: »Nein, *es regnete*.«

Endlich verstand ich, was der Alte meinte: Er hatte sich aus der Gleichung herausgekürzt. Er hatte gebetet, und es hatte geregnet, aber er hatte nicht *um* Regen gebetet. Es gab niemanden, den er um den Regen hätte bitten können. Es gab überhaupt niemanden sonst. Er war eins geworden mit dem Spirit. Es gab nur den Spirit, der betete, und es regnete.

Wir tun Folgendes: Wir beten Heilung, und wenn die Heilung eintritt, sind wir ebenso überrascht wie alle anderen, weil es der Wille des Spirits war, nicht unser eigener. Wenn wir uns aus der Gleichung herausnehmen, wenn wir nichts mehr »tun«, wenn wir kein Ergebnis mehr herbeiwünschen, sind wir Ausdruck des Spirits. In diesem egolosen Zustand können wir unsere Bestimmung finden.

Wir müssen unser Ego aufgeben, das sich an ein bestimmtes Resultat klammert. Wir können unser Herz nicht daran hängen, ob es regnet oder nicht, ob etwas geheilt wird oder nicht oder ob etwas anders wird, als es gerade ist. Wir müssen eins sein mit dem Spirit und es regnen lassen. Wenn wir die Welt annehmen, wie sie ist, können wir die

Zukunft dadurch beeinflussen, dass wir unseren Zeitlinien folgen.

Zeitlinien

Eine Zeitlinie ist ein imaginärer Lichtfaden, der sich aus der Gegenwart in die Vergangenheit und Zukunft erstreckt. Alle Ereignisse unseres Lebens sind auf den Zeitlinien gespeichert, die von der Vergangenheit bis in die Gegenwart reichen, weil jede Handlung ihre Spur in der Zeit hinterlässt. Unsere Zeitlinien erstrecken sich auch in die Zukunft. Dort fächern sie sich in Tausende von leuchtenden Fäden auf, von denen jeder einzelne für eine mögliche künftige Entwicklung steht. Man kann die einzelnen Möglichkeiten verfolgen, um die Zukunft zu finden, in der die Herzkrankheit oder der Brustkrebs geheilt sind, die Ernährungsgewohnheiten verändert und die unguten Beziehungen geklärt wurden.

Seit Jahrtausenden folgen Menschen den Zeitlinien und ziehen ihren Nutzen daraus. Die Schamanen eines Urvolkes mussten ihren Stamm dorthin führen, wo die Fische oder das Wild am nächsten Morgen sein würden. Das taten sie, indem sie der Zeitlinie des Dorfes folgten, um herauszufinden, wo die Jäger bei Tagesanbruch auf ihre Beute warten mussten. Wenn wir unsere Bestimmung finden möchten, dürfen wir also nicht nur den wahrscheinlichen Zeitlinien folgen, sondern müssen uns auch die möglichen Linien ansehen – wie *un*wahrscheinlich sie auch sein mögen. Wenn wir nur den wahrscheinlichen Linien folgen, werden wir den Bison oder die Fische, den geheilten Zu-

Die Obere Welt

stand oder den Weltfrieden niemals finden. Stattdessen festigen wir eine wahrscheinliche, aber negative Zukunft, weil das von uns entdeckte negative Ergebnis in unsere Zeitlinien fest eingefügt wird.

Eine meiner Schülerinnen reiste in die Obere Welt und fand entlang ihrer Schicksalslinien nur Krankheit und Tod (in ihrer Familie gab es eine lange Reihe von Herzerkrankungen). Einige Monate später wurde sie krank, weil sie nur den wahrscheinlichen, nicht aber den möglichen Linien gefolgt war, die zu einer krankheitsfreien Zukunft hätten führen können.

In der Quantenphysik gibt es die Heisenberg'sche Unschärferelation, die besagt, dass der Beobachter den Ausgang der Ereignisse beeinflusst. Wenn man ein subatomares Teilchen betrachtet und es für eine Welle hält, verwandelt es sich tatsächlich in eine Welle. Wenn man hingegen ein subatomares Teilchen an einem bestimmten Ort erwartet, befindet es sich auch dort. Wir können dieses Prinzip auf unser Leben übertragen, wenn wir verstehen, dass die von uns gefundene Bestimmung auch tatsächlich eintreten wird. Schließlich ist *jede* Prophezeiung selbsterfüllend, wie Hellseher wissen.

Der Film *Sturz ins Leere* erzählt die wahre Geschichte zweier englischer Bergsteiger, die bei der Besteigung eines äußerst gefährlichen und entlegenen Berges der Anden von einem Schneesturm überrascht werden. Sie können nicht einmal mehr die Hand vor Augen sehen. Beim Abstieg fällt einer von ihnen in eine tiefe Gletscherspalte und bricht sich das Bein. Der andere muss eine schwere Entscheidung treffen: Er kann das Seil durchtrennen und sich retten oder an den Partner gefesselt bleiben und das Risiko eingehen,

Liebe, Macht, Geld und Gesundheit

selbst ums Leben zu kommen. Er durchtrennt das Seil, kehrt wohlbehalten ins Camp zurück und glaubt, seinen Partner für immer verloren zu haben. Aber entgegen aller Wahrscheinlichkeit gelingt es seinem dem Tode überlassenen Partner, aus der Spalte zu klettern und zum Camp zurückzukriechen. Sein Überleben stand in seiner Schicksalslinie geschrieben, und er kroch ihm entgegen.

Auf der Suche nach der eigenen Bestimmung ist es von größter Wichtigkeit, das Pferd von hinten aufzuzäumen und sich zunächst die möglichen und dann erst die wahrscheinlichen Linien anzusehen. 1961 verkündete beispielsweise US-Präsident John F. Kennedy in einer Fernsehansprache, die Amerikaner würden bis Ende des Jahrzehnts einen Mann auf den Mond schicken und sicher auf die Erde zurückholen. Seine Berater kamen zu ihm und sagten: »Wir haben weder die Technik noch das Wissen oder das Geld dafür.« Kennedy erwiderte: »Macht es möglich.« Er sprach über das Mögliche, und es geschah.

In ähnlicher Weise gelang es Nelson Mandela, den kollektiven Traum vom Möglichen zu verwirklichen und aller Wahrscheinlichkeit zum Trotz eine außergewöhnliche Veränderung herbeizuführen. In der Isolation und der Feindseligkeit des Apartheidregimes erwirkte er eine positive Veränderung, einen friedlichen Übergang und die Gleichberechtigung aller. Zusammen mit dem südafrikanischen Volk verwirklichte er die unwahrscheinlichste aller Möglichkeiten. Wenn es wenigen großen Männern und Frauen gelingt, das Schicksal ganzer Nationen zu verändern, können wir uns ausrechnen, wie viel einfacher es sein muss, das eigene Schicksal zu lenken.

Die Obere Welt

Der Impulstunnel

Der Impulstunnel ist das Hauptbündel aus Zeitlinien, das die Ereignisse unserer Vergangenheit, unserer Gegenwart und unserer Zukunft enthält. Aus seiner Strömungsrichtung lassen sich 99 Prozent aller zukünftigen Möglichkeiten ableiten. Das sind die Fäden, die sich innerhalb des festen Lichtstrangs befinden, der sich aus der Vergangenheit in die Zukunft erstreckt. Hier hinein fallen auch 99 Prozent unserer möglichen Lebenswege.

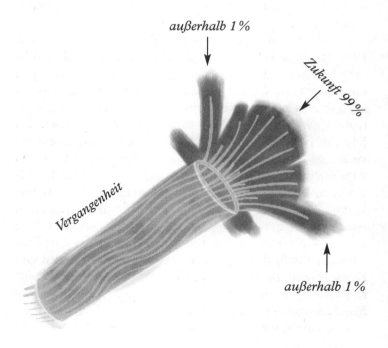

Liebe, Macht, Geld und Gesundheit

Lediglich ein Prozent unserer Möglichkeiten befindet sich außerhalb des Impulstunnels – diese Möglichkeiten lassen sich am schwersten verwirklichen, sind aber meist am vielversprechendsten. In Südafrika waren Unmut und Gewalt gewiss wahrscheinlicher als Mandelas Friede. Und dennoch siegte der Friede. Sowohl Weiße als auch Schwarze mussten große Opfer bringen und mit harten wirtschaftlichen und gesellschaftlichen Entscheidungen leben – mit anderen Worten, sie mussten den Impulstunnel verlassen. Doch als die schwierigen Entscheidungen einmal getroffen waren, richtete sich der Impulstunnel hinter dem Land neu aus und unterstützte es auf seinem Weg zum Wohlstand.

Unser Impulstunnel sorgt dafür, dass wir mit dem Strom schwimmen und die im Alter von sechs Jahren geschlossenen Seelenverträge, unsere genetischen Veranlagungen und die vor der Geburt getroffenen Entscheidungen erfüllen. Wenn wir die schwierigen Entscheidungen bereits getroffen haben, die uns Wohlbefinden, ein langes Leben und Seelenfrieden bringen, unterstützt uns unser Impulstunnel vielleicht schon auf unserer Reise. (Das geschieht, wenn wir die ungute Beziehung beenden, den Albtraumjob kündigen, uns vernünftig ernähren, Sport treiben und ein harmonisches Leben führen.) Doch viele von uns, die sich in einer schwierigeren Situation befinden und den Kurs ihres Lebens verändern möchten, müssen sich auf das eine Prozent außerhalb des Impulstunnels konzentrieren, um ihre Bestimmung zu finden. Dorthin können wir den Blick richten, wenn unser Leben nicht funktioniert und wir neue Möglichkeiten finden müssen.

Wenn beispielsweise ein Mensch an einer Form von

Die Obere Welt

Krebs erkrankt, die in den meisten Fällen tödlich endet, führen vermutlich 99 Prozent der Schicksalslinien zu einer langwierigen, lähmenden Krankheit oder zum Tod. Nur ein Prozent der Linien führt zur Gesundheit, doch um Zugang zu diesem einen Prozent zu bekommen, muss der Betreffende sein Leben zu 99 Prozent ändern. Seine Genetik, die Entscheidungen bezüglich seiner Lebensweise und seine emotionale Umgebung liegen allesamt innerhalb des Impulstunnels, der zur Krankheit führt. Nun kann er sich einen Lebensbereich nach dem anderen vornehmen (Diät machen, den aufreibenden Job kündigen und so weiter). Wirkungsvoller ist es jedoch, den Gesamtverlauf des Impulstunnels dadurch energetisch zu verändern, dass der Betreffende an der Zeitlinie entlangreist, um sich für eine erstrebenswertere Bestimmung zu entscheiden. Diese wird allein dadurch auf seiner Zeitlinie angelegt, dass er sie findet und vor sich sieht. Damit verändert sich der Lauf des Impulstunnels.

Wenn sich der Lauf deines Impulstunnels mit deiner Bestimmung deckt, kannst du dein ganzes Leben verändern. Dann ist es nicht mehr nötig, dass du dich um jede einzelne Entscheidung persönlich kümmerst. Du musst deine Lebensumstände lediglich in dem vollen Wissen und Vertrauen, dass du dich bereits für deine höchste Bestimmung entschieden hast, umsichtig verwalten. Wenn deine wahre Bestimmung fest in deine Zukunft eingefügt ist, verschwört sich das Universum zu deinen Gunsten, um sie Wirklichkeit werden zu lassen. Dann wirst du von deinem inneren Navigationssystem zu dieser Bestimmung geführt und von der Hand des Spirits geleitet.

Liebe, Macht, Geld und Gesundheit

So korrigierst du den Lauf deines Impulstunnels

Es kann sich zwar als höchst erstrebenswert erweisen, den Lauf des Impulstunnels zu korrigieren, doch oft ist das keine leichte Aufgabe. Vergegenwärtige dir kurz den Unterschied zwischen einer Boeing 747 und einem Hubschrauber. Eine 747 ist so gebaut, dass dein Getränk nicht allzu sehr auf dem Tischchen vor dir hin und her rutscht – sie fliegt so ruhig, dass du ein Nickerchen machen kannst, der Flugkapitän den Autopiloten einstellen, in der Kabine herumlaufen und mit den Passagieren plaudern kann. Doch so viel Stabilität hat ihren Preis: Wenn man den Kurs einer 747 ändern möchte, muss man einen sehr weiten Bogen fliegen, und das kostet Zeit – besonders, wenn man ihn so fliegen möchte, dass die Getränke der Passagiere nicht plötzlich in deren Schoß landen. Die meisten von uns legen unser Leben so an, dass wir den Autopiloten einschalten und herumlaufen können, ohne dass sich das Getränk auf dem Tischchen bewegt. Doch dafür zahlen wir unseren Preis. Und wie bei der 747 braucht eine Kursänderung ihre Zeit. Wir können nicht eines Morgens aufwachen und sagen: »Ich möchte die Hypothek nicht mehr abzahlen« oder: »Ich möchte nicht mehr arbeiten gehen.« Das ist in unserem Leben nicht vorgesehen.

Ein Hubschrauber ist ein völlig anderes Fluggerät und für plötzliche Kurswechsel sowie das schnelle Anfliegen und Verlassen von Orten gemacht. Das ist großartig, denn mit einem Hubschrauber kannst du auf tropischen Stränden landen und vom Dach eines Wolkenkratzers abheben. Dafür musst du allerdings bereit sein, mit Händen und Füßen vier Steuerungen gleichzeitig zu bedienen. Aufstehen

Die Obere Welt

und einen Bummel durchs Flugzeug machen ist nicht – du musst dich ganz aufs Fliegen konzentrieren. Außerdem musst du dich von Ballast befreien, da ein Hubschrauber leicht sein muss. Das heißt, du musst ohne Getränke, Mahlzeiten und Flugbegleiter auskommen.

Hier ein etwas vertrauteres Beispiel: Sagen wir, du fährst einen mit einer schweren Waschmaschine und einem Trockner beladenen Kleintransporter und bist mit 150 Stundenkilometern unterwegs. Plötzlich möchtest du links abbiegen. Selbst wenn dir das Manöver bei 150 Stundenkilometern gelingt, werden sich die Waschmaschine und der Trockner weiter in die ursprüngliche Richtung bewegen, den Transporter aus dem Gleichgewicht bringen und ihn in den Graben befördern. Um gefahrlos abbiegen zu können, musst du den Transporter zuerst stark abbremsen. Das Problem ist, dass die meisten Menschen nicht wissen, wie sie das machen sollen – das heißt, wie sie ihre Arbeitszeit verkürzen oder die Beziehungen zu ihren Kindern verändern sollen –, weil sie die Kontrolle über den Impuls verloren haben, der sie antreibt. Wenn wir uns nicht von Ballast befreien, werden uns die Waschmaschine und der Trockner, der Arbeitsplatz, der Ehepartner und sogar die Gesundheit genommen.

Steves neue Zukunft
Steve war ein hochkarätiger Wissenschaftler mit einer steilen Karriere an der Universität Stanford. Er arbeitete am Linearbeschleuniger und erforschte mit seiner Gruppe, was in der dritten Nanosekunde nach dem Urknall geschah. Sie wollten herausfinden, ob es genügend Materie im Universum gab, damit es sich bis in alle Ewigkeit weiter ausdeh-

Liebe, Macht, Geld und Gesundheit

nen könnte, oder ob es sich irgendwann wieder zusammenziehen und eine Art umgekehrter Urknall stattfinden würde. Es war Steves Traumjob.

Als ich ihn kennen lernte, fragte ich: »Wie lautet Ihr Urteil für das Universum: Werden wir uns weiter ausdehnen? Wie sieht die Prognose aus?«

Er erwiderte: »Fürs Universum sieht es ganz gut aus, für mich leider weniger. Vor kurzem bin ich an einer sehr aggressiven Form von Krebs erkrankt, und ich habe meine Hausaufgaben gemacht – 98 Prozent der Patienten mit dieser Form von Krebs sterben innerhalb von vier Monaten.«

Steves Frau war bereits vor einiger Zeit gestorben, und er zog seine beiden kleinen Töchter alleine groß. Vor wenigen Monaten war ihm die Liebe seines Lebens begegnet, doch nun war sein Todesurteil gesprochen. Ging man von der medizinischen Prognose aus, führten 98 Prozent aller Schicksalslinien in Steves Impulstunnel zu Tod, Tod und noch mehr Tod. Nur zwei Prozent befanden sich außerhalb jenes Tunnels, und auch die Hälfte *dieser* Linien beinhaltete die Möglichkeit einer ernsten Erkrankung. Nur ein minimaler Prozentsatz von Steves Schicksalslinien deutete auf eine Genesung hin. Doch Steve hatte viele Gründe zu leben, deshalb mussten wir durch das 2-Prozent-Fenster schlüpfen, um in der Zukunft ein geheiltes Selbst zu finden, das ihm die nötigen Informationen Stück für Stück zukommen lassen würde.

Steve und ich reisten an seiner Zeitlinie entlang in die Zukunft und fanden sein geheiltes Selbst. Anschließend führte ihn dieses künftige Selbst zur Genesung... doch dazu musste er sein ganzes Leben verändern. Er musste seine erfolgreiche Karriere aufgeben, weil ihn der Stress im wahrs-

Die Obere Welt

ten Sinne des Wortes umbrachte. Er musste »die Waschmaschine und den Trockner« aufgeben – die Arbeit an der Universität Stanford, die vorderste Front der Physikforschung, das Beschleunigen von Teilchen, den Wettlauf um die Publikation der Forschungsergebnisse und den Ruhm, den ihm seine wissenschaftlichen Erkenntnisse einbrachten. Von nun an musste er ein Leben führen, das seine neue, gesunde Bestimmung unterstützte.

Steve entschied sich für die neue Schicksalslinie, die außerhalb seines Impulstunnels lag, und warf die 98 Prozent Ballast seines bisherigen Lebens ab, um die wesentlichen zwei Prozent – das Leben und die Liebe – zu erhalten (kein schlechtes Geschäft!). Er wurde Holzschnitzer und zog mit seiner Familie nach Alaska. Ein halbes Jahr später leitete ich die Hochzeitszeremonie.

≈ *Übung: Zeichne deine Zeitachse* ≈

Die folgende Übung wird dir helfen, die Beschaffenheit deines Impulstunnels kennen zu lernen. Es ist wichtig, sich dieser Übung aus einer Haltung geistiger Offenheit heraus zu nähern. Nicht immer wollen wir unsere Bestimmung verändern – Steve war gewiss nicht darauf aus, seine Karriere als Physiker aufzugeben. Doch manchmal müssen wir unser Leben wirklich ändern – wie gut oder erfolgreich wir auch sein mögen –, damit unser Dasein geheilt und von Sinn erfüllt wird.

Nimm ein Blatt Papier zur Hand und ziehe vier waagerechte, parallele Linien von links nach rechts. Das sind die Lebenslinien, auf die du deine Geschichte und die Geschichte deiner Familie übertragen wirst. Auf der ersten Linie markierst du, welche Menschen du geliebt hast und

Liebe, Macht, Geld und Gesundheit

wann das war. Dazu zählen verrückte Schwärmereien, Sexualpartner, Ehepartner, Affären und enge Freundschaften. Übertrage Namen und Daten auf die Linie.

Auf der zweiten Linie trägst du die Zeiten emotionaler Macht oder Ohnmacht ein. Das können Phasen der Unsicherheit und Depression, Zeiten großen Glücks oder auch Zeiten sein, in denen du dich gar nicht an deine geistige Verfassung erinnern kannst.

Auf der dritten Linie kennzeichnest du deine Beschäftigungsverhältnisse und alle Berufszweige, die du erkundet hast. Auf die vierte Linie überträgst du deine Krankengeschichte und die Krankengeschichten deiner Familie. Dazu gehören sowohl deine eigenen Erkrankungen als auch die Krankheiten, an denen deine Eltern, Großeltern, Tanten und Onkel litten.

Vergleiche die Linien und suche nach Mustern: Beendest du Beziehungen immer dann, wenn echte Intimität entsteht? Sabotierst du dich selbst immer dann, wenn du kurz davor bist, mit einer Sache Erfolg zu haben? Was geschah in den Bereichen Beziehung, emotionale Macht und Beruf, als du gesundheitliche Probleme hattest? Welche positiven und negativen Entwicklungen sind erkennbar?

Diese Stränge – Liebe (Beziehungen), Macht (Gefühle), Geld (Karriere) und Gesundheit – sind die vier wichtigsten Zeitlinien in deinem Leben. Sie sind zu einem Strang in der Mitte deines Impulstunnels verknüpft, und in diesem festen Lichtstrang sind die wichtigsten Ereignisse deiner Vergangenheit gespeichert. Das ist das Schicksal, das deine Seelenverträge für dich gesponnen haben.

≈

Die Obere Welt

Im nächsten Kapitel wirst du lernen, wie du die einschränkenden Überzeugungen finden kannst, die dich an diese Schicksalslinien binden. Im darauf folgenden Kapitel wirst du Linien deiner eigentlichen Bestimmung – die Linien der möglichen, nicht nur der wahrscheinlichen künftigen Entwicklungen – aufspüren und dich von ihnen dorthin führen lassen, wo die größten Chancen und Erfüllungen auf dich warten.

10. Die heiligen Kühe schlachten

Drei Tage stromaufwärts vom nächsten Urwaldhafen, wenn man ihn überhaupt so nennen kann ...

Ich habe geschworen, nie mehr in den Dschungel zurückzukehren, aber das wird mich lehren, niemals nie zu sagen. Als ich meinen eigenen Tod erlitt, blieb ein Teil von mir im Nebel und Gewirr des Amazonas zurück, aber ich klammerte mich an das Leben und wollte nicht loslassen. Das war vor drei Jahren. Nun weiß ich, dass ich zurückkehren muss, um durch jene Pforte zu gehen, welche die meisten von uns nur am Ende unseres Lebens durchschreiten.

Ich weiß bereits, was auf der anderen Seite liegt. Ich weiß, dass ich sterben und alles loslassen muss, was ich glaube, damit ich wirklich leben kann.

Tagebucheintrag

Von jeher wenden die Menschen den Blick auf der Suche nach Antworten nach oben. Deshalb führen uns unsere Mythologien oft in große Höhen: Die japanischen Shinto-Priester erklimmen den Berg Fuji. Die Kurden verehren den türkischen Berg Ararat. In Indien gilt der Arunchala als Verkörperung des hinduistischen Gottes Shiva. Die amerikanischen Hopi verehren den Mount Blanca in Colorado, und die griechischen Götter lebten und herrschten natürlich auf dem Olymp.

Wenn sich so viele unserer heiligsten Stätten an den höchsten Punkten der Erde befinden, ist es nicht weiter ver-

Die Obere Welt

wunderlich, dass die Legenden aus aller Welt oft von den mühseligen Reisen dorthin erzählen. Die vielleicht bekannteste ist die Bibelgeschichte, in der Moses den Berg Sinai erklimmt, um die Zehn Gebote zu empfangen. Manchmal tragen unsere höchsten Gipfel auch mythologische Zeichen. So heißt es zum Beispiel, Adam habe nach der Vertreibung aus dem Paradies einen großen versteinerten Fußabdruck auf dem Adam's Peak auf Sri Lanka hinterlassen.

Wir Sterblichen leben in der Mittleren Welt des *Homo sapiens*, die Obere Welt dagegen ist das Reich des *Homo luminosus* – das Reich des Spirits. Sie ist das himmlische Reich der Engel, Erzengel und der Erleuchteten, die von Zeit und Tod befreit sind. In der Oberen Welt findest du deine göttliche Natur, und dort erfährst du auch etwas über die wunderbaren Abmachungen, die du noch vor deiner Geburt mit dem Spirit getroffen hast. Hier wirst du etwas über den wahren Verlauf deines Lebens erfahren – weshalb du hier bist, wen du lieben und was du lernen sollst – und dich an die Vereinbarungen erinnern, die deine Seele einging, ehe du bei deiner Geburt wieder in den Strom der Zeit zurückkehrtest. Dies sind die heiligen Vereinbarungen, an die du dich erinnern und nach denen du nun leben möchtest.

Den Legenden nach ist die Reise in die Obere Welt die Heldenreise. Wenn du die höchsten Gipfel erreichen möchtest, musst du sie erklimmen, als wärst du selbst ein Held oder eine Heldin. Ein Held ist das Gegenteil eines Opfers und kann seinem Ruf auch angesichts unüberwindbarer Widerstände folgen, während das Opfer dem Schicksal ausgeliefert ist. So wie Psyche schwere Prüfungen zu bestehen hatte, ehe sie in den Olymp auffuhr, wirst auch du deine Bestimmung erst finden, wenn du deinen eigenen Reinigungs- und Läuterungsprozess durchlaufen hast. Die Mythen lehren uns, dass wir die Gipfel der Oberen Welt erst erreichen können, wenn wir geheilt, von den Forderungen des Egos befreit und von Gnade und Integrität erfüllt sind.

Die Propheten der Maya verhießen, dass 2012 eine neue Menschheit aus der Oberen Welt hervorgehen wird. Diese Evolution der Menschheit schließt dich ein, da auch du an diesem Quantensprung zu einer neuen menschlichen Spezies beteiligt sein wirst. Diese Spezies wird neue Körper erschaffen, die auf andere Weise altern, heilen und sterben. Auf deiner Reise wirst du erfahren, dass du diesen Sprung tatsächlich machen wirst.

Heilige Kühe

Du kannst dich auf deine Reise in die Obere Welt vorbereiten, indem du dich von einschränkenden Überzeugungen über Liebe, Macht, Geld und Gesundheit befreist, etwa: »Ich bin nicht gut genug«, »Ich habe es nicht verdient«, »Bei mir funktioniert die Seelenrückholung nicht« oder »Ich kann es mir nicht leisten, mich zu verändern, ich trage zu viel Verantwortung«. Andere Varianten sind: »Ich werde mich ändern, wenn die Kinder groß sind«, »Wenn ich mehr Zeit habe, mache ich Yoga« oder: »Wenn ich genügend Geld habe, werde ich nicht mehr so hart arbeiten – und mich besser ernähren.«

Wir halten an diesen einschränkenden Überzeugungen oder »heiligen Kühen« fest, weil wir glauben, sie gäben uns

Sicherheit. In Wirklichkeit verhindern sie jedoch, dass wir das Einzige finden, was es uns ermöglicht, den Zauber der Welt zu erfahren. Wir reden uns ein, wenn wir uns von unserer heiligen Kuh trennten, bliebe nichts mehr übrig. Anders gesagt, wir halten es für besser, an dem Wenigen festzuhalten, was wir haben, statt mit leeren Händen dazustehen: besser eine schlechte Beziehung als gar keine Beziehung, besser eine schlechte Arbeit als gar keine Arbeit.

Eine meiner heiligen Kühe war zum Beispiel die Angst, meine Kinder nicht ernähren zu können. Ich sagte mir immer wieder: »Wenn die Kinder groß sind, *dann* werde ich mich stärker meiner Berufung zum Autor und Heiler widmen. Aber im Augenblick muss ich Verantwortung zeigen und an der Universität bleiben.« Eines Tages, damals waren meine Kinder noch klein, verließ ich die Universität, um an den Amazonas zu fahren. Als ich dort war, fragte mich mein Mentor: »Alberto, möchtest du wie ein Huhn oder wie ein Adler leben?«

Natürlich wollte ich nicht wie ein Huhn leben! Obwohl viel für die Sicherheit regelmäßiger Fütterungen in einem Hühnerstall spricht – und auch für den Maschendraht, der den Fuchs fern hält. Auf dem Bauernhof ist das in etwa die Entsprechung zu einer Firmenanstellung mit Pensionsplan oder in meinem Fall zu einem Lehrstuhl an der Universität mit regelmäßigem Gehalt. Aber ich wusste auch, dass viele den Hühnerstall verlassen, um dann auf dem Bauernhof am Boden hocken zu bleiben – und sehnsüchtig zum Hühnerstall zurückzublicken, weil sie nicht den Mut haben, sich in die Lüfte zu schwingen und zu fliegen.

Ich musste den Tatsachen ins Auge sehen: Wenn ich mit den Adlern fliegen wollte, musste ich mein Leben in eini-

Die heiligen Kühe schlachten

gen Punkten ändern. Ich musste die Sicherheit der Lehranstellung aufgeben, um meine Studien im Amazonasgebiet fortzusetzen. Damals war ich eines der jüngsten Mitglieder des Professorenkollegiums. Vor mir lag eine viel versprechende akademische Zukunft. Diese Entscheidung bedeutete, dass ich alle an mich gestellten Erwartungen opfern musste – auch die, die ich an mich selbst stellte.

Aber nach einigen schwierigen Jahren kam meine neue Karriere in Schwung, und ich konnte mehr als ausreichend für meine Familie sorgen. Ich lehrte nicht mehr an der Universität, hielt aber immer mehr Vorträge auf der ganzen Welt. Meine heilige Kuh hatte mich daran gehindert, die Erfahrung wahren Erfolges zu machen.

Einschränkende Überzeugungen loslassen

Eine heilige Kuh ist etwas, das man auf keinen Fall verlieren oder aufgeben will. Es kann auch etwas sein, von dem man glaubt, es müsse unbedingt erhalten bleiben. So wurde ich einmal gebeten, eine Firma zu beraten, deren Gründer das Gefühl hatte, dass das Geschäft stagnierte. Er sagte mir, er würde alles tun, damit sich die Lage besserte.

Nach der Begegnung mit seinen Managern war mir klar, dass er selbst es war, der sich ändern musste! Die Manager wussten, dass die Firma in Schwierigkeiten steckte, aber sie hatten Angst, mit ihrem Chef über ihre Bedenken bezüglich seiner Managementvorstellungen zu sprechen. Der Firmengründer war die heilige Kuh, die geopfert werden musste, damit entscheidende Veränderungen eintreten konnten.

Die Obere Welt

Ich teilte dem Firmenchef das Fazit mit: Er musste sich feuern. Am Ende beförderte er sich in den Aufsichtsrat und übergab die Alltagsgeschäfte der neuen Generation. Die Firma blühte auf, und die Angestellten waren glücklicher und somit kreativer und leistungsstärker. Der Gründer konnte sich wieder dem Gesamtkonzept und der strategischen Planung widmen, was er immer geliebt hatte. Er hatte das Gefühl, wieder mehr für die Firma zu leisten, und kam zum ersten Mal in seinem Arbeitsleben in den Genuss der Freuden einer Geschäftspartnerschaft.

Eine heilige Kuh ist also eine einschränkende Überzeugung, die wir fälschlicherweise für die Wahrheit halten. Es ist immer das, was uns von unserer Bestimmung abhält, weil uns gerade die Zeit, das Geld, die Gesundheit oder der Mut dafür fehlt. Es ist das, was dafür sorgt, dass wir noch sehr viel länger tun, was wir schon immer getan haben, obwohl wir wissen, dass es falsch ist. Ein Klient sagte einst: »Meine Arbeit ist ein Albtraum, aber ich brauche den Schlaf.« Obwohl er seine Arbeit hasste, klammerte er sich an seinen Arbeitsplatz und wollte lieber wie ein Schlafwandler durchs Leben gehen, als ein Risiko einzugehen und herauszufinden, was wohl geschähe, wenn er diese heilige Kuh schlachten und sich ins Ungewisse stürzen würde. Obwohl das Risiko oft sehr groß ist, ist die Gefahr, sein Leben wie ein Schlafwandler zu leben, noch größer.

Wenn wir an unseren einschränkenden Überzeugungen festhalten, kann das Krankheit und Not verursachen. Einer meiner Bekannten, ein Universitätsprofessor, erzählte mir immer wieder, sobald sein Pensionsanspruch erfüllt sei, würde er endlich tun, was er wollte. Leider starb er zuvor an einem Herzinfarkt. Aus dieser Geschichte können wir

Die heiligen Kühe schlachten

lernen, das wir es uns nicht immer leisten können zu warten: Wir müssen unsere einschränkenden Überzeugungen loslassen, um unsere Bestimmung mithilfe des Reisens zu finden.

Das ist natürlich leichter gesagt als getan und erinnert mich an eine alte indische Geschichte über ein paar Papageien, die im Palast des Sultans im Käfig leben. Ein alter Vogel erzählt den anderen (die in Gefangenschaft geboren wurden) vom blauen Himmel, vom köstlichen Geschmack der Mangos, die ganz oben in den Wipfeln der Bäume wachsen, und von der wunderbaren Freiheit, unter den Wolken zu schweben. Eines Tages vergisst der Vogelhüter versehentlich, die Käfigtür zu schließen, und der alte Vogel sagt: »Fliegt, meine Freunde. Fliegt auf und davon. Grüßt die Baumwipfel von mir.« Einer nach dem anderen verlassen die Papageien den Käfig und fliegen davon – bis auf den alten Vogel, der sie dazu überredet hatte. Der alte Papagei war einfach nicht mehr bereit, seine Sicherheit der Freiheit zu opfern.

Einschränkende Überzeugungen sind immer Dogmen. So wurde beispielsweise der italienische Astronom Galileo im 17. Jahrhundert von der Inquisition als Ketzer verfolgt, weil er der Theorie des Kopernikus zustimmte, dass sich die Erde um die Sonne dreht, was in direktem Widerspruch zu den Lehren der Zeit stand. Der arme Astronom geriet in die Kritik einer Welt, die ihren Platz am Himmel nicht kannte. Nachdem er von der Kirche gerügt worden war, unterbrach er die Erforschung der Umlaufbahnen der Himmelskörper für ein paar Jahre. Am Ende aber siegte der Drang, seiner Berufung zu folgen und sie sogar vor dem Papst zu verteidigen.

Die Obere Welt

Galileo musste die heilige Kuh schlachten, dass unser Planet das Zentrum des Universums sei, um das sich Sonne und Sterne jede Nacht drehten. Obwohl er eingesperrt wurde, weil er diese Überzeugung infrage stellte, veränderten seine Entdeckungen die Geschichte der Wissenschaft für immer. Damals hielt man Galileos Vorstellungen für falsch – heute sind sie allgemein anerkannt, und auf der ganzen Welt hören Schulkinder von ihm und seinen Entdeckungen.

Wenn du wie Galileo die höchsten Gipfel erklimmen willst, darfst du dich auch von starren Dogmen und Widerständen nicht abhalten lassen. Deine Freunde und deine Familie glauben vielleicht nicht, dass du die Arbeit, den Beruf oder die Beziehung aufgeben wirst, von der sie meinen, sie seien perfekt für dich – sie werden denken, du jagst einem Hirngespinst hinterher. Wenn du deinem Ruf folgst, so bedeutet das, dass du nur einem Menschen Rechenschaft schuldig bist: *dir selbst*.

Der Ruf deiner Bestimmung

Vielleicht vernimmst du einen Ruf, den du am liebsten ignorieren würdest. Es ist verlockend zu sagen: »Ich bin noch nicht bereit – ich tu's ein anderes Mal. Mir geht's ja noch ganz gut.« Doch wenn du deinem Ruf nicht folgst, riskierst du, den Zorn des Himmels auf dich zu ziehen.

In der Geschichte von Jona und dem Wal trägt Gott dem Propheten Jona auf: »Geh nach Ninive«, aber Jona erwidert: »Nein, lass mich, ich möchte nur ein ruhiges Leben mit meinen Kindern und Enkeln führen.« Jona ignoriert den Ruf, geht an Bord eines Schiffes und segelt in die ent-

Die heiligen Kühe schlachten

gegengesetzte Richtung davon. Ein gewaltiger Sturm zieht auf, und die Seeleute wissen, dass jemand Gottes Zorn auf sich gezogen hat. Niedergeschlagen gesteht Jona den anderen, dass er dieser Jemand ist. Um sich selbst zu retten, werfen die Schiffskameraden ihn über Bord, und er wird von einem Wal verschlungen, der ihn dann in seinem Bauch nach Ninive bringt.

Im Bauch des Wals wird Jona klar, dass er dazu berufen ist, das Wort Gottes zu verkünden. Als der Wal den reumütigen Jona an einem fernen Ufer wieder ausspuckt, geht er nach Ninive und beginnt zu predigen – doch er musste großes Elend kennen lernen, ehe er diesem Ruf nachkam. Jonas Geschichte lehrt uns: Wenn wir dem Ruf unserer Bestimmung nicht freiwillig folgen, werden wir dazu gezwungen.

Der Ruf unserer Bestimmung ist nicht von dieser Welt. Er hat keine Ähnlichkeit mit der Menüwahl zwischen Hühnchen und Fisch – er ist eine Kraft, die sich ganz und gar unserer Kontrolle entzieht. Dennoch haben wir die Wahl: Wir können dem Ruf freiwillig folgen oder warten, bis uns eine Krankheit oder eine persönliche Krise zwingt, unsere derzeitige Beschäftigung aufzugeben und unserer Bestimmung zu folgen.

Jahrelang vermied ich es, meinem eigenen Ruf zu folgen. Jedes Mal, wenn ich dachte: »Ich will doch nur einen ganz normalen Job und ein geregeltes Leben«, verschworen sich die Umstände gegen mich und warfen mich wieder auf meine Lehr- und Heiltätigkeit zurück. Entweder ich wurde krank oder mit der von mir anvisierten Karriere klappte es nicht. Ich entdeckte ein altes Sprichwort, das besagt: »Wenn du Gott zum Lachen bringen willst, mach Pläne.«

Die Obere Welt

Meine Berufung anzunehmen, war stets eine Herausforderung für mich. Ich musste mich vielen Ängsten und Problemen stellen. Nach der Veröffentlichung meines ersten Buchs *Heilen und Schamanismus* erteilte das Ethikkomitee der amerikanischen Psychologenvereinigung meinem Co-Autor und mir eine Rüge. Es hieß, wir würden primitiven »Aberglauben« schüren. Viele meiner Kollegen glaubten, ich verschwendete mit dem Studium »unkonventioneller« Heilmethoden nur meine Zeit, und sogar meine Mutter fragte mich, wann ich endlich einen Job annehmen würde. Doch letzten Endes war das alles bedeutungslos: Ich *musste* meinem Ruf folgen.

Wie du weißt, ereilt uns der Ruf unserer Bestimmung nicht immer auf dem erwarteten Wege. US-Präsident Franklin D. Roosevelt wuchs beispielsweise hochprivilegiert auf und war sehr erfolgreich, ehe er mit 39 Jahren an Kinderlähmung erkrankte. Doch erst nach seiner Erkrankung nahm er seine Bestimmung an und brachte es auf der internationalen Bühne zu Ruhm. Roosevelt war nicht nur einer der US-Präsidenten, die am meisten bewegten und am längsten im Amt waren, sondern rief darüber hinaus auch eine Kampagne ins Leben, um finanzielle Mittel für die Erforschung eines Impfstoffs gegen Kinderlähmung zu beschaffen. Damit half er, eine weitere Übertragung der Krankheit zu verhindern, die ihn zum Krüppel gemacht hatte und das Land in Angst und Schrecken versetzte. Roosevelt widerstand dem Glauben, seine Behinderung mache ihn machtlos. Im Gegenteil: Er stieß einen Heilungsprozess an, der weit größer war als die Krankheit selbst. Roosevelt nahm seine Behinderung als Grundlage für einen heilenden Kreuzzug für andere, der aus einem

Die heiligen Kühe schlachten

privilegierten Menschen einen Mann mit einer Bestimmung machte.

Es gibt noch viele Geschichten über Menschen, die außergewöhnliche Hürden zu überwinden hatten oder Schwierigkeiten in Chancen verwandelten. Man denke nur an Helen Keller, die sowohl blind als auch taub war, ihre Behinderung aber überwand, um Lesen und Sprechen zu lernen und schließlich als erste blinde und taube Studentin einer amerikanischen Universität ihren Abschluss zu erwerben. Zu einer Zeit, als Menschen mit derartigen Behinderungen noch als geisteskrank galten, bereiste sie ganz Amerika und inspirierte viele tausend taube Menschen zu lernen, wie sie sich verständigen konnten.

Große Persönlichkeiten zeigen uns, dass wir unsere einschränkenden Überzeugungen loslassen und das Abenteuer unseres Lebens vom reinen Überleben in die Erfüllung unserer Bestimmung verwandeln können. Was also ist deine Bestimmung? Besteht sie darin, dich mit deinen Grenzen abzufinden, oder darin, die Welt zu verändern? Der Weg des Heilers bestand schon immer darin, einschränkende Überzeugungen abzulegen und sie in Quellen der Kraft und der Inspiration zu verwandeln. Wenn du deine heiligen Kühe opferst, bleiben dir keine Ausflüchte mehr, die du dem Spirit gegenüber als Entschuldigung anführen könntest. Dann gibt es keine Behinderung mehr zu überwinden, ehe du der Welt dienen, und kein Kind mehr großzuziehen, ehe du Schriftstellerin werden kannst. Dann gibt es nur noch dein lautes, deutliches *Ja* zum Leben.

Die Obere Welt

≈ *Übung: Finde deine heiligen Kühe* ≈

Bei dieser Übung wirst du ein paar einschränkende Überzeugungen kennen lernen und loslassen, die verhindern, dass du deine Bestimmung lebst. Du wirst das für jeden der vier Stränge tun, die zu deinem Impulstunnel verwoben sind – für deine Liebesbeziehungen, für emotionale Macht, für Geld und Karriere und für deine Gesundheit. Fülle für jeden der vier Bereiche die Lücken im folgenden Satz: Wenn ich _____, dann werde ich _____. Sei so präzise und ehrlich wie möglich.

Hier sind ein paar Beispielsätze:

- *Liebesbeziehungen*

Wenn ich die richtige Beziehung gefunden habe, dann werde ich:
– glücklich sein
– erfüllt sein
– mich nicht mehr einsam fühlen
– mich liebenswert fühlen

- *Macht (psychische und emotionale Stärke)*

Wenn ich den Zorn auf meine Mutter überwunden habe, dann werde ich:
– meine Tochter akzeptieren, wie sie ist
– besser mit meiner Weiblichkeit in Kontakt bleiben
– mehr Vertrauen haben
– offener für die Begegnung mit einem Mann sein

- *Geld und Karriere*

Wenn ich den richtigen Job habe, dann werde ich:
– meditieren lernen und jeden Tag üben

Die heiligen Kühe schlachten

– friedvoller und zufriedener sein
– reisen
– richtig gut kochen lernen

• *Gesundheit*
Wenn ich nicht mehr unter chronischer Erschöpfung leide, werde ich:
– regelmäßig Sport treiben
– lernen, gesunde Mahlzeiten zu kochen
– etwas gegen meine Unzufriedenheit tun
– fit und aktiv werden

Finde nun deine eigenen Sätze für jeden der vier Bereiche. Sieh dir anschließend genau an, was du in die Lücken geschrieben hast. Die erste Lücke steht für die heilige Kuh, die einschränkende Überzeugung, die verhindert, dass du Fortschritte im Leben machst. Die zweite Lücke ist die Reise, auf die du dich begeben musst – ob die genannte Bedingung nun erfüllt ist oder nicht.

Diese Übung ist zwar sehr einfach, sie eignet sich aber sehr gut dazu, einschränkenden Überzeugungen auf die Spur zu kommen. Da du eine ganze Herde heiliger Kühe hast, solltest du die Übung oft wiederholen und jedes Mal ein wenig weiter gehen, um besonders tief sitzende Überzeugungen zu finden. Wenn du dich streng an die Übung hältst, kann sie dich zu deiner Bestimmung führen.

≈

Nun, da du deine heiligen Kühe kennst – und bereit bist, sie zu schlachten –, kannst du die Obere Welt und deine himmlischen Eltern kennen lernen.

11. Die Reise zur eigenen Bestimmung

Es gibt zweierlei Arten von Reisenden: Reisende mit und Reisende ohne Karten. Als ich jung war, gehörte ich zur letzten Gruppe. Eines Tages kam ich tief im Regenwald vom Weg ab (ich wusste, dass ich nur eine Stunde vom Camp entfernt war). Zwei Tage später war immer noch kein Weg in Sicht, und ich sagte mir immer wieder: »Du hast dich nicht verlaufen. Das ist nur ein Wort. Du weißt einfach nicht, wo du bist.«

Am dritten Tag gestand ich mir endlich ein, dass ich mich verlaufen hatte. Ich kam an einen kleinen Bach, nicht mehr als ein Rinnsal. Aber ich wusste, dass dieses Rinnsal zuerst in einen Nebenfluss und schließlich in den Amazonas selbst münden würde. Zwei Tage lang lief ich durch das sandige Bett, bis ich den großen Fluss erreicht hatte. Dort nahmen mich zwei Indianer in einem Motorkanu mit. Sie fragten mich, ob ich mich verlaufen hätte.

»Nein«, sagte ich, »ich finde mich gerade selbst.« Sie lächelten und schwiegen.

Es gibt Menschen, die den Landkarten folgen, und Menschen, die die Karten machen.

Tagebucheintrag

Jonas Bestimmung sorgte, selbst als er zu fliehen versuchte, dafür, dass er schließlich nach Ninive ging. Wie er hast du die Wahl: Du kannst so lange warten, bis du von einem Wal verschlungen wirst (oder von einer Wendung erschreckt

Die Reise zur eigenen Bestimmung

wirst, die dein Leben nimmt), oder einen bewussteren Weg einschlagen. Jona unterschied sich nicht von den Menschen, die beim Autofahren mehrere Dinge gleichzeitig tun: Sie rasen, um schnell zur Arbeit zu kommen, telefonieren mit dem Handy und trinken dabei Kaffee, um wach zu bleiben, weil sie nie ausreichend Schlaf bekommen – bis sie in einen schrecklichen Unfall mit beinahe tödlichem Ausgang verwickelt werden. Das Leben verpasst ihnen eine Vollbremsung, verfrachtet sie an einen anderen Ort und spuckt sie an einem »fernen Ufer« wieder aus. Nach dem Unfall sind sie nicht mehr dieselben, und ihr Leben ist von Fragen nach seinem Sinn und Zweck bestimmt.

Die Literatur über Nahtoderfahrungen ist voll von solchen Geschichten, das heißt von Menschen, die nach einem außergewöhnlichen Ereignis wie verwandelt waren. Sie erzählen davon, dass sie zuerst einen dunklen Tunnel durchquerten, ehe sie ans Licht kamen. Dort trafen sie auf engelgleiche Wesen, ihre himmlischen Eltern, die sie bei ihrem Lebensrückblick führten, damit sie Sinn und Zweck ihres Lebens verstehen konnten.

Die transformierende Kraft der Begegnung mit dem Tod ist eines der häufigsten Themen in Büchern und Filmen. So erzählte beispielsweise Charles Dickens in seiner Erzählung *Ein Weihnachtslied* von Ebenezer Scrooge, der den Weg zur Güte fand, nachdem er einen kurzen Blick auf die eigene Sterblichkeit erhascht hatte. Und in dem Filmklassiker *Ist das Leben nicht schön?* von Frank Capra erinnert ein Engel-in-Ausbildung den selbstmordgefährdeten George Bailey an den Sinn seines Lebens. Er zeigt Bailey, wie die Welt ohne ihn ausgesehen hätte.

Doch warum sollen wir auf einen Unfall, auf eine Ver-

Die Obere Welt

zweiflungstat oder die letzten Augenblicke unseres Lebens warten, um den Sinn unserer Existenz zu erfahren? Warum sollen wir uns dieses Wissen nicht verschaffen, so lange wir noch die Chance auf ein sinnerfüllteres Leben haben? Wie man weiß, wünscht sich auf dem Totenbett niemand, ein paar Stunden mehr im Büro verbracht zu haben. Vielmehr bedauern wir, eine Liebe verloren, nicht mehr Zeit mit unseren Kindern verbracht oder keinen Sinn in unserem Leben gefunden zu haben. Wir bedauern, nicht getan zu haben, was uns ein Gefühl emotionaler oder kreativer Erfüllung hätte geben können – das Gefühl, der eigenen Berufung gefolgt zu sein.

Machen wir diese Erfahrung jetzt gleich – gehen wir durch den dunklen Tunnel ins Licht, wo himmlische Wesen uns den Plan unseres Lebens enthüllen –, statt darauf zu warten, dass uns dieses Wissen von einem traumatischen Ereignis *aufgezwungen* wird. Reisen wir in die Obere Welt zu unseren himmlischen Eltern und treten ins Licht.

Orientierung in der Oberen Welt

Die Obere Welt ist das, was die Psychiatrie als *Überbewusstsein* bezeichnet. Dieser Bereich ist sehr viel größer als der des begrenzten Selbstgefühls, den wir aus unserem Alltag kennen. Wenn wir in die Obere Welt reisen, treten wir in dieses kollektive Überbewusstsein ein, das uns Zugang zu unserer Bestimmung und der Bestimmung unserer Familie, unseres Dorfes oder des Fleckchens Erde bietet, für das wir verantwortlich sind – sei es nun ein Garten, ein Bauernhof oder ein Stadtviertel in New York City.

Die Reise zur eigenen Bestimmung

Alle traditionellen Gesellschaften (und viele Religionen) kennen eine Obere Welt, und alle haben ihre eigenen Karten von diesem Land angefertigt. Da sind die christlichen Darstellungen von Fegefeuer und Paradies. Sie beschreiben die Ebenen der Läuterung, die ein Mensch durchlaufen muss, ehe er ins Paradies eingelassen wird. Die alten Karten aus Tibet zeigen die Ebenen des Bardo, wo eine Seele für ihre Fehler büßt und dann nach viel Elend und Leid ins Licht zurückkehrt. Die Laika kennen eine mehrstufige Landschaft (die eine gewisse Ähnlichkeit zur Vorstellung der Tibeter hat), die von den kollektiven Seelen der Mineralien, Pflanzen und Tiere sowie den Seelen unserer Vorfahren bewohnt wird. Jede dieser fünf Ebenen hat ein anderes Verhältnis zur Zeit. Dies ist die Karte, nach der wir uns in diesem Kapitel richten werden.

Wie viele andere Religionen glauben die Laika, dass es uns aufgrund dessen, wie wir unser Leben gelebt haben, nach dem Tod ganz automatisch auf eine der Ebenen der Oberen Welt zieht. Treffen wir beispielsweise im ungeheilten Zustand ein, dann werden wir den unteren Ebenen zugeteilt, wo wir eine Phase der Reinigung und der Läuterung durchlaufen. Doch wenn wir unser Leben bewusst leben, können wir auf eine der höheren Ebenen der Oberen Welt gelangen, wo es weder Zeit noch Leid gibt ... nur Freude.

Die Wesen, denen wir in der Oberen Welt begegnen, werden uns willkommen heißen und uns die heiligen Verträge zeigen, die wir vor unserer Geburt geschlossen haben. Das sind wundervolle Vereinbarungen, die wir Zeit unseres Lebens ignorierten oder von denen wir nicht wussten, wie wir sie erkennen sollten, weil uns unsere Traumata, unser Ehr-

Die Obere Welt

geiz und unsere Erwartungen an das Leben vom Kurs abgebracht hatten. In der Oberen Welt bietet sich die Gelegenheit, unsere himmlischen Eltern zu fragen, was wir tun können, um diese heiligen Vereinbarungen einzuhalten, und wie sie uns die größte Erfüllung schenken können.

Alles, was du bisher in diesem Buch gelernt hast, diente der Vorbereitung auf diese Reise: Mithilfe der Seelenrückholung hast du deine Vergangenheit geheilt und zur Gnade zurückgefunden. Du hast deine Zeitlinien auf schädliche Muster hin untersucht, die dich in deinem Impulstunnel aus Liebesbeziehungen, emotionaler Macht, Geld und Gesundheit festhielten. Und du hast deine heiligen Kühe geschlachtet, um dich von einschränkenden Überzeugungen zu befreien. Diese Heilprozesse haben dich auf die Reise in die Obere Welt vorbereitet. Sie erlauben es dir, geheilt dort anzukommen, und geben dir die Freiheit, auch jene Schicksalslinien zu erkunden, die außerhalb deines Impulstunnels liegen.

Die fünf Stufen der Oberen Welt

Bevor wir beginnen, möchte ich daran erinnern, dass es sich hier um eine heilige Reise handelt und entsprechende Vorsichtsmaßnahmen erforderlich sind. Wie bei der Reise in die Untere Welt musst du deinen heiligen Raum öffnen und den Hüter der Schwelle der Oberen Welt um Einlass bitten. (Im Christentum ist das der Heilige Geist, der in Gestalt einer feurigen Taube erscheint. Im Judentum ist es der Messias.)

Sehen wir uns die einzelnen Ebenen nun genauer an.

Die Reise zur eigenen Bestimmung

Die erste Stufe: die Ebene der Steinmenschen
Wenn dir der Hüter der Schwelle Einlass gewährt, betrittst du zuerst die unteren Ebenen der Oberen Welt. Auf der ersten Ebene vergeht die Zeit ähnlich wie in unserer Welt. Sie schreitet voran, nimmt dabei wie im Traum gelegentlich einen Rückweg oder Umweg, verläuft im Grunde aber linear.

Dies ist eine erdgebundene, dunkle Welt voller Leid, in der du dich reinigst, ehe du die von Frieden und Freude erfüllten höheren Ebenen betrittst. Die indigenen Völker bezeichnen die erste Ebene der Oberen Welt als das Reich der Steinmenschen. Hier sind die Essenz und der Spirit der Steine zu Hause. Die Energie schwingt auf dieser Ebene sehr langsam. Wenn man also zufällig ein Stein ist, findet man es vollkommen in Ordnung dort, doch für einen Menschen ist es nicht besonders schön. Es gibt weder Licht noch Sinneswahrnehmungen – du bist dir der Gegenwart anderer zwar vage bewusst, kannst aber weder Kontakt zu ihnen aufnehmen noch mit ihnen kommunizieren. Hier gibt es nur Leid.

Wenn wir von einem erdgebundenen Spirit sprechen, der sich in der Phase der Reinigung und Läuterung befindet und noch an den Ort gebunden ist, an dem er gelebt hat oder an dem er getötet wurde, meinen wir damit eine Wesenheit, die im Reich der Steinmenschen festsitzt. Solche Wesenheiten verweilen an Orten, an denen Autounfälle, Vergewaltigungen oder Morde geschehen sind, also dort, wo ein Mensch sowohl seine Seele als auch sein Leben verloren hat. Eine Seele kann sich auch an einen Menschen hängen, den sie geliebt oder gehasst hat. Sie bleibt dann so lange bei diesem Menschen und klammert sich an ihn, bis auch er auf der ersten Stufe eintrifft und sie ihre Seelenangelegenheiten klären können.

Der Legende nach dürfen wir die erste Stufe erst verlassen, wenn wir gelernt haben, uns um die Erde zu kümmern, wofür die Steinmenschen stehen. Stirbt man mit vielen ungelösten Konflikten und ungeklärten Beziehungen, muss man unter Umständen so lange auf der ersten Stufe bleiben, bis man zu denjenigen »Ich liebe dich« und »Ich vergebe dir« gesagt hat, zu denen man diese Worte im Laufe seines Lebens nicht gesagt hat. Unerledigte Angelegenheiten dieser Art sind unter anderem unverheilte Wunden oder Schäden, die man anderen Menschen oder der Natur zugefügt hat. Die erste Stufe lässt sich mit der christlichen Vorstellung vom Fegefeuer vergleichen, wo man eine gewisse Zeit abbüßt, ehe man in den Himmel darf, oder mit dem ersten Bardo der Buddhisten, wo man seine »Zeit absitzt«, leidet und sich läutert, ehe man in die zeitlosen Daseinsbereiche aufsteigen darf.[9]

Die zweite Stufe: die Ebene der Pflanzenmenschen
Während sich eine Seele läutert und heilt, erwacht sie immer mehr und kann schließlich zur zweiten Stufe der Oberen Welt aufsteigen. Diese Ebene ist für den Menschen sehr viel angenehmer als die erste. Er kann sehen und hat Zugang zu allen Sinnen, aber solange er sich von seinem letzten Leben reinigt, ist das Leiden noch nicht vorüber. Auch auf dieser Ebene übt der Lauf der Zeit noch eine gewisse Anziehung aus, sind Ursache und Wirkung von vorherrschender Bedeutung.

Hier münden die vielen Bäche früherer Leben in den Strom der jüngsten Existenz. Man durchlebt nicht nur die

Die Reise zur eigenen Bestimmung

Ereignisse der jüngsten Vergangenheit, sondern auch die vieler anderer Inkarnationen noch einmal. Man begegnet Wesen, die man erkennt und von denen man erkannt wird. Wie in einem Traum erscheinen Menschen aus der fernen Vergangenheit und den jüngsten Inkarnationen, bitten um Vergebung oder fordern Rache. Man kann mit ihnen in Kontakt treten, doch wie im Traum gehen die Szenen schnell ineinander über, und es dauert lange, bis Lösungen gefunden sind.

Der Legende nach kann man die zweite Stufe erst verlassen, wenn man Verantwortung für den Schutz der Pflanzen, der Blumen, Büsche und Wälder übernimmt. Dies ist das Reich der Pflanzenmenschen. Es ist zwar noch eine Ebene der Läuterung, zugleich aber auch eine Ebene des Wachstums, des Lebens und des Sonnenlichts – eine grüne Welt, in der die Spirits der Pflanzen wohnen. In der Hopi-Mythologie ist das der Ort, an dem nach dem Licht das Leben entstand.

Die Laika reisen an diesen Ort, um sich Rat zu holen, welche Kräuter und Pflanzen ein Mensch in Not braucht. Die Arzneikunde der traditionellen Völker entstand ursprünglich aus dem Dialog mit dieser Welt – nicht durch Versuch und Irrtum, wie der westliche Mensch oft glaubt. Die Heiler testeten nicht Hunderte von Arzneimitteln, um herauszufinden, welches bei Bauchschmerzen oder einer Pfeilwunde hilft. Wenn ein Ethnobiologe die Menschen im Regenwald heute fragt, woher sie wissen, welche Pflanze sie in einem bestimmten Fall in welcher Mischung verabreichen müssen, ist die Antwort des Schamanen einfach: »Vom Spirit der Pflanze.«

Die Obere Welt

Die dritte Stufe: die Ebene der Tierspirits

Die dritte Stufe der Oberen Welt ist die Welt der Tierspirits, in der auch die Spirits uralter Geschöpfe umherstreifen. Dieser Bereich wird von den Spirits des Elchs, des Adlers, des Raben, des Lachses und des Jaguars bevölkert. Zudem findet man hier die Spirits aller ausgestorbenen Tierarten wie die des Säbelzahntigers, des Mastodons und des prähistorischen Wals. So wie man die zweite Stufe bereisen kann, um die Gaben der Pflanzenspirits zu erhalten, kann man auch die Welt der Tierspirits besuchen.

Bei der dritten Stufe handelt es sich zwar bereits um eine höhere Ebene, doch die Menschen sind hier noch immer nicht zu Hause. Hier werden Individuen nicht voneinander unterschieden, und es gibt nur die völlige Verschmelzung mit der Natur, da Tiere kollektive Seelen haben, anders als der Mensch, der eine individuelle Seele besitzt. Es gibt kein Bewusstsein, keine Trennung von dem, was um einen herum geschieht – stattdessen wird man von der Gemeinschaft aufgesogen und vereinnahmt, ohne ein Empfinden für das eigene »Ich« oder Selbst zu entwickeln. In dieser Welt ist Zeit ganz und gar fließend, obwohl es noch eine Vergangenheit und eine Gegenwart gibt.

In dieser Welt durchlaufen menschliche Seelen die letzten Stadien der Läuterung. Nun müssen sie nur noch erwachen und erkennen, dass sie träumen. Der Legende nach kann man diese Stufe erst verlassen, wenn man bewusst an der Evolution *allen* Lebens teilnehmen kann.

≈

Denk daran, dass du bei der Reise durch die drei Naturebenen der Oberen Welt möglicherweise auf die Geister

Die Reise zur eigenen Bestimmung

deiner Vorfahren stößt, aber keinen Kontakt zu ihnen aufnehmen kannst. Vielleicht begegnest du auf einer dieser Ebenen deinem Großvater oder einem alten Freund, doch sie werden nicht auf dich reagieren. Auf diesen Ebenen ist das Gespräch mit lieben Verstorbenen nicht möglich, da sie mit ihrer Läuterung beschäftigt und den Lebenden nicht zugänglich sind. Sie können dich nicht hören, und du kannst ihnen nicht helfen. Vielleicht können sie deine Liebe und dein Mitgefühl spüren, aber wahrnehmen können sie dich nicht. Es gibt Heiler, die sich darauf spezialisiert haben, diesen Wesen zu helfen, aber die Seelen müssen ihren eigenen Prozess der Vergebung und der Buße durchlaufen, ehe sie Gnade finden und auf der vierten Stufe der Oberen Welt auch mit anderen Menschen in Kontakt treten können.

Die vierte Stufe: die Ebene der Ahnen

Auf der vierten Stufe befinden sich die Seelen deiner Vorfahren, und du kannst mit ihnen sprechen, weil ihre Buße getan ist. Dieses Reich ist voller Menschen, Orte und Dinge, die parallel zu unserer Welt existieren und sie spiegeln. Hier kann man die geliebten Menschen treffen, deren »Heimkehr« abgeschlossen ist. (Es besteht eine gewisse Ähnlichkeit zu dem Teil der *Göttlichen Komödie*, in dem Dante von Beatrice durchs Paradies geführt wird – von dem hübschen Mädchen, das in Florenz in seiner Nachbarschaft wohnte und das Dante den Aufstieg zum Göttlichen ermöglicht.)

Alles, was du bisher getan hast, diente dem Zweck, deine Vergangenheit zu heilen, so lange du noch einen physischen Körper hast. Diese Arbeit wird dir helfen, den langen und

Die Obere Welt

mühevollen Weg durch die unteren Ebenen des Lebens nach dem Tod zu umgehen. Sie dient der Vorbereitung auf die Begegnung mit deinen himmlischen Eltern, die dir helfen werden, deine nächste Familie sowie die Umstände und den Ort deiner nächsten Geburt auszuwählen und festzulegen, welche Erfahrungen du in deinem nächsten Leben machen wirst. Deine Seele übt nämlich eine gewaltige Anziehung auf die Familie aus, in die sie hineingeboren werden möchte. Manchmal bringt sie zwei Liebende sogar nur für eine einzige Nacht voller Romantik zusammen, um als Kind dieser Eltern geboren zu werden.

Deine himmlischen Eltern werden dich daran erinnern, weshalb dir das Leben geschenkt wurde, und sie werden dir die Bedingungen des ursprünglichen heiligen Vertrags, den du mit dem Spirit eingegangen bist, wieder ins Gedächtnis rufen. Diese wunderbaren Wesen werden zwar als »Eltern« bezeichnet, sind aber nicht deine biologischen Vorfahren, sondern wohlwollende Archetypen, frei von dem psychologischen und genetischen Ballast, den deine menschlichen Eltern an dich weitergegeben haben. Sie stellen deine *spirituelle*, nicht deine *körperliche* Herkunft dar und weisen dir den Weg, ohne dich zu beurteilen oder Erwartungen an dich zu stellen. Sie heißen deine Seele zu Hause willkommen und helfen dir, zu deiner eigentlichen Bestimmung zurückzufinden. Wie Raymond Moody, einer der führenden Forscher im Bereich der Nahtoderfahrungen, schrieb, verhielt es sich bei den von ihm Interviewten meist so, dass das Gefühl, gerichtet zu werden »nicht etwa von dem Lichtwesen ausging, das diesen Menschen ohnehin nur Liebe und Annahmebereitschaft entgegenbrachte, sondern im Inneren desjenigen stattfand, der gerichtet werden sollte«.[10]

Die Reise zur eigenen Bestimmung

Die Lebensrückschau findet in Gegenwart deiner himmlischen Eltern statt. Dabei bist du Angeklagter, Verteidiger, Richter und Jury in einem und legst Rechenschaft darüber ab, wie gut du deinen ursprünglichen Seelenvertrag erfüllt hast: Wie treu bist du dem geblieben, was du ursprünglich lernen wolltest? Wie erlebst du die Liebe, auf welche Weise dienst du? So, wie dich deine biologischen Eltern auf diese Welt gebracht haben, bringen dich deine himmlischen Eltern in die nächste und heißen dich nach deinem Tod zu Hause willkommen.

Für den Menschen ist die vierte Stufe ein Ort des Friedens und der Erholung, an dem sich die Seelen zwischen den Inkarnationen versammeln. Obwohl du geläutert bist und Buße getan hast, wird die Geschichte deiner Seele über dein nächstes Leben entscheiden. Auf der vierten Stufe steht die Zeit beinahe still, doch das Prinzip von Ursache und Wirkung sowie das Gesetz des Karmas sind immer noch in Kraft. Eine Minute auf dieser Stufe kann einem Jahrhundert auf der Erde entsprechen. Der Legende nach entwickelt man sich erst über diese Stufe hinaus, wenn man Verantwortung für die Aufgabe übernimmt, die Welt ins Dasein zu träumen. (Am Ende des nächsten Kapitels werde ich auf dieses Konzept eingehen.)

Die fünfte Stufe: die Ebene des Höchsten
Von der vierten Stufe aus kann man über eine kosmische Leiter auf die fünfte und höchste Ebene der Oberen Welt gelangen. Dies ist das Reich der Engel und Erzengel, hier halten sich die großen Medizinmänner und -frauen auf. Hier befinden sich all jene Seelen, die sich der Unterstützung der Menschheit verschrieben haben – dazu zählen

Die Obere Welt

auch die buddhistischen Bodhisattvas und die christlichen Heiligen. Hier begegnest du deinem Selbst, das niemals in den Strom der Zeit eingetreten ist und alles über den Menschen weiß, zu dem du dich entwickelst.

Die Vorstellung, eine »kosmische Leiter zu erklimmen«, mag merkwürdig anmuten, doch symbolische Darstellungen dieser Leiter ragen überall im Südwesten der USA aus unterirdischen Kivas in den Himmel. In der Tradition der Inka führt diese Leiter zuerst zu Sirius, dem »Hundestern«, und danach in die Obere Welt. Eine weitere Metapher für das Erklimmen dieser Leiter ist die Ankunft auf einem Berggipfel, von dem aus man das Tal und die Felder des eigenen Lebens mit großer Klarheit erkennen kann. (Im nächsten Kapitel wirst du mehr über diese fünfte Stufe erfahren.)

Die Obere Welt besuchen

Nach deinem Tod hast du Zugang zu allen fünf Stufen, besuchen kannst du sie aber bereits jetzt, solange du noch am Leben bist – indem du dich auf Reisen begibst.

Wenn du in die Obere Welt reist, kannst du deine himmlischen Eltern bitten, dich daran zu erinnern, wie du dieses Leben gemäß deinem eigentlichen heiligen Vertrag führen kannst. Du kannst die ursprünglichen Vertragsbedingungen wiederherstellen und prüfen, inwieweit du sie korrigieren möchtest. Du kannst deine himmlischen Eltern bitten, dir bei der Ergründung zu helfen, wie gut du deinen heiligen Vertrag eingehalten und ihm gedient (oder ihn vernachlässigt) hast. Wenn man seinen heiligen Vertrag vergisst,

Die Reise zur eigenen Bestimmung

glaubt man allmählich, im Leben ginge es darum, sechzig Stunden die Woche im Büro zu sitzen und sich anschließend mit seinem Kfz-Mechaniker über den unruhigen Leerlauf des Wagens zu streiten..., und hat dabei die ganze Zeit den Verdacht, dass all das nichts mit dem zu tun hat, weshalb man auf diesen Planeten gesandt wurde.

Dies ist dein Lebensrückblick, und deine himmlischen Eltern werden dir helfen, Vergebung und Buße für alle Abweichungen von deinen ursprünglichen heiligen Verträgen zu finden. Darüber hinaus werden sie dich für dein weiteres Lebens auf einen sinn- und zweckerfüllten Kurs bringen.

Ein Beispiel aus meinem eigenen Leben soll zeigen, wie wertvoll diese Reise sein kann und wie sehr unsere himmlischen Eltern unser Verständnis verbessern können. Auf einer meiner Reisen brachten mich meine himmlischen Eltern zu meinem biologischen Vater, der vor einigen Jahren gestorben war. Erfreut sah ich, dass er nicht litt und von Freude und Licht erfüllt war. Er umarmte mich, sah mir in die Augen und sagte: »Bis du erkennst, warum du als mein Sohn geboren wurdest, wirst du mein Leben führen.«

Mein Vater war ein freundlicher, liebevoller, aber auch sehr arbeitswütiger Mann gewesen und hat viel Spaß im Leben versäumt. Nach dieser Begegnung durchleuchtete ich drei Jahre lang die Psychologie meiner Familie und ihre genetische Veranlagung zu Gesundheit und Krankheit. Eines Tages erwähnte ich die Einzelheiten dieser Reise gegenüber einem meiner Mentoren, worauf er mir erklärte, dass ich mich verhört hatte. In Wirklichkeit hatte mich mein Vater an Folgendes gemahnt: »Bis du erkennst, *warum du*, mein Sohn, *geboren wurdest*, wirst du mein Leben führen.«

Die Obere Welt

Daraufhin machte ich mich auf die Suche nach meinem eigentlichen Vertrag und nach dem Sinn und Zweck, den ich diesem Leben hatte geben wollen.

In der Oberen Welt bietet sich dir zum zweiten Mal die Gelegenheit, deinem Ruf zu folgen. Parzival trifft im Wald auf den alten Eremiten, legt seine Rüstung ab und findet zum zweiten Mal die Gralsburg. Wie er wirst auch du erkennen, warum du geboren wurdest und mit welcher Zielsetzung du dieses Mal auf die Welt kamst. Das kann eine spirituelle oder kreative Berufung, aber auch der Ruf zu dienen sein. Vielleicht findest du heraus, dass du ein Dichter, ein Bildhauer, ein Heiler sein, einen Fluss oder eine vom Aussterben bedrohte Tierart retten oder einfach Menschen in Not Mitgefühl und Verständnis entgegenbringen kannst.

Wenn du dich für deinen heiligen Vertrag entscheidest, werden dir die Möglichkeiten deiner Bestimmung offenbart – die Herausforderungen, die Wunder, die Rätsel und die darin verborgene Kraft. Wenn du deine Bestimmung erfüllst, so anstrengend das manchmal auch sein mag, wirst du nach dem Tod geheilt in der Oberen Welt eintreffen und das Leid der unteren Stufen umgehen, wo die größte Sünde darin besteht, den ursprünglichen Seelenvertrag nicht eingehalten zu haben.

Denk daran: Du reist, um herauszufinden, welche Chancen sich deiner Seele in diesem und im nächsten Leben bieten. Du reist, um einschneidende Veränderungen herbeizuführen, die nicht mit kleinen alltäglichen Schritten bewirkt werden können. Du kannst diese Entscheidungen nicht fällen, so wie du auf den Börsenstand von heute reagierst oder darauf, wie er morgen vielleicht sein wird. Du

Die Reise zur eigenen Bestimmung

kannst diese Entscheidungen nicht fällen, indem du einzuschätzen versuchst, wie sich deine Frau gerade fühlt, wie sie auf eine Veränderung reagieren würde oder indem du auf den Chancen herumreitest, die dir in den letzten Wochen entgangen sind. Die Entscheidungen der Seele sind die großen Entscheidungen, die man nur auf der fünften Ebene treffen kann, während man seine Bestimmung erkundet und sie im Jetzt zum Ausdruck bringt. In der Oberen Welt entscheidest du über deine Zukunft – und über alle künftigen Inkarnationen.

Der Preis des Wandels

Vergiss nicht, dass alles seinen Preis hat. Der »Kaufpreis« für diese Transformation besteht darin, dass du deine Prioritäten neu ordnen und grundlegende Veränderungen vornehmen musst. Wenn du zum Beispiel materiellen Erfolg über die emotionale und spirituelle Verbundenheit mit anderen stellst, wirst du den Preis des Leids dafür bezahlen. Wenn du dein Leben aber ändern möchtest, um dich stärker spirituell und emotional zu engagieren, wirst du dich ganz dafür einsetzen müssen. Wie dem auch sei, *du hast stets die Wahl* – selbst wenn du deine Bestimmung lebst.

Du kannst dich für das große Haus, den schicken Wagen und den Job im internationalen Konzern entscheiden, musst dann aber bereit sein, den Preis dafür zu zahlen. Du kannst dich auch für ein Leben voller Liebe im Dienst am Nächsten entscheiden, lebst dann aber vielleicht nicht ein Leben in Saus und Braus ... was dir unter Umständen gar nicht bewusst wird, denn wenn du in deiner Seele ruhst,

Die Obere Welt

wirst du dich auch ohne Luxus wohl fühlen. Die Laika bezeichnen das als *munay* oder »aus dem Herzen handeln«, weil den Dingen, die man von Herzen tut, am wenigsten Karma anhaftet und man dafür nicht seine Seele verpfänden muss.

Das heißt nicht, dass du keinen materiellen Erfolg haben kannst – es bedeutet nur, dass weltliche Errungenschaften ebenso wenig die einzige Richtschnur für den Erfolg sind, wie der Verzicht auf materiellen Reichtum die einzige Richtschnur für spirituelles Wachstum ist. Die folgende Geschichte wird das verdeutlichen.

Es war einmal ein Mönch, der lebte an einem Fluss. Jeden Tag ging er zum Fischen und überließ seinen Fang den Armen. Er selbst behielt lediglich einen Fischkopf, aus dem er am Abend eine Suppe kochte. Eines Tages erzählte einer seiner Schüler dem Mönch, dass er zum heiligen Berg reisen wolle. Der Mönch war hoch erfreut und bat den Schüler, seinen alten Meister aufzusuchen und ihn um Hilfe zu bitten. »Frage ihn, weshalb ich in meiner spirituellen Praxis keine Fortschritte mehr mache«, sagte er.

Der Reisende machte sich auf den Weg. Am Fuße des heiligen Berges angekommen fragte er einen Wirt: »Könnt Ihr mir sagen, wo der Meister wohnt?« Der Wirt antwortete: »Auf dem Gipfel des Berges. Die Gärten, die du siehst, sind seine Gärten. Diese Rinderherden gehören ihm. Diese Felder, auf denen Weizen und Gerste wachsen, sind die seinen.« Der Reisende war überrascht, dass ein spiritueller Meister solch großen Reichtum besaß. Während des Aufstiegs hielt er an, um mit einem der Gärtner zu sprechen, der ihm bestätigte, dass dies in der Tat die Gärten des Meisters waren.

Die Reise zur eigenen Bestimmung

Auf dem Gipfel des Berges stand ein wunderschönes Schloss. Er klopfte an die Tür, und die Frau des Meisters hieß ihn willkommen. Sie bereitete ihm ein Festmahl, wie er es noch nie gegessen hatte, und teilte ihm mit, dass ihr Mann später nach Hause käme.

Bei Sonnenuntergang fuhr der Meister in einem von Lakaien begleiteten Vierspänner vor. Er hieß den Reisenden willkommen und erkundigte sich nach seinem ehemaligen Schüler. Der Reisende sagte: »Er bat mich, Euch um Hilfe zu bitten. Er möchte wissen, weshalb er keine spirituellen Fortschritte mehr macht.«

Der Meister schloss kurz die Augen, öffnete sie wieder und sprach: »Weil er zu materialistisch ist.« Der Reisende glaubte, dass der alte Meister sich geirrt haben musste. Doch dieser sagte: »Nein. Sage ihm, was ich dir gesagt habe«, und wünschte dem Reisenden eine gute Heimkehr.

Nach seiner Rückkehr begab sich der Reisende zum Fischermönch und sagte: »Ich habe eine Nachricht von Eurem Meister, doch da muss ein Fehler vorliegen. Er sagt, Ihr würdet nicht weiterkommen, weil Ihr zu materialistisch seid.«

Der Mönch wusste sofort, dass der Meister Recht hatte. »Aber natürlich!«, rief er. »Das ist es!«

Der Schüler stand vor einem Rätsel. »Wie kann das sein?«, fragte er. »Ihr gebt doch alles fort!«

»Aber darum geht es ja«, sagte der Mönch. »Wenn ich abends meine Fischkopfsuppe koche, kann ich nur noch an den Rest des Fisches denken.« Der Meister dagegen wusste, dass ihn seine Besitztümer weder beherrschen würden noch dass sein Reichtum ihn definierte.

Die Obere Welt

Es ist nie zu spät

Wir können unsere Bestimmung auf unterschiedliche Weise finden – und manchmal finden wir sie erst am Ende unseres Lebens. Anne zum Beispiel war Designerin und Künstlerin und litt an Leberkrebs im fortgeschrittenen Stadium. Sie befand sich im Hospiz in Pflege, und man hatte ihr nur noch wenige Tage gegeben, als sich ihre Mutter bei mir meldete.

Als ich Anne zum ersten Mal sah, war ihre Haut von Gelbsucht gezeichnet. Ihre Leber hatte die Arbeit nahezu eingestellt. Sie hatte schreckliche Schmerzen und große Angst. Wir reisten zusammen in die Obere Welt, wo wir ihren verstorbenen Großeltern begegneten. Sie hielten Annes Hand und versicherten ihr, dass sie nichts zu befürchten habe und sie hier seien, um ihr beim Übergang in die geistige Welt und bei ihrer Heimkehr zu helfen. Anschließend traf sie ihre himmlischen Eltern, zwei Lichtwesen, die sie umarmten und ihr sagten, dass es keinen Grund zur Furcht gebe. In der einen Gestalt erkannte Anne sofort ihren spirituellen Mentor Swami Muktananda (einen indischen Meister und Lehrer, der 1982 gestorben ist), der ihr erklärte, dass ihre Arbeit noch nicht getan sei. Als sie von ihrer Reise zurückkehrte, lag ein Lächeln auf Annes Gesicht, und sie erklärte mir, dass ihre Angst verschwunden sei.

Seltsame Umstände hatten mich in den Besitz von Muktanandas Gehstock gebracht. In den Gehstock war ein Pfauenauge, ein hinduistisches Gnadensymbol, eingraviert, das der Swami zu seinem persönlichen Zeichen erkoren hatte. Bei meinem nächsten Besuch brachte ich Anne

Die Reise zur eigenen Bestimmung

den Stock mit und erzählte ihr, dass er einem großen Mann geholfen habe, auf dieser Welt zu wandeln, und dass er ihr bei ihrem Übertritt in die nächste Welt helfen würde. Von diesem Tag an trug Anne den Gehstock rund um die Uhr bei sich.

In den nächsten Tagen besserte sich ihre Gelbsucht, und sie wurde aus dem Hospiz entlassen. Eine Woche später erklärte sie mir, dass der Schmerz nachgelassen habe und ihre Energie zurückkehre. Allerdings sei sie von der Heilung ihrer Familie erschöpft, die aus dem ganzen Land angereist war, um bei ihr zu sein. In den letzten Tagen hatte Annes Arbeit darin bestanden, ihre Verwandten dazu zu bewegen, einander zu vergeben und Frieden miteinander zu schließen.

Zwei Wochen später bekam ich einen Anruf von ihrer Mutter, die mir sagte, dass die Büsche vor Annes Veranda voller Monarchfalter seien. »Sie sind gekommen, um sie zu holen«, sagte sie. An jenem Abend schlief Anne friedlich ein.

Diese wunderbare Erfahrung lehrte mich, dass wir den Gesetzen der Biologie unterworfen sind, solange wir in einem Körper leben – das heißt, dass wir an unserer Schicksalslinie nur das ändern können, was in unserem Universum zulässig ist. (Wir konnten Anne nicht etwa eine neue Leber beschaffen.) Doch auch wenn wir uns innerhalb der Gesetze dieses Universums bewegen, können wir vieles verändern. Wunder geschehen, aber nur, wenn wir auf die Suche nach den spirituellen Gaben der Oberen Welt gehen.

Anne fand ihren ursprünglichen Seelenvertrag – die Menschen zu heilen, die sie liebte – und konnte zu ihrem

Die Obere Welt

Lehrer reisen. Wie bereits gesagt, gewährt uns das Universum Unterstützung, wenn wir unseren eigentlichen Seelenvertrag finden und unser Leben danach ausrichten – wie das bei Anne der Fall war. Sie hatte genügend Zeit, um ihre Arbeit auf dieser Welt zu beenden, ehe sie in die nächste überging.

Führung auf deiner Reise

Mithilfe der folgenden Übung wirst du in die Obere Welt reisen, wo du deine himmlischen Eltern kennen lernen und sie bitten wirst, dir deinen ursprünglichen Seelenvertrag zu offenbaren. Auf dieser ersten Reise solltest du nur eine einfache Frage stellen, zum Beispiel: »Wie kann ich von Nutzen sein?«, oder etwas Konkretes zu einem Projekt oder einer Beziehung fragen. Vermeide umfangreichere Fragen wie: »Was soll ich mit meinem weiteren Leben anfangen?« Dafür ist auf späteren Reisen noch genügend Zeit, wenn du mit der Oberen Welt vertrauter geworden bist.

Zunächst einmal besteht deine Aufgabe darin, dich für deine Bestimmung und die damit verbundenen Möglichkeiten zu öffnen, wie sie auch aussehen mögen, und dir ins Gedächtnis zu rufen, dass du nur bekommen kannst, was in unserem Universum zulässig ist. Die Möglichkeiten dürften dich überraschen oder gar schockieren, denn die Wirklichkeit ist noch seltsamer als alles, was wir uns ausdenken können. Jeder Mensch besitzt Fähigkeiten und Möglichkeiten, die er sich nicht einmal in seinen wildesten Träumen vorstellen kann.

Bevor du die Obere Welt verlässt, rufst du ein Krafttier

Die Reise zur eigenen Bestimmung

zu dir, dessen Eigenschaften und Instinkte dich deiner Bestimmung näher bringen werden. Das Krafttier aus der Oberen Welt erfüllt zwar eine ähnliche Funktion wie das Krafttier aus der Unteren Welt, ist aber fast immer ein geflügeltes Wesen, zum Beispiel ein Falke, eine Taube oder ein Adler. Es wird dir Weitblick schenken und dich lehren, dein Leben mit ganz neuen Augen zu sehen.

≈ *Übung: Reise in die Obere Welt* ≈
Öffne zur Vorbereitung auf diese Reise deinen heiligen Raum. Mach die Atemübung »Kleiner Tod« und formuliere dann im Stillen deine Absicht für diese Reise: dass du deine himmlischen Eltern kennen lernen willst.

Stell dir vor, vor dir steht ein großer Baum. Seine Wurzeln reichen tief in die Erde hinab, sein Stamm hat einen gewaltigen Umfang, und seine Äste ragen bis in den Himmel. Sende deinen leuchtenden Körper in den Stamm dieses Baumes. Spüre dich darin, spüre die Umarmung des Baumes und seinen Saft, der auf seinem Weg von den Wurzeln in die Äste durch dich hindurchfließt. Lass dich vom Saft des Baumes bis in die höchsten Astspitzen tragen, zu einem Ort über den Wolken.

Sieh dich um. Du befindest dich auf einer festen Wolke, kannst sicher stehen und gehen. Rufe nun den Hüter der Schwelle herbei: »Hüter der kommenden Zeit, du, der du den Lauf der Sterne bestimmst, gewähre mir Einlass in dein Reich.« Sieh, wie sich der Hüter der Schwelle nähert und dich willkommen heißt. Sieh ihm in die Augen und teile ihm deine Absicht mit.

Bitte den Hüter der Schwelle, dich zu deinen himmlischen Eltern zu bringen. Plötzlich siehst du zwei Lichter

Die Obere Welt

in der Ferne, die sich dir nähern. Begrüße sie – es sind deine leuchtenden Eltern, Archetypen frei von Zeit und Gestalt. Fühle, wie sie dich mit den Worten begrüßen: »Willkommen zu Hause, mein Kleines, alles ist gut.«

Frage diese Wesen: »Wer seid ihr? Seid ihr meine himmlischen Eltern?« und »Wie seid ihr mit mir verwandt?«

Achte bei der Zwiesprache mit diesen Lichtwesen darauf, wie deine Gedanken mit den ihren verschmelzen. Es gibt keine Trennung zwischen euch. Sie nehmen deine Gedanken unmittelbar und vollständig wahr, und auch du nimmst ihre Gedanken in ihrer Gesamtheit wahr.

Bitte diese Wesen, dir den heiligen Vertrag ins Gedächtnis zu rufen, den du vor deinem Eintritt in dieses Leben geschlossen hast. Frage, weshalb du gerade diese Eltern, diesen Geburtsort und diese Umstände für deine Geburt gewählt hast. Bitte sie, dir die Vereinbarung ins Gedächtnis zu rufen, die du vor deiner Geburt mit dem Spirit getroffen hast: Was wolltest du hier erfahren, erkunden, lernen, wie wolltest du dienen? Wie gut hast du die Vereinbarung eingehalten? Wie kannst du die ursprünglichen Vertragsbedingungen wieder herstellen?

Nachdem du dich an deinen heiligen Vertrag erinnert hast, folgst du den beiden Lichtwesen zu einer großen Leiter in den Wolken. Sieh, wie weit sie in den Himmel hineinragt, und folge deinen himmlischen Eltern in die fünfte Welt hinauf, an den Ort deiner Herkunft. Sieh dich um: Hier gibt es Diamantstädte und Kristalldörfer, eine unversehrte Natur und klare Flüsse. Bitte darum, die Schicksalslinie gezeigt zu bekommen, die dich zu deinem höchsten Ziel führt, zu dem Ziel, das für alles Leben von größtem Nutzen ist. Du kannst es als Gefühl, als Empfindung, als Bild oder

Die Reise zur eigenen Bestimmung

in Worten wahrnehmen. Wichtig ist nur, dass du es mit Herz und Seele aufnimmst.

Frage nun, nachdem du deine höchste Bestimmung kennst, wie dein neuer heiliger Vertrag aussehen kann. Berücksichtigt er deine tiefsten Sehnsüchte und Ziele? Lass dir von deinen himmlischen Eltern erklären, wozu du dich verpflichtest, was du lernen, lieben, erfahren wirst. Denk daran, dass du Einfluss auf die Bedingungen dieser neuen Vereinbarung hast.

Klettere nun über die Leiter in die vierte Welt zurück. Wenn du magst, kannst du dir einen Augenblick Zeit nehmen, um das Dorf deiner Vorfahren zu besuchen und dich zu überzeugen, dass es ihnen gut geht. Bedanke dich danach bei deinen himmlischen Eltern, die dich nach deinem Tod bei deiner Rückkehr in Empfang nehmen werden. Danke ihnen dafür, dass sie dir geholfen haben, dich an deinen heiligen Vertrag zu erinnern. Danke ihnen auch dafür, dass sie dir erlauben, die von dir gefundene Bestimmung in deinem Herzen zu tragen.

Bereite dich nun darauf vor, die Obere Welt zu verlassen. Danke dem Hüter der Schwelle und bitte einen geflügelten Tierspirit, dich zu begleiten. Spüre, wie er seine Flügel um dich legt und dich zärtlich damit trägt. Er soll dich führen und beschützen.

Kehre mit deinem Tierspirit durch die Wolken in die obersten Spitzen des großen Baumes zurück und steige durch die immer dicker werdenden Äste hinab. Lass dich vom Saft durch den gewaltigen Stamm hinuntertragen. Spüre die Gegenwart deines Tierspirits, der dich beim Abstieg umkreist. Tritt aus dem Baum heraus und kehre in deinen Körper und in dein Zimmer zurück.

Die Obere Welt

Spüre, wie dein Tierspirit über dir schwebt. Sieh ihm tief in die Augen: Welche Farbe haben sie? Berühre seine Krallen. Strecke die Hände aus und nimm dieses geflügelte Tier energetisch in dein siebtes Chakra auf. Spüre, wie es seine Flügel in deinem Herzen ausbreitet.

Kehre in unsere Welt zurück und sieh dir an, was du mitgebracht hast. Erinnere dich daran, wer du bist, woher du kommst und welche Erfahrungen du hier machen sollst. Bewahre diese Absicht rein und voller Mitgefühl in deinem Herzen. Atme tief ein, öffne die Augen und schließe den heiligen Raum.

≈ Schreibübung:
Dialog mit deinen himmlischen Eltern ≈

Nimm nach der Rückkehr von deiner Reise dein Tagebuch zur Hand, um in einen Dialog mit deinen himmlischen Eltern einzutreten und die Gaben deines geflügelten Krafttieres kennen zu lernen. Diese Schreibübungen ähneln deinen Dialogen mit den verlorenen Seelenteilen und den Krafttieren der Unteren Welt. Sie sollen einen fortlaufenden Dialog mit diesen archetypischen Wesen bilden, in dem sie ihre Energien offenbaren können. Bitte sie um ihre Lehren und darum, ihre Stimmen hören zu dürfen.

Öffne deinen heiligen Raum und teile eine leere Seite deines Tagebuchs mit einer Linie in zwei Spalten. In der linken Spalte stellst du Fragen an deine himmlischen Eltern oder dein geflügeltes Krafttier. In der rechten Spalte werden sie dir antworten. Beginne mit einfachen Fragen und lass dir genügend Zeit, damit sich ein ungestörter Dialog entwickeln kann, ehe du den heiligen Raum wieder schließt.

Die Reise zur eigenen Bestimmung

Wiederhole diese Übung, um all das von ihnen zu lernen, was sie dich lehren können. Es ist sinnvoll, die Dialoge mit deinen himmlischen Eltern und deinem Krafttier voneinander zu trennen, damit sich ihre Stimmen nicht gegenseitig verdrängen. Schließlich möchtest an ihrer Weisheit teilhaben, ohne das Gefühl zu haben, dass es mehr Informationen gibt, als du aufnehmen kannst. Unterhalte dich zuerst mit deinen himmlischen Eltern. Stelle Fragen wie: »Was möchte ich auf dieser Welt erforschen und erfahren?« »Welche Lektionen lehrt mich das Leid, die mich auch die Liebe lehren könnte?« »Welche Lektionen muss ich noch lernen?« »Welche Gaben soll ich hier zum Ausdruck bringen?«

Wiederhole die Übung anschließend mit deinem Krafttier.

Denk bei der Unterhaltung mit deinen himmlischen Eltern daran, dass du deine neue Bestimmung zwar vielleicht angenommen hast, dass dies aber nicht unbedingt heißt, dass du all ihre Auswirkungen verstehst. Zuerst vollzieht sich die Heilung, dann entwickelt sich das Verständnis – der Geist erfasst Dinge erst lange, nachdem dein Herz und dein Körper sie verstanden haben. Doch selbst wenn du deine Bestimmung nicht gleich verstehst, wird sich dein Körper daran erinnern, und du kannst sie in deinem Herzen finden. Das wird dir helfen, sie zu erfüllen.

Diese Reise wird ein Gefühl tiefen Wissens in dir hinterlassen. Du wirst bewusst oder unbewusst erkennen, dass der künftige Abschnitt deiner Zeitlinie nun eine hohe Bestimmung enthält. Du musst nur noch darauf zugehen. Es ist nicht mehr nötig, all die verwirrenden Entscheidungen, Alternativen und Wahlmöglichkeiten durchzuspielen, da du dich von der Entscheidung deiner Seele leiten lassen kannst. Der wichtigste Teil deiner selbst wird den Weg kennen und sich daran erinnern, und er wird dir helfen, diesen neuen Weg zu gehen.

≈ *Übung: Einen Altar bauen* ≈

In traditionellen Gesellschaften ist es üblich, nach den ersten Reisen zu den Ahnen einen Altar für sie zu bauen. Anthropologen sprechen oft von »Anbetung der Ahnen«, doch eigentlich geht es um etwas ganz anderes: Ein Altar ist eine Möglichkeit, die Vorfahren zu ehren, ihrer zu gedenken und Frieden mit ihnen zu schließen.

Du kannst einen Ahnenaltar bauen, damit sie einen Platz haben, an dem sie sich aufhalten können, und damit du weißt, wo sie sind – schließlich willst du nicht, dass sie überall in deinem Leben herumspuken! Eine meiner Klientinnen hatte eine Verwandte, die bei einem Autounfall ums Leben gekommen und bei ihr im Auto »eingezogen« war. Wenn sie mit dem Auto fuhr, konnte sie ihre Gegenwart auf dem Rücksitz spüren. Nachdem sie einen Ahnenaltar gebaut hatte, fand ihre verstorbene Verwandte einen Ort der Ruhe und des Friedens.

Wenn du zu Ehren deiner Ahnen und zur Erinnerung an sie einen Altar bauen möchtest, kannst du Bilder von Verwandten, die bereits zum Spirit zurückgekehrt sind, auf ein Regal stellen. Vielleicht möchtest du auch eines deiner Lieblingstücher darunterlegen. Zünde an ihrem Todestag eine Kerze für sie an, und denk daran, dass sie weiterleben, auch wenn sie nicht mehr unter uns sind. Zu anderen Ge-

Die Reise zur eigenen Bestimmung

legenheiten kannst du Weihrauch verbrennen oder ein Gebet sprechen, in dem du sie bittest, deinem Heim Frieden und Schutz zu gewähren.

≈

Im nächsten Kapitel erfährst du, wie du deinen Impulstunnel von früheren Leben reinigen kannst. Damit wirst du deinen früheren Leben, die im zeitlosen Jetzt noch immer existieren, helfen, auf die fünfte Stufe aufzusteigen, Bewusstsein und Frieden zu erlangen, und dich auf diese Weise von ihrem Karma befreien.

12. Unser neuer Körper

»Und wie lässt sich die Quantenmechanik auf den Alltag übertragen?«, forderte mich mein Mentor heraus. »Lehrt dich die Quantenphysik, wie du auf der Erde leben sollst? Wie du das Wetter verändern kannst?«

Das Geheimnis liegt darin, dass man lernt, unsichtbar zu werden und die Zeit zu meistern. Wichtig ist nicht das Geheimnis selbst, sondern dass man es bewahren kann und wie man es bewahrt. Wenn man dieses Geheimnis kennt, ist es, als kenne man die Zukunft. Und wer, wenn nicht die Menschen, die verstehen, dass sich die Zeit dreht wie ein Rad, kann die Zukunft kennen und sich nicht davon aus dem Gleichgewicht bringen lassen? Wenn der eigene Glaube an die Wirklichkeit auf der Überzeugung beruht, dass Zeit nur in eine Richtung fließt, erschüttert die Erfahrung eines künftigen Ereignisses die eigene Glaubensgrundlage. Den Schamanen kümmert das nicht, da der Schamane den Glauben nicht braucht – er hat die Erfahrung. Trotzdem ist großes Können erforderlich, um zu verhindern, dass die eigenen Taten oder die eigene Absicht von diesem Wissen verdorben werden.

Tagebucheintrag

Der französische Wissenschaftler Louis Pasteur entwickelte im 19. Jahrhundert die Keimtheorie, wonach Krankheiten von Mikroorganismen verursacht werden, die in den Körper eindringen. Sobald sie die schützende Grenze der

Haut, der Schleimhaut, der Nebenhöhlen oder der Lungen überwunden haben, schädigen sie den Körper. Antoine Béchamp, ein Zeitgenosse Pasteurs, war anderer Ansicht.

Béchamp stellte die Hypothese auf, dass Keime immer und überall vorhanden seien und das innere Milieu des Körpers – was später als Immunsystem bezeichnet wurde – über unsere Krankheitsanfälligkeit entscheide. Er sagte, dass Fliegen von Müll angezogen würden, da er ihnen Nahrung biete, dass die Fliegen diesen Müll aber nicht verursachten. Wenn es keinen Müll gäbe, würden sie davonfliegen, um sich nach einem anderen Nahrungslieferanten umzusehen. Das Gleiche gelte für den menschlichen Körper: Es müsse eine innere Ursachen geben, die es den Mikroorganismen gestatte, sich von uns zu ernähren und Erkrankungen und Krankheiten auszulösen. Wegen dieser Überlegungen lässt sich Béchamp mit Fug und Recht als »Vater der modernen Naturheilkunde« bezeichnen. Diese hat den Aufbau eines starken Immunsystems zum Ziel, damit man unabhängig davon, was sich in der Atmosphäre befindet, vor Krankheiten geschützt ist.

Gegen Ende seines Lebens rückte Pasteur von seiner früheren Position ab und stimmte mit Béchamp darin überein, dass der Schlüssel zu einer Erkrankung tatsächlich der innere Zustand des Körpers sei. Trotz seines Sinneswandels kommt der Keimtheorie noch immer große Bedeutung zu. Sie lieferte die Grundlage für die Pasteurisation, ein Verfahren, mit dem Bakterien in der Nahrung durch Erhitzen zerstört werden können (wir bekommen heute zum Beispiel fast nur pasteurisierte Milch zu trinken), und die Entwicklung der Antibiotika, die in den Körper eindringende Bakterien angreifen und töten. Die Entwicklung von

Antibiotika hatte allerdings den unbeabsichtigten Nebeneffekt, dass sich resistente Bakterienstämme bildeten, die so gut angepasst sind, dass ihnen nur noch die stärksten Mittel etwas anhaben können. Als die Antibiotika in den 40er Jahren des 20. Jahrhunderts entwickelt wurden, sprachen 100 Prozent der Staphylokokken auf eine Antibiotikabehandlung an. Heute sind 26 Prozent aller Staphylokokkeninfektionen gegenüber Antibiotika aller Art resistent und in Krankenhäusern erworbene Staphylokokkeninfektionen sind eine der häufigsten Todesursachen in Amerika.

Wenn wir immer stärkere Medikamente entwickeln, entstehen dadurch auch immer resistentere Bakterien. Es ist fraglich, ob es uns auch in Zukunft gelingen wird, immer neue, stärkere und dabei für den Körper verträgliche Antibiotika zu entwickeln, deshalb steht es nun 1:0 für die Keime. Wir verpulvern unsere Antibiotikawaffen – was das Ende der Mikrobenbekämpfung, wie wir sie kennen, immer näher rücken lässt.

Der Heilungsplan

Im Gegensatz zur westlichen Medizin, die den Schwerpunkt auf die Vernichtung von Mikroben und Krebszellen legt, gibt es einen uralten Ansatz, der Gesundheit als Ausdruck der richtigen Beziehung zur Natur betrachtet. Für die Laika macht es keinen Unterschied, ob ein Mensch von einer Mikrobe oder einem Jaguar getötet wird. Während wir im Westen Ersteres als Krankheit und Letzteres als Unfall bezeichnen, ist es für die Laika Ausdruck desselben

Unser neuer Körper

Problems, nämlich dass der Betreffende nicht im Gleichgewicht mit der Natur war. Um gedeihen zu können, muss man sowohl zu den Mikroben als auch zu den Jaguaren in der richtigen Beziehung stehen, damit man von keiner der beiden Arten als Mittagessen betrachtet wird.

Man befindet sich also weder in einem Zustand ständiger Belagerung, wie ein Anhänger Pasteurs vielleicht glaubt, noch ist man unbesiegbar, solange man nur das Immunsystem stärkt, wie Béchamp empfiehlt. Vielmehr wird man anfällig für alle Arten von Angreifern, wenn man aus dem Gleichgewicht mit der Natur gerät.

Die Laika nennen dieses Gleichgewicht *ayni*, das heißt »richtige Beziehung« (wenn man in Ayni ist, lebt man mit Jaguaren und Mikroben zusammen, ohne Teil ihrer Nahrungskette zu werden). Ayni hat ihren Ursprung in der Mythologie der indigenen Völker Amerikas, die das Universum für wohlwollend halten und glauben, es wende die Dinge zu unseren Gunsten, solange wir in der richtigen Beziehung zu ihm stehen. Die westliche Mythologie lehrt, dass wir in einem räuberischen Universum leben, in dem es ein unabhängiges Prinzip des Bösen gibt, vor dem wir uns mit Weihwasser, Amuletten, Gebeten und Impfungen schützen müssen. Die Laika glauben an das Böse, das es ihrer Ansicht nach aber nur in den Herzen der Menschen gibt. Die Schöpfung ist durch und durch wohlwollend und wird nur dann räuberisch, wenn wir Ayni verloren haben.

Wenn wir krank werden, besteht der erste Schritt darin, Ayni wiederherzustellen. Andernfalls können weder Kräuter noch andere Medikamente wirken. Im Grunde befindet sich der moderne Mensch so gut wie nie im Gleichgewicht mit der Natur: Wir vergiften unsere Umwelt, holzen Wäl-

Die Obere Welt

der ab und verseuchen Flüsse. Wir führen Krieg gegen Mikroben und Mitmenschen. Mit unserem Raubtiercharakter verursachen wir das Aussterben anderer Arten und verändern unseren natürlichen Lebensraum, um Einkaufszentren zu bauen. Mit anderen Worten, wir benehmen uns wie Parasiten, die ihren Wirt schädigen.

Unser Verhalten ist eine Form von Muttermord. Der Mensch, das Kind der Natur, tötet die eigene Mutter – und diese verstößt uns allmählich zum eigenen Schutz: Die Wasservorräte gehen zur Neige, neue Seuchen infizieren den Planeten, und die Erde reagiert auf uns immer öfter, als seien wir eine unerwünschte Lebensform. Wir sind wie der Floh auf dem Hundeschwanz, wie ein Keim, den das Immunsystem des Planeten vernichtet.

All das geschieht zu einer Zeit, in der sich die Medizin gestärkt sieht, weil sie glaubt, das Geheimnis des Lebens entdeckt zu haben. Als James Watson und Francis Crick die Struktur der DNS entdeckten, konvertierten wir mit einem Mal zu einem neuen wissenschaftlichen Glauben, und zur Mikrobiologie gesellte sich die Genetik. Nun glauben wir, dass die in Form unserer Gene von unseren Eltern und Vorfahren an uns weitergegebenen Risikofaktoren bestimmen, wie lange (und wie gut) wir leben, woran wir erkranken, wie gut unsere Selbstheilungskräfte funktionieren und wie wir altern. Wir haben Tests entwickelt, die uns von Geburt an über ererbte genetische Risiken informieren, und wir beeilen uns, Heilmittel aus denselben DNS-Strängen herzustellen, aus denen wir unsere Zukunft vorhersagen. Markergene, Nanotechnologie und andere Werkzeuge der Biotechnologie versprechen uns ein gesünderes und längeres Leben.

Unser neuer Körper

Doch das ist nur ein neuer Trick, da die Biotechnologie nun auf einer noch feineren molekularen Ebene nach Möglichkeiten sucht, zu reparieren, zu korrigieren und zu töten. Wir können präziser und besser angreifen und sollten doch sowohl im Inneren als auch im Äußeren nach Harmonie mit der Natur streben.

≈

Ich bringe meinen Schülern bei, dass die Evolution innerhalb der Generationen und nicht dazwischen stattfindet, wie die traditionelle Biologie lehrt. Die Genetik lehrt uns, dass wir unseren Genen als warmes, kuscheliges Zuhause dienen, bis wir sie an die nächste Generation weitergeben, und dass wir bestenfalls darauf hoffen können, mit ererbten Schwächen leben zu lernen.

Die Laika dagegen glauben, dass nicht die Gene den Bauplan enthalten, sondern unser *leuchtendes Energiefeld*, das den physischen Körper umhüllt und ihn formt wie ein Magnet die Eisenspäne auf einem Blatt Papier. Dieses Energiefeld besteht seit Anbeginn der Zeit, es wird bis in alle Zeit überdauern und immer neue physische Körper hervorbringen. Es formt unseren Körper und prägt sowohl unsere Tendenz, die Menschen zu treffen, mit denen wir arbeiten und die wir heiraten werden, als auch die Krisen und Chancen, die uns im Leben begegnen. Das leuchtende Energiefeld ist das, was wir im Westen als »Seele« bezeichnen.

Vor vielen tausend Jahren dokumentierten indische und tibetische Mystiker die Existenz des leuchtenden Energiefeldes und beschrieben es als »Aura« oder »Heiligenschein«, der den Körper umgibt. Im Osten ist Buddha auf Gemäl-

Die Obere Welt

den von flammenden Gloriolen in Blau und Gold umhüllt. Im Westen haben Christus und die Apostel einen goldenen Heiligenschein um den Kopf. Aber diese leuchtenden Aureolen zeigen nicht nur die Qualität eines Buddha oder Christus an, sie sind auch keine bloße Metapher für das »innere Licht« oder die »Erleuchtung« – sie stehen für das Licht, das jeder Mensch ausstrahlt. Leider wurde dieses Leuchten bei den meisten Menschen durch Leid und Traumata getrübt, doch wenn wir unser leuchtendes Energiefeld mithilfe der Seelenrückholung heilen, kehrt das Licht zurück und erstrahlt im selben Glanz wie das Licht Jesu oder Buddhas.

Du kannst dir dein leuchtendes Energiefeld als eine bunte, durchsichtige Hülle vorstellen, die dich umgibt und etwa die Spannweite deiner Arme hat. Diese Hülle enthält eine lebendige Energie, die für deine Gesundheit ebenso unerlässlich ist wie der Sauerstoff und die Nährstoffe in deinem Blut. Zudem handelt es sich dabei um den erstaunlichsten Datenspeicher, den die Natur je hervorgebracht hat.

Wenn du reist, um herauszufinden, wohin du dich entwickelst, kannst du einen Plan deiner Zukunft in dein leuchtendes Energiefeld einprägen. Du kannst Einfluss auf das Feld nehmen, das dich umgibt, und es wird einen weiteren Strang des genetischen Codes entwirren und auf diese Weise eine genetische Veränderung innerhalb deiner eigenen Generation herbeiführen. Diese neuen Eigenschaften kannst du dann an deine Kinder weitergeben, sodass sich die Spezies innerhalb deines Lebens verändert und einen neuen Körper erschafft, der anders altert und anders heilt.

Bewusste Evolution

Obwohl die Theorien zu Vererbung und natürlicher Selektion breite Akzeptanz erfahren, stellen Evolutionsbiologen fest, dass die Evolution eher in Quantensprüngen als in Minischritten vorwärts geht. Sie fragen sich zum Beispiel, wie Reptilien zu Vögeln werden konnten – ganz gewiss nicht dadurch, dass ihnen eine Feder nach der anderen wuchs. Die Evolution machte vielmehr einen gewaltigen Satz: Schlangen bekamen Flügel, Dinosaurier wurden zu Flugreptilien und Wale verließen das Meer, um für kurze Zeit an Land zu leben. (Eine solche Entwicklungstheorie, bei der lange Phasen relativer Stabilität von kurzen Phasen extremen Wandels unterbrochen sind, bezeichnet man als *Punktualismus*.)

Die Evolution arbeitet der Theorie dieser Wissenschaftler zufolge auch mit der so genannten *sprunghaften Speziation*, einem Prozess, bei dem eine kleine Gruppe oder die Bevölkerung einer Insel einen Quantensprung in die Zukunft macht und neue biologische Charakteristika oder technische Fähigkeiten entwickelt. So wurde beispielsweise das berühmte »Missing Link« in der Evolutionskette niemals gefunden. Das liegt daran, dass wir uns in wenigen kurzen Serien evolutionärer Quantensprünge zum *Homo sapiens* entwickelten und im Laufe weniger Generationen ein völlig neues Gehirn (der Neocortex) entstand.

Gleichzeitig ergeben sich durch die sprunghafte Speziation derart extreme Veränderungen, dass es viele tausend Jahre dauern kann, bis eine ganze Spezies die neuen Möglichkeiten nutzt. So entwickelte der Mensch den Neocortex – das Gehirn, das Wissenschaft, Musik und Literatur

Die Obere Welt

möglich macht – zwar bereits vor 100 000 Jahren, nutzt ihn aber erst seit kurzem als aktiven Biocomputer.

Das Konzept der sprunghaften Speziation eignet sich hervorragend dazu, die von den Laika angewandte Technik der Schicksalsfindung zu erklären. Die Laika werfen einen Enterhaken in die Zukunft, um zu sehen, wohin sich unsere Spezies entwickelt. Dabei holen sie sich das nötige Wissen und speisen es in ihr eigenes leuchtendes Energiefeld und in die Energiefelder der Bewohner ihres Dorfes ein.

Heute kommt der bewussten Steuerung der Evolution gerade angesichts medizinischer Praktiken, die unsere Verbindung zur Natur kappen, eine besondere Bedeutung zu. Unsere Spezies hat sich von der führenden Hand der natürlichen Selektion losgerissen und angefangen, selbst die Auswahl zu treffen. Während die weniger angepassten Mitglieder einer Spezies bislang von Natur und Evolution (durch den Prozess der natürlichen Selektion) aussortiert wurden, haben wir heute beispielsweise in den USA die Kindersterblichkeitsraten von über 15 Prozent auf weniger als ein Prozent gesenkt und retten Kinder, deren Überleben von der Natur andernfalls nicht vorgesehen gewesen wäre. Für die Familien und die Gesellschaft ist diese Statistik wunderbar, doch wenn schwache und gebrechliche Kinder verschont bleiben, bedeutet das, dass wir den Genpool schwächen, da wir Menschen retten, die ihre medizinischen Probleme an ihren Nachwuchs weitergeben.

Dieses Konzept klingt sehr esoterisch, man kann die bewusste Evolution aber auch ganz nüchtern betrachten. Beim täglichen Blick in den Spiegel erkennen viele von uns

Unser neuer Körper

die Zeichen des fortschreitenden Alters. Jede Woche fertigen unsere Hautzellen neue Kopien von sich an – dabei ist jede Zelle eine Kopie der vorangegangenen Zellgeneration und enthält alle genetischen Anweisungen seiner elterlichen Zellen. Manchmal vergleichen Biologen den Alterungsprozess mit der Fotokopie einer Fotokopie: Bei Kopie Nummer 99 wird das Bild allmählich unscharf. Deshalb verliert die Haut Ende dreißig allmählich ihre Spannkraft, werden die Krähenfüße um die Augen deutlicher und tauchen tiefe Falten auf ... wenn man doch nur eine genaue Kopie vom Original anfertigen könnte, statt Kopien von Kopien zu machen!

Wir sehen die Auswirkungen, die ein Leben innerhalb der Zeit auf unsere Körper hat, und wünschen, wir könnten aus der Zeit heraustreten – und sei es nur aus Gründen der Eitelkeit. Doch der Alterungsprozess birgt auch gewaltige Möglichkeiten. So wird zum Beispiel kein einziges Molekül, das sich heute in deinem Körper befindet, in einem Jahr noch da sein – alle acht Monate werden alle Atome vollständig ausgewechselt. Die Nahrung, die du aufnimmst, versorgt deine Zellen über das Blut mit Elementen und Mineralstoffen. Was heute du bist, war vor ein paar Tagen noch Lachs, Mais, Erde und Fluss. Im Grunde erschaffst du alle acht Monate einen völlig neuen Körper, indem du deine Molekularstruktur mit deiner Umwelt austauschst. In acht Monaten werden die Moleküle, die heute deinen Körper bilden, ein Baum, eine Tomate und das Meer sein. Es ist ein ständiger Prozess der Zellerneuerung.

Wenn du Zugriff auf den Plan erhältst, der dir verrät, zu was für einem Menschen du dich entwickeln wirst, kannst

Die Obere Welt

du deinen Körper nach diesem Plan aus den Bausteinen der Natur neu erschaffen: aus Erde, Luft, Feuer, Wasser und Licht. Es ist, als würdest du dir die neueste Version der »Software des Lebens« besorgen, die jeden Tag selbständig ihr neuestes Upgrade herunterlädt. Auf diese Weise musst du dich nicht nur auf die DNS verlassen, die Hardware, welche die genetischen Anweisungen im Körper ausführt. Das neue Programm kann dein leuchtendes Energiefeld mit Weisheit und Führung versorgen, damit es den Körper nach dem Evolutionsplan unserer Spezies gestalten kann.

Unser wahres Selbst

Im Westen glauben wir, alles Leben werde vom genetischen Erbe vorangegangener Generationen bestimmt. Die Laika verstehen unter Evolution das Reisen in die Zukunft, um zu sehen, in welche Richtung wir uns entwickeln, und um dieses Wissen in die Gegenwart zurückzubringen. Von jeher glauben die Laika, dass die in unserem leuchtenden Energiefeld gespeicherten Erinnerungen (das Karma unserer früheren Leben) unser Schicksal bestimmen. Dieses Schicksal lässt sich nur in der fünften Welt in seiner Gesamtheit heilen, da sich dort unser vollkommenes, wahres Selbst befindet.

Die ersten vier Ebenen der Oberen Welt verkörpern die vier Stadien des Wissens um deine Natur. Auf der ersten Ebene erfährst du Gott außerhalb deiner selbst, wie das in den meisten Religionen üblich ist. Auf der zweiten Ebene entdeckst du durch den Prozess der Selbstbefragung, dass Gott in dir ist. Hier lautet die klassische Frage: »Wer bin

Unser neuer Körper

ich?«, und dann: »Wer ist das, der diese Frage stellt?« Auf der dritten Ebene erfährst du, dass Gott *durch* deine Person wirkt, während du auf der vierten entdeckst, dass Gott *als* deine Person wirkt. Dann wirkt Gott nicht mehr durch dich, sondern es gibt nur noch Gott, der wirkt, spielt und betet.

Wenn du in die fünfte Welt reist, kannst du dein wahres oder ursprüngliches Selbst besuchen und erfahren, wer du nach deinem Tode sein wirst. Dieses Selbst hat Informationen für dich, die über die deiner Eltern und deiner Gene hinausgehen, da es seine Weisheit von deinem zeitlosen Selbst erhält, das dir Zugang zu deiner möglichen Bestimmung gewährt. (Wir sind die erste Spezies, die dazu in der Lage ist, da unser Gehirn komplex genug ist, um aus der Zeit herauszutreten.) Es erinnert sich daran, wer du in all deinen früheren Inkarnationen warst, und kennt alle von dir verkörperten Formen, Gestalten und Geschichten. Dein wahres Selbst weiß, dass du diese Leben gelebt hast, aber nicht mit diesen Menschen identisch bist. Du bist sehr viel mehr – du bist Gott, der in deine Rolle schlüpft.

Auf die fünfte Ebene begeben sich die Laika auch, um sich mit der Ahnenreihe der Medizinmänner und -frauen zu beraten, die sie zu ihrer Bestimmung führen. Auch *dich* werden sie über deine genetische, familiäre und persönliche Geschichte sowie deine Kindheitstraumata, die Kultur und die Überzeugungen hinausführen, mit denen du aufgewachsen bist. Mit ihrer Hilfe wirst du die Erfahrungen früherer Leben hinter dir lassen, damit du das Wesen zum Ausdruck bringen kannst, zu dem du dich auf individueller Ebene und als Teil der Spezies entwickelst. Im zeitlosen Jetzt ist deine Entwicklung bereits abgeschlossen und

Die Obere Welt

die Medizinmänner und -frauen werden dir helfen, dir darüber klar zu werden. Im Gegensatz zu den unteren Bereichen der Oberen Welt, die immer noch einen Bezug zur Zeit haben, liegt die fünfte Welt *ganz und gar* außerhalb davon. Es ist, als säßest du am Ufer eines Flusses, der in beide Richtungen fließt, und könntest beobachten, wie die Zukunft an dir vorbeiwirbelt.

Den Impulstunnel reinigen

Bei den folgenden Übungen wird dir dein wahres Selbst helfen, den Impulstunnel von drei deiner früheren Leben zu reinigen und dich von Leid zu befreien, das dich noch immer beeinflusst. Hier handelt es sich um Aspekte deiner selbst, die energetisch auf den unteren Ebenen der Oberen Welt festhängen. Wenn du diese früheren Leben heilst, werden sie dich nicht mehr aktiv in vorgezeichnete Schicksale zwängen. Du wirst deine karmischen Reinkarnationslinien bereinigen und den von ihnen ausgehenden Impuls auflösen. Auf diese Weise kannst du dich von den schädlichen und ungesunden Verhaltensmustern befreien, die du aus deiner Vergangenheit mitgebracht hast.

Damit die Energie aus dem Impulstunnel abfließen kann, musst du deine früheren Inkarnationen von ihrem Leid erlösen. So verhinderst du, dass sie auch weiterhin bestimmen, wer du heute bist, und dich darauf festlegen, weiter so zu leben, zu altern, zu lieben, zu heilen und zu sterben, wie du es in der Vergangenheit getan hast. Dabei wirst du entdecken, dass weder deine Gene noch die Keime, die dich umgeben, über deine Gesundheit, die Länge deines

Unser neuer Körper

Lebens, deine Freude und Schmerzen, deine Liebe und dein Leid bestimmen – sondern die Geschichte deiner Seele... und ihre Reise.

Die Arbeit in diesem Kapitel setzt einen gewissen emotionalen und spirituellen Entwicklungsstand voraus. Bei der Seelenrückholung hast du gelernt, deine Vergangenheit zu heilen und die Geschichten zu verstehen, die du in dir trägst. Doch nun wirst du das Verständnis entwickeln, dass du ebenso wenig mit deinen Geschichten identisch bist, wie der Schreiner mit dem von ihm gebauten Stuhl identisch ist. Doch zu dieser Erkenntnis kannst du erst kommen, wenn du deine eigene Heilreise angetreten hast.

Auf dieser Reise wirst du darum bitten, das Leben sehen zu dürfen, in dem du am meisten gelitten hast; das, in dem du am meisten Wissen und Macht besessen, aber deine Gaben schlecht genutzt hast; und das, in dem du sehr weise warst und deine Gaben sinnvoll eingesetzt hast. Indem du diese Leben betrachtest, löst du ihre Energien auf. Du tust das auch für das Leben, in dem du deine Gaben sinnvoll eingesetzt hast, da du damals spirituell noch nicht so weit entwickelt warst, wie du es heute bist. Mit jeder Inkarnation machst du einen Schritt nach vorne, du gehst niemals zurück. Das heißt, dass du nicht hinter den Entwicklungsstand zurückgefallen bist, auf dem du dich in jenem weisen Leben befunden hast, und dass du dich in deinem Leben noch weiter entwickeln kannst.

Vielleicht fragst du dich, weshalb du dich nur mit drei deiner früheren Inkarnationen und nicht mit allen beschäftigen sollst. Nun, mehr ist nicht nötig. Da du im zeitlosen Jetzt arbeitest, genügt es, wenn du dich mit diesen drei Inkarnationen beschäftigst und ihnen die Rückkehr zu dei-

Die Obere Welt

nen himmlischen Eltern ermöglichst. Auf diese Weise befreist du dich von ihrem Karma und löst einen rückwärts gerichteten Dominoeffekt aus, der *alle* deine früheren Inkarnationen bereinigt.

Vergiss nicht, dass die verschiedenen Inkarnationen im zeitlosen Jetzt gleichzeitig existieren, statt aufeinander zu folgen. Das heißt, deine früheren Inkarnationen – wer du vor 2000 Jahren warst sowie der Bardo oder das Fegefeuer, in das du nach jenem Tod kamst – existieren noch immer und üben einen subtilen Einfluss auf dein jetziges Leben aus. Für die Laika und den Physiker ist Zeit sowohl linear (aufeinander folgend) als auch nichtlinear (gleichzeitig). Wir können uns diese früheren Leben auch als Erinnerungen oder gar als Gene vorstellen (denn unsere Vorfahren »leben« auf diese Weise in uns weiter), die uns weiterhin beeinflussen.

Als Lisa zu mir kam, litt sie an Krebs und hatte einen Katheter in der Brust, der sie mit den Medikamenten ihrer Chemotherapie versorgte (siehe 6. Kapitel). Du erinnerst dich sicher, dass Lisa in der Kammer ihrer Wunden eine Statue mit einem Messer im Herzen fand. Danach arbeitete sie viele Monate lang mit dem geheilten Teil ihrer Seele und ihren neuen Seelenverträgen. Später reisten wir zusammen in die Obere Welt, um eine Alternative zu dem Schicksal zu finden, das sie gerade lebte. Dort begegneten wir ihrem wahren Selbst, das nie mit Krankheit in Berührung gekommen war. Lisa durfte ihre komplette Zeitlinie sehen und verstand, auf welche Weise sie ihr Herz immer wieder verletzt hatte.

Allmählich wirkte sich der Einfluss von Lisas wahrem Selbst auf ihre Bestimmung aus, und sie konnte sowohl

Unser neuer Körper

ihre Symptome als auch ihre genetische Veranlagung für Krebs heilen. Ein großer Schritt ihrer Heilung bestand darin, dass sie die Angst loslassen konnte – schließlich hatte ihr wahres Selbst immer gewusst, dass es so etwas wie den Tod nicht gibt. Sie erschuf einen völlig neuen Körper ohne Krebs und ist heute in einer besseren gesundheitlichen Verfassung als je zuvor. Sie ist eine engagierte Umweltschützerin und Malerin – beide Bestimmungen waren in ihrem ursprünglichen Seelenvertrag mit dem Spirit festgeschrieben.

≈

Nun ist es an der Zeit, in die Obere Welt zu reisen. Wenn du deinen himmlischen Eltern begegnest, wirst du sie bitten, dich die Leiter von der vierten zur fünften Stufe der Oberen Welt hinaufzugeleiten. Diese Stufe ist dein höchstes Ziel, die Welt zu der du dich hinentwickelst: dein neuntes Chakra oder der Spirit.

≈ *Übung: Reise zur fünften Ebene* ≈
Öffne zur Vorbereitung auf diese Reise deinen heiligen Raum. Mach die Atemübung »Kleiner Tod« und formuliere anschließend im Stillen deine Absicht für diese Reise: deine früheren Inkarnationen zu heilen und dein ursprüngliches Selbst kennen zu lernen. Sei offen für deine Bestimmung, welche Möglichkeiten sich dir auch bieten. Reise wie schon im vorherigen Kapitel in die Obere Welt, indem du dich mit deinem leuchtenden Körper in den Stamm eines großen Baumes hineinbegibst und zu einem Ort über den Wolken in den dünnsten und höchsten Schichten der Atmosphäre reist.

Die Obere Welt

Du befindest dich auf einer festen Wolke, auf der du sicher stehen und gehen kannst. Ruf nun den Hüter der Schwelle herbei, den Herrn der Zeit, und bitte ihn, dich in sein Reich einzulassen. Sieh ihm in die Augen und teile ihm deine Absicht mit: dass du hier bist, um dein wahres Selbst zu finden. Rufe deine himmlischen Eltern herbei und bitte sie, dir bei der Suche nach dem Selbst zu helfen, das du warst, ehe du geboren wurdest, ehe du in den Strom der Zeit eingetreten bist. Sie werden dich zu der Leiter bringen, die in die fünfte Welt hinaufführt, wo dein wahres Selbst auf dich wartet.

Sonne dich ein paar Minuten lang in der Gegenwart deines wahren Selbst. Lache herzlich über das Geheimnis, das du sogar vor dir selbst verbirgst und bewusst wieder vergessen wirst, sobald du die fünfte Ebene verlassen hast: dass du Gott bist, der in deine Rolle schlüpft.

Bitte dein wahres Selbst, dich zu einem klaren, flachen Teich zu führen. Betrachte den reinen weißen Sand am Boden und bitte dein wahres Selbst, über die Wasseroberfläche zu blasen und das Leben herbeizurufen, in dem du am meisten gelitten hast. Sieh, wie die Wellen allmählich die Landschaft jenes Lebens formen und offenbaren.

Bist du ein Junge oder ein Mädchen? Welche Farbe hat deine Haut? Sieh zu deinen Füßen hinab – läufst du auf Gras, Sand oder Kopfsteinpflaster? Wo bist du zu Hause? Wer sind deine Eltern? Welche Spiele hast du gespielt? Wo befindet sich dein Dorf oder deine Stadt? Welche Menschen liebst du? Wie bist du aufgewachsen? Warum hast du gelitten? Mit wem warst du verheiratet? Hattest du Kinder, und wenn ja, wer waren sie? Welchen geliebten Menschen hast du verloren? Wen hast du verletzt? Hast du jemanden verraten? Wer hat dich verletzt? Wem hast du nicht vergeben?

Auf welche Weise wurde dir nicht vergeben? Wie bist du gestorben?

Bitte darum, zu den letzten fünf Minuten dieses Lebens vorspulen zu können, damit du dich auf deinem Totenbett sehen kannst. Sieh, wer bei dir war: Hat jemand deine Hand gehalten? Wer hat dir vergeben? Wem hast du vergeben? Hilf nun diesem Selbst, das du einmal warst, aber nicht mehr bist, im Tod Frieden und Vergebung zu finden.

Atme einmal tief ein und aus und bitte dieses Selbst, das du einmal warst, ebenfalls tief ein- und auszuatmen und den Spirit freizugeben. Sage ihm: »Es ist gut, mein Liebes. Es ist Zeit, nach Hause zu kommen, mein Kleines. Alles ist vergeben.« Sieh, wie dieses Selbst, das du einmal warst, einen ruhigen, friedlichen Ausdruck annimmt, während sein letzter Atemzug entweicht. Folge der Seele, die aus dem Körper aufsteigt, kurz über ihm schwebt und dann durch den dunklen Tunnel des Todes zur vierten Ebene der Oberen Welt emporsteigt. Sieh, wie sie von deinen himmlischen Eltern in Empfang genommen und zu Hause willkommen geheißen wird und erkennt, dass alles vergeben ist.

Sieh, wie sich die Bilder allmählich auflösen und nur der Sand auf dem Boden des Teichs der Erinnerungen zurückbleibt. Das Wasser ist wieder kristallklar. Atme noch einmal tief ein und aus, sieh deinem wahren Selbst in die Augen und danke ihm.

≈

Bitte dein wahres Selbst, wieder über den Teich der Erinnerungen zu blasen und das Leben heraufzubeschwören, in dem du am meisten Wissen und Macht besessen, diese Gaben aber missbraucht hast, weil du nicht wusstest, wie du sie einsetzen solltest. Sieh, wie die Wellen allmählich die Landschaft jenes Lebens formen und offenbaren.

Bist du ein Junge oder ein Mädchen? Welche Farbe hat deine Haut? Sieh zu deinen Füßen hinab – läufst du auf Gras, Sand oder Kopfsteinpflaster? Wo bist du zu Hause? Wer sind deine Eltern? In welchem Dorf, welcher Stadt lebst du? Wie bist du aufgewachsen? Wen hast du geliebt? Wie hast du geliebt? Welche Gaben hast du besessen? Wer war dein Lehrer? Was hast du gelernt? Wie hast du dieses Wissen missbraucht? Wie hast du deine Macht missbraucht? Wen hast du verletzt oder verraten?

Bitte darum, zu den letzten fünf Minuten dieses Lebens vorspulen zu können, damit du dich auf deinem Totenbett sehen kannst. Sieh, wer bei dir war: Hat jemand deine Hand gehalten? Wer hat dir vergeben? Wem hast du vergeben? Hilf nun diesem Selbst, das du einmal warst, aber nicht mehr bist, im Tod Frieden und Vergebung zu finden.

Sage zu ihm: »Es ist in Ordnung, mein Kleines, alles ist vergeben, alles ist gut. Komm mit nach Hause, mein Liebes.« Sieh, wie dieses Selbst, das du einmal warst, einen ruhigen, friedlichen Ausdruck annimmt, und hilf ihm dann bei seinem letzten Atemzug. Atme tief ein und aus, setze beim Ausatmen den Spirit frei und folge ihm auf seinem Heimweg zu deinen himmlischen Eltern.

Sieh wie sich die Bilder allmählich auflösen und nur der Sand auf dem Boden des Teichs der Erinnerungen zurückbleibt. Das Wasser ist wieder kristallklar. Atme noch einmal tief ein und aus, sieh deinem wahren Selbst in die Augen und danke ihm.

≈

Unser neuer Körper

Bitte darum, ein letztes Leben sehen zu dürfen – das, in dem du am weisesten warst und diese Weisheit sinnvoll und zum Wohle aller eingesetzt hast. Beginne bei deinen Füßen – trägst du Sandalen oder Schuhe? Welche Farbe hat deine Haut? Wie alt bist du? Bist du ein Junge oder ein Mädchen? Wo lebst du? Wer sind deine Eltern? Was hast du gelernt? Welche Gaben besitzt du? Wer war dein Lehrer? Wie hast du dein Wissen eingesetzt? Wie hast du gedient? Wie hast du geliebt? Wie hast du gelebt? Wie hast du die Welt verändert? Spule wieder vor zu den letzten fünf Minuten dieses Lebens.

Hilf auch diesem Selbst bei seinem letzten Atemzug: Atme tief ein und aus, setzte beim Ausatmen den Spirit frei und folge ihm auf seinem Heimweg zu deinen himmlischen Eltern. Folge deiner Seele, wenn sie sich von jenem Körper löst, kurz darüberschwebt und durch den dunklen Tunnel des Todes zur vierten Ebene der Oberen Welt aufsteigt. Sieh, wie sie von deinen himmlischen Eltern in Empfang genommen und zu Hause willkommen geheißen wird.

Sieh wie sich die Bilder allmählich auflösen und nur der Sand auf dem Boden des Teichs der Erinnerungen zurückbleibt. Das Wasser ist wieder kristallklar. Atme wieder tief ein und aus, sieh deinem ursprünglichen Selbst in die Augen und danke ihm.

≈

Bedanke dich, nachdem du diesen drei früheren Inkarnationen geholfen hast, Frieden und Vergebung zu finden, noch einmal bei deinem wahren Selbst. Schwöre dir, niemals zu vergessen, wer du bist (obwohl dieses Wissen bei der Rückkehr auf die vierte Ebene aus deinem Bewusstsein ver-

schwinden wird), damit Gott sich durch dich erkennen kann.

Wende dich nun deinen himmlischen Eltern zu und steige mit ihnen über die Leiter zur vierten Ebene der Oberen Welt hinab. Wenn du magst, kannst du dir etwas Zeit nehmen, um noch einmal das Dorf deiner Vorfahren zu besuchen und dich zu versichern, dass es ihnen gut geht und sie ihren Frieden gefunden haben. Bedanke dich anschließend bei deinen himmlischen Eltern.

Danke dem Hüter der Schwelle und bereite dich darauf vor, die Obere Welt zu verlassen. Steige durch die Wolken in die obersten Wipfel des großen Baumes, klettere durch die Äste hinab und kehre in deinen Körper und in dein Zimmer zurück. Bitte dein geflügeltes Krafttier, mit dir zu kommen.

Kehre mit dem Wissen, wie dein wahres Selbst auf der Erde von Nutzen sein kann, in deine Welt zurück. Schließe den heiligen Raum.

Wenn du diese Übung regelmäßig machst und dich wiederholt auf die fünfte Stufe begibst, wird das jede Zelle deines Körpers neu programmieren, deine DNS verändern und dir erlauben, einen zeitlosen Körper zu erschaffen, der beweglich und geschmeidig bleibt und die Lektionen dieser Welt weder durch Krankheit noch durch Leid lernen muss. Besuche dein wahres Selbst jeden Tag beim Meditieren und trage die Absicht, die Erinnerung an dein wahres Wesen zu bewahren, klar und voller Mitgefühl in deinem Herzen.

Die Welt ins Dasein träumen

Wir haben jederzeit Zugang zu unserer eigentlichen Bestimmung. Wenn wir unser zeitloses Selbst erkennen und annehmen, können wir neue Körper und neue Bestimmungen erschaffen, die dem Wohle unserer ganzen Spezies dienen. Mit anderen Worten, wenn wir gesund werden, wird die Welt gesund. Wenn wir uns verändern, verändert sich die Welt. Wenn die Menschheit vom Einfluss des Karmas befreit ist, wird sie sich allmählich von alledem lösen, was sie an Kampf und Streit bindet, und sich endlich zum *Homo luminosus* entwickeln.

Die Ältesten der Inka, Hopi und Maya verharren in Meditation und visualisieren die Welt, die sie an ihre Enkel weitergeben möchten – eine Welt mit sauberen Flüssen und klarer Luft, in der alle Menschen genügend zu essen haben und friedlich zusammenleben. Sie reisen an unseren kollektiven Zeitlinien entlang, um eine harmonischere Zukunft zu finden. Dabei handelt es sich nicht um die wahrscheinliche künftige Entwicklung, denn wie diese aussieht, wissen sie bereits: Es ist eine Welt, die eine starke Ähnlichkeit zu der Welt hat, in der wir gerade leben – voller Umweltverschmutzung, Zerstörung und Krieg. Sie begeben sich vielmehr auf die Suche nach einer möglichen Zukunft, wie unwahrscheinlich sie auch sein mag, in der die Menschen in Harmonie mit der Natur und in Frieden miteinander leben. Die alten Weisen nannten das: »die Welt ins Dasein träumen«.

Heute besteht unsere wichtigste Aufgabe darin, durch ein schmales Fenster in die Zukunft zu blicken und herauszufinden, wie unsere Spezies in 10 000 Jahren aussehen

Die Obere Welt

wird. Diese Vision müssen wir dann in die Gegenwart zurückholen, damit sie auf den Menschen einwirken kann, zu dem wir uns gerade entwickeln. Auf diese Weise können wir bewusst an unserer eigenen Evolution teilhaben und Körper erschaffen, die anders altern, heilen und sterben.

Wir können uns dem Griff des Schicksals entziehen, das uns glauben macht, wir seien das Ergebnis von Ereignissen, die uns mit zwölf Jahren (oder gar vor zwölf Inkarnationen) zustießen – oder dass die Gene, die wir von unseren Eltern geerbt haben, darauf warten, sich in Form ernster Krankheiten bemerkbar zu machen. Wenn wir unsere Bestimmung finden, können wir uns zu dem Menschen entwickeln, der wir einmal sein werden, nicht zu dem, der wir einmal waren.

Dies ist deine Aufgabe. Denk daran: *Du* bist der, auf den du gewartet hast.

Nachwort

Der Altiplano, die weite Tundra, die sich von Cuzco bis zum Titicaca-See, dem höchstgelegenen See der Welt, erstreckt. Im Westen fällt er steil zum Amazonas ab, dem feuchten Dschungel, in dem sich das Leben ohne Pause entwickelt und verändert. Dort ist die Natur eine Konjugation des Verbs fressen. Dort hängt Leben davon ab, dass man sich ein anderes Leben einverleibt, sind Leben und Tod untrennbar miteinander verbunden.

Doch es gibt einen anderen Weg: unseren spirituellen Pfad, auf dem das Leben eine Konjugation des Verbs wachsen ist. Ich weiß noch, wie mir mein Inka-Mentor erzählte, wir seien nicht hier, um Mais anzubauen, sondern um Götter zu erschaffen. Wir sind im Entstehen begriffene Götter. Wir nahmen unseren Anfang als das Licht der Sonne, und inzwischen ist unsere Spezies in der Lage zu träumen, Gene zu verändern und direkt in die Alchemie des Lebens einzugreifen. Unser Gehirn erlaubt uns, dies zu tun, dieses Gewahrsein zu erfahren. Nun müssen wir den Muskel des Bewusstseins spielen lassen, um unsere Welt ins Dasein zu träumen, um uns vorzustellen, wohin wir uns entwickeln, und die kollektive Bestimmung unserer Spezies zu finden.

Ich bücke mich, um die Stiefel fester zu schnüren. Der Boden ist felsig und hart und ein paar Zentimeter tief gefroren. Auf 4000 Meter Höhe wärmt die Sonne nur die oberste Schicht der Erde. Mein Stiefel ruht neben einem Löwenzahn – die gelbe Blüte befindet sich dicht am Boden.

Nachwort

Die Pflanze hat sich den Höhenverhältnissen angepasst und auf ihren Stängel verzichtet, damit ihr der Wind nichts anhaben kann.

Das Gotthirn ... Ich glaube fest daran, dass die Meditation den Weisen Asiens Zugang zur Kraft dieses Gehirns gab. Uns im Westen dient die Meditation lediglich zur Entspannung. Für die Laika bedeutet die Meditation reisen – sie ist der erste Schritt, um Zugang zum Göttlichen in der Natur und in uns selbst zu finden. Unsere Bestimmung hängt wie eine reife Frucht im zeitlosen Jetzt und wartet darauf, von uns gepflückt zu werden. Es ist die Frucht des zweiten Baumes im Garten Eden, die Frucht des ewigen Lebens.

Ich kehre in den Garten Eden zurück. Die Energie, die von der Sonne in die Erde strömt, fließt durch mich hindurch wie das Blut, das in meinen Adern kreist. Ich hebe den Blick zu den fernen Bergen, meinem Ziel, zum Quellgebiet des Amazonas, zum Ort seiner Geburt.

Tagebucheintrag

Danksagung

Viele Menschen haben zum Entstehen dieses Buches beigetragen. An erster Stelle möchte ich Susan Emerling und Greg Zelonka danken, ohne die dieses Buch niemals zustande gekommen wäre. Meine Lektoren Nancy Peske, Jill Kramer, Shannon Littrell und Chris Morris formten und modellierten das Manuskript, und erweckten es so zum Leben.

Darüber hinaus möchte ich Reid Tracy, dem Leiter von Hay House, für seine Vision von diesem Buch danken. Ich danke meinen Assistentinnen Rhonda Bryant und Ranni Weiss, die das Manuskript gewissenhaft ab- und immer wieder neu getippt haben, sowie meinen Freundinnen Sally Nelson, Naomi Silverstone, Amanda Anderson, Susan Reiner, Lynn Berryhill und Helen Fost, die das Buch im Laufe seiner Entstehung lasen und mir ihre Eindrücke mitteilten. Ellen Ostroth danke ich für die Wochen, die sie damit zubrachte, die Seelenrückholungsgeschichten unserer Schüler zu sammeln. Marcela Villalobos bin ich für ihre Fürsorge und ihre liebevolle Unterstützung dankbar.

Zu guter Letzt möchte ich Linda Fitch danken, dass sie an der Vision der »Four Winds Society« festhält und mir hilft, unsere Schüler in den Methoden der Seelenrückholung und der Schicksalsfindung zu unterweisen.

Alberto Villoldo
www.thefourwinds.com

Anmerkungen

1 Aus Einsteins Kondolezbrief an die Familie seines Freundes Michele Besso.
2 C. G. Jung: *Gesammelte Werke*, Bd. 18 Olten, Walter 1981, S. 179 f.
3 Marianne Williamson: *Rückkehr zur Liebe*, München, Goldmann 1995, S. 261.
4 Dieser Tagebucheintrag stammt aus dem früheren Buch von Alberto Villoldo und Erik Jendresen: *Die Macht der vier Winde: Eine Reise ins Reich der Schamanen*, Reinbek, Rowohlt 1993, S. 211.
5 Ted Andrews: *Die Botschaft der Krafttiere. Was die Geschöpfe uns zu sagen haben*, Bergisch Gladbach, Lübbe 2000, S. 9.
6 Petru Popescu: *Amazonas. Mit den Katzenmenschen an den Quellen der Zeit*, Bergisch Gladbach, Lübbe 1992.
7 Viktor E. Frankl: *Trotzdem Ja zum Leben sagen. Ein Psychologe erlebt das Konzentrationslager*, München, dtv 1982, S. 108.
8 William Shakespeare: *Macbeth V*, 5.
9 Für eine Beschreibung der tibetischen Reise nach dem Tod siehe Sogyal Rinpoche: *Das Tibetische Buch vom Leben und vom Sterben*, Frankfurt am Main, Fischer 2004.
10 Raymond Moody: *Nachgedanken über das Leben nach dem Tod*, Reinbek, Rowohlt 1978, S. 50 ff.

Alberto Villoldo –
Vermittler schamanischen Heilwissens

Die Inkas besaßen ein außergewöhnliches Medizinsystem. Alberto Villoldo studierte die heilende Macht dieser Tradition und ermöglicht mit seinem Programm, sich selbst und andere zu heilen sowie Krankheiten zu vermeiden.

ISBN 978-3-442-14216-3

Alle Schöpfung besteht letztlich aus Licht. Villoldo verbindet tiefgründige schamanische Einsichten mit praktischen Übungsanleitungen für umfassende Heilung.

ISBN 978-3-442-21805-9

Überall, wo es Bücher gibt und unter www.arkana-verlag.de

Wachsen und sich wandeln

Michael Dawson, 21736
Der Weg der Vergebung

Marianne Williamson, 21744
Das Geschenk der Wandlung

M. Scott Peck, 21666
Der wunderbare Weg

Jack Allanach, 21733
Der Feind in deinem Kopf